인간, 삶, 진리

중국 현당대 문학의 깊이

지은이 심혜영은 1986년 서울대 중어중문학과를 졸업하고 동대학원에서 1996년 중국 현대문학 전공으로 박사학위를 받았다. 1996~1997년에는 중국사회과학원 문학연구소(현당대문학연구실)에서, 2007~2008년에는 UC Berkeley IEAS(동아시아센터)에서 각 방문학자로 연구활동을 수행한 바 있다. 한국중국현대문학학회의 학술이사와 편집이사를 역임한 바 있으며, 현재 성결대학교 중어중문학과 교수로 재직하면서 성결대학교 다문화평화연구소장과 한반도평화연구원의 연구위원을 맡고 있다. 역서로는 모옌(莫言)의 『붉은수수밭』(문학과지성사, 1997), 선충원(沈從文)의 『변방의 도시』(중앙일보사, 1989), 『빙신(氷心)소설선』(다락원, 2004)이 있으며, 이 밖에 『中國當代短篇小說選』(共編, 新雅社, 1998)이 있다.

인간, 삶, 진리—중국 현당대 문학의 깊이

초판 인쇄 2009년 10월 10일 **초판 발행** 2009년 10월 20일
지은이 심혜영 **펴낸이** 박성모 **펴낸곳** 소명출판 **출판등록** 제13-522호
주소 서울시 서초구 서초동 1621-18 란빌딩 1층
전화 02-585-7840 **팩스** 02-585-7848 **전자우편** somyong@korea.com **홈페이지** http://www.somyong.co.kr

값 22,000원
ISBN 978-89-5626-422-6 93910

인간, 삶, 진리

중국 현당대 문학의 깊이

HUMAN BEING, LIFE AND TRUTH
THE DEPTHS OF MODERN AND CONTEMPORARY CHINESE LITERATURE

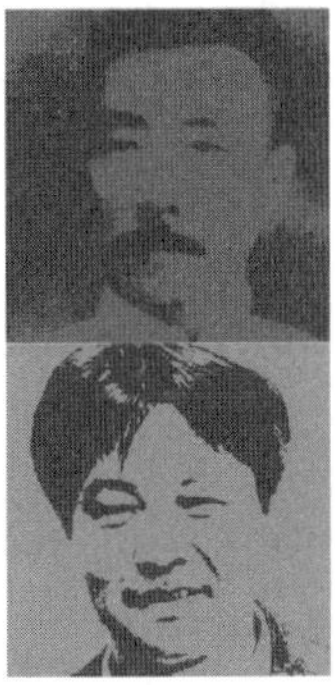

심혜영 지음

소명출판

책머리에

2000년 성결대학교에서 새롭게 안정된 연구생활을 시작하게 되었을 때 나는 기쁨과 안도감, 막막함과 당혹감의 모순적 감정을 동시에 경험했다. 이미 삼십대 중반에 들어선 나이에도 줄곧 사회적 존재로서의 삶의 방식이 낯설게만 느껴지고, 그 안으로의 부드러운 안착이 버겁게만 생각되던 내게, 전임이 된 것은 그런 무거운 정신의 짐을 훌훌 벗어버릴 수 있는 해방의 기쁨과 안도감을 선사해주었다. 사회적 귀속처를 얻지 못한 채 주변을 맴돌던 시절의 시린 자의식을 뒤로 하고 정신의 작은 쉼터를 들어서고 나설 때마다 느꼈던 벅찬 감격의 기억이 새롭다.

그러나 그런 기쁨과 안도감을 곧 뒤따라 온 것은 막막함과 당혹감이었다. 외적인 부담에 억눌려 그동안 고개를 내밀지 못하고 있던 내면으로부터의 요청이 물밀 듯 밀려왔고, 그것은 나를 곧 다시 막막한 정신의 광야로 밀어 내었다. 나의 삶은 지금까지 무엇을 향해 달려온 것이며, 또 무엇을 향해 달려가고 있는 것인가 부터 시작해서, 나는 과연 어떤 정신의 터

위에 내 삶을 세우려하는 것인지, 내가 하는 일이 나 자신과 내가 속한 공동체에 대해 가지는 의미는 무엇인지, 나의 현세적이고 세속적인 삶이 보다 궁극적이고 초월적인 가치의 세계 속에서 가지는 의미는 무엇인지, 무엇이 인문학적 사색과 글쓰기에 생명을 부여하는 것인지, 인문학연구자로서의 나의 정체성은 무엇인지, 꼬리에 꼬리를 물고 압도해오는 이런 질문들은 대상적 앎이 아니라 '실존의 주체성과 속 깊이 통합된 주관적 진리'를 요청했지만, 정작 이런 근본적인 질문과 요청 앞에서 속수무책인 나 자신의 정신적 현주소를 발견하면서 부끄러운 당혹감을 느끼지 않을 수 없었다.

이런 기쁨과 안도감, 막막함과 당혹감이 한데 뒤섞인 시간 동안에 '위기지학(爲己之學)'의 절박함 속에서 읽고 쓴 것들이 이 책에 담긴 내용들이다. 파스칼의 숨은 신과 무의 심연, 까뮈의 이방인과 시지프, 니체의 허무주의와 초극의 절규를 새롭게 만났고, 프로메테우스와 시지프의 상징 위에 세워진 근대 휴머니즘, 무신론적 실존주의의 치열함과 그 토대적 한계에 대해서도 다시 생각을 정리해 볼 수 있었다. 키에르케고르가 말하는 신 앞에선 단독자로서의 자기 정립과 주관성의 진리(the truth of subjectivity)의 메시지를 들으며 정신이 번쩍 나는 경험을 하기도 했고, 공자가 보여준 깨달음의 희열과 "구인이득인, 우하원[求仁而得仁 又何怨]"의 뿌리 깊은 자유의 경지에 깊이 매료되어 보기도 했다. 한평생을 오롯이 진리 실험의 과정으로만 살았던 간디를 통해서는 구도의 순수한 열정 속에서 빚어진 인격의 깊이를 느껴보았다. 레비나스가 말한 '자기에게 묶인 존재'와 '타인의 얼굴'을 읽는 일은 인간에 대한 근원적인 연민의 이유를 다시금 발견하게 해주었고, 더불어 살아가는 사람들에 대한 동류적 연대감을 새롭게 일깨워준 것 같다. 키에르케고르와 폴틸리히가 이야기 한 존재의 비존재화, 실존적 불안과 '존재에의 용기'도 삶을 바라보는 나의 눈을 좀 더 깊게 해주지 않았나 생각된다.

중국의 인문정신 논쟁과 국내의 인문학 위기 논의들을 포괄적으로 검토하는 과정에서, 인문학은 무엇을 할 수 있고, 무엇을 해야 하는 학문인가, 인문학의 생명력은 어디에 있는가 하는 질문들에 대해서도, 차분하게 한번 생각을 정리해보는 기회를 가질 수 있었다. 인문학은 인간이 본질적으로 빵만으로는 살 수 없는 존재요, 존재를 묻는 존재자, 질문을 통해 끊임없이 새로운 존재의 영역으로 나아가고자 하는 열린 존재라는 존재적 진실에 기반을 두고 있는 것이며, 인간과 삶에 대한 본질적이고 근원적인 관심과 이해를 연구의 대상으로 삼는 인문학의 유용성이라는 것은 직접적인 실용성이나 당대적 현재성 속에서 그 성과와 가치를 확인할 수 있는 그런 종류의 쓸모와는 달리 마치 한 알의 밀알이 땅에 떨어져 썩으면 많은 열매를 맺는 것처럼 오래 묵고 걸러진 사유의 진정성과 깊이를 통해, 생명의 씨앗을 심고 그 씨앗을 키워나가는 것 속에서 발휘되는 궁극적인 힘이라는 것이 나의 결론이었다.

전공의 경계를 넘나드는 한 동안의 지적 방랑의 덕으로, 루쉰의 『들풀』이 던지는 도전적인 질문들과 그 속에서 발견되는 근대정신의 어지러운 떨림을 좀 더 섬세하고 깊게 읽어낼 수 있지 않았나 생각한다. 위화 소설 속의 인물들과 삶에 어린 연민과 공감의 눈물, 고상함의 진리와 초월에의 소망, 삶을 바라보는 시선의 균형 등을 보아낼 수 있었던 것도 그 덕분이라 할 수 있을 것이다. 비록 아직도 종종 자신이 하고 있는 일이 무엇인지 제대로 알지 못하는 막막함에 빠져드는 것을 면할 수 없지만 그래도 삶이 던지는 근본적인 질문들을 붙잡고 나 자신의 깨달음에 바탕을 둔 진리의 가닥들을 세워 나가려고 애써 온 시간들이 내 삶의 기초를 다지는데 있어서만큼은 의미있는 기여를 한 것으로 믿는다.

여기에 실린 글들은 이상에서 밝힌 지적 방랑의 흔적들이다. 이미 학술지 이곳 저곳에 발표했던 논문들을 추려 모아 부분적으로 수정과 보완을 가한 것이다. 연구의 대상도 분야도 흩어져 있지만, 실린 논문들을 관통하는 주제는 인간과 삶 그리고 진리에 대한 탐구이다. 이 주제를 현당대의 대표작가인 루쉰과 위화를 통해, 중국과 한국의 휴머니즘, 인문정신, 인문학 위기론을 통해, 또한 인간의 삶을 진리와의 관계 속에서 조망했던 공자와 간디를 통해 살펴보았다. 앎과 삶과 믿음의 경계를 허물고 삼자 사이의 통합적 정체성을 모색하면서, 철학적 · 종교적 사유와의 적극적인 대화를 통해 작가가 담아낸 인간 정신의 뿌리를 더듬어내는 텍스트 해석을 지향하였다.

인문학의 사명은 인간과 삶에 대한 이해와 통찰을 깊게 함으로써 인간의 삶에 깊이와 높이를 형성해내는 것이라고 생각한다. 한 사람, 한 사람을 참답게 세워나가고 사람과 사람 사이의 진정한 인격적 관계를 회복하는 것 또한 인문학의 중요한 사명일 것이다. 인문학이 이러한 본연의 존재의미와 역할을 감당하기 위해서는 근대 이후 단절된 앎과 삶 사이의 소통을 다시 회복하고, 인간과 삶의 궁극적 요청에 부응하는 총체적이고 가치지향적인 연구가 이루어져야할 것이다.

파스칼은 『팡세』에서 신이 숨어버린 시대에 신은 고뇌하며 진정으로 자신을 찾는 이들에게만 자신을 드러내게 되었다고 말했다. 많은 이들이 주여, 주여 하지만 신은 그 많은 외침 속에서 어느 것이 진정한 외침인지를 분별한다는 것이다. 인간의 삶 안에서도 결국은 생명의 진정성을 담은 사유와 글쓰기만이 우리 삶의 참된 풍요를 위한 자원이 될 것이다. 여기에 실린 글들이 그런 풍요에 기여할 사유의 진정성과 깊이를 조금이나마 담아낼 수 있었기를 감히 소망해본다.

세월이 흐를수록 우리의 삶은 여러 사람들의 도움과 협력 속에서만 유지되고 향상되어가는 것임을 깨닫게 된다. 이 책이 나올 수 있도록 도와주신 소명출판과 성결대학교, 내게 가르침을 주신 분들, 사랑하는 가족과 동료들에게 이 자리를 빌어 깊은 감사의 마음을 전하고 싶다.

참고로 이 책에 실린 논문들의 출처를 아래와 같이 밝혀둔다.

「조리돌림[示衆]」을 통해 본 『방황(彷徨)』의 세계 – 『외침[吶喊]』과의 비교를 중심으로 : 『中國現代文學』 제7호, 1993; 『노신의 문학과 사상』(중국현대문학학회, 백산서당, 1996)에 재수록.

루쉰의 근대주체 구상 – 「악마파 시의 힘[魔羅詩力說]」에 나타난 '신'과 '인간'에 대한 관점 : 『인문과학논총』, 성결대학교 인문과학연구소, 2004.

루쉰과 『들풀(野草)』의 세계 – 근대 지식인의 실존과 허무와의 항전 : 『中國文學』 제42집, 한국중국어문학회, 2004.

루쉰의 『들풀』과 '무(無)의 불안' : 『中國現代文學』 제31호, 2004.

1990년대 위화 소설의 휴머니즘과 미학 : 『中國現代文學』 제39호, 2006.

위화의 『형제(兄弟)』와 두 공간 : 『中國現代文學』 제45호, 2008.

중국의 1990년대 인문정신(人文精神) 논의 : 『中國文學』, 제29집, 1998.

'인문학 위기론'과 중국어문학 교육의 현실 : 『中國文學』, 제40집, 2003.

중국의 1980년대 초기 휴머니즘론 : 『中國文學』, 제34집, 2000

1980년대 초기 중국에서의 '소외' 개념 : 『인문과학논총』, 제5집, 2000.

『논어(論語)』를 통해 본 공자(孔子)의 '천(天)'과 '인(人)' : 『中語中文學』, 제31집, 韓國中語中文學會 , 2002.

간디의 '진리' : 『인문과학논총』, 제11집, 2006.

/ 차례 /

II. 위화[余華]의 소설과 삶을 바라보는 시선의 균형

Ⅲ. 인문정신, 인문학, 휴머니즘과 소외

IV. 공자와 간디의 진리 추구

Ⅰ. 루쉰[魯迅]과 근대정신의 자리

「조리돌림[示衆]」을 통해 본 『방황(彷徨)』의 세계

루쉰[魯迅]의 근대주체 구상

루쉰[魯迅]과 『들풀[野草]』의 세계

루쉰[魯迅]의 『들풀[野草]』과 '무(無)의 불안'

서문

여기에 실린 네 편의 논문은 루쉰의 두 번째 단편소설집 『방황(彷徨)』과 산문시집 『들풀(野草)』에 대한 문학철학적 해석을 통해 이른 바 '루쉰 정신'이 가지고 있는 근대정신의 보편적 본질과 그것의 특수한 면모를 보다 깊이 있게 조명하고자 한 것이다.

「조리돌림[示衆]을 통해 본 『방황』의 세계」에서 필자는 「조리돌림」에 대한 분석을 통해 『외침』과 비교되는 『방황』의 정신세계와 미학적 특징 및 그 속에 나타나 있는 비극적 세계관의 본질을 밝혀보려 하였다. 『외침』의 단계에서 바깥으로 향해 있던 루쉰의 의식이 1920년대 초중반의 변화된 현실 속에서 자신에 대한 내적 성찰로 돌아서게 되는 과정과 그 시기 루쉰의 비극적 인식을 루시앙 골드만이 파스칼의 『팡세』에 대해 이야기했던 '숨은 신'의 비극적 세계관을 통해 해석하였다.

다른 세 편의 글은 루쉰의 문학과 정신을 20세기 무신론적 실존주의 철학과 문학의 보편적 문맥 속에서 조명한 것이다. 「악마파 시의 힘[魔羅詩力說]」을 비롯한 루쉰의 초기 글에서 새로운 근대주체의 구상은 기본적으로 서구 근대사유의 영향과 자장 내에서 진행된다. 20세기 무신론적 실존주의 철학이 반기독교적 인본주의의 전제 위에서의 주체성 구축을 시도했던 것처럼 루쉰도 그러하다. 루쉰의 실존적 고뇌가 가장 짙게 드러나 있는 산문시집 『들풀』이 보여주는 허무와 불안도 신을 잃어버린 근대정신의 실존적 경험이라는 큰 울타리에서 벗어나 있지 않다. 신에 대항하는 저항적 주체로서의 프로메테우스와 벗어날 수 없는 운명에 조롱으로 맞서고자 했던 까뮈의 시지프라는 두 근대정신의 표상과 『들풀』의 '전사(戰

士)' 사이에는 깊은 동족(同族)성이 존재한다. 『들풀』 안의 무수한 이미지들은 서구 근대 무신론적 실존주의 문학의 대표적인 이미지들을 강력하게 환기시킨다. 『들풀』의 세계를 뒤덮고 있는 정신의 강렬한 떨림도 서구 근대정신이 경험한 실존적 불안의 전형적인 모습들을 보여준다. 『들풀』의 정신적 · 미학적 가치는 무엇보다도 신을 상실하면서 동시에 존재와 가치의 궁극적인 토대도 함께 상실해버린 근대정신이 대면해야 했던 허무의 깊이와 심연을 들여다보는 자의 실존적 불안을 적나라한 이미지들을 통해 풍부하게 길어 올려내고 있는데 있다고 할 수 있다.

「조리돌림[示衆]」을 통해 본 『방황(彷徨)』의 세계

『외침[吶喊]』과의 비교를 중심으로

1. 머리말

루쉰의 첫 번째 단편집인 『외침[吶喊]』(1923.8)이 주로 그것이 전달하고 있는 메시지의 사회적 중요성과 시의성에 의해 문학사적 가치를 인정받아 왔다면, 『방황』(1926.8)은 대체로 그것이 보여주는 기교의 원숙함에서 그 가치를 인정받아 왔다. 그러나 살펴보면 『방황』의 가치는 단지 기교의 원숙함에만 있는 것이 아니다. 『방황』은 그것이 전달하고 있는 메시지나 그 메시지를 드러내는 방식 모두에 있어서 『외침』과는 전혀 다른 새로움을 보여준다. 그것이 반영해내고 있는 현실의 내용이나 작가인식, 그리고 그러한 내용을 드러내는 방식 모두에 있어서 『방황』은 『외침』과 다르다. 『방황』 속에는 『외침』에는 존재하지 않던 새로운 성격이 창조되어 있고 이들에 대한 작가의 새로운 태도가 나타나 있으며, 이러한 새로운 성격과 태도에 의한 새로운 의미구조가 형성되어 있다. 또한 그것은 이전과는 달라진 현실내용과 인식의 변화를 토대로 하고 있는 것이다. 『방황』의 여러 작품들을 읽는 과정에서 이러한 사실들은 거듭 확인될 것이지만 여기에서는 특별히 「조리돌림」의 분석을 통해서 그 새로움의 구체적인 내용과 의미를 밝혀 보려 한다.

「조리돌림」은 『방황』의 작품들 가운데서도 가장 기교가 뛰어난 작품으로 평가받는다. 이러한 평가는 「조리돌림」이 현대 단편소설의 장르적 특성을 잘 살려내고 있다는 것과도 관련이 있다. 현대 단편소설이 인물의 마음속에 감동을 자아내게 하는 한 때의 분위기와 '별 것 아닌 것'을 소재로 하면서도 그런 별 것 아닌 것을 통해 "그것이 뿌리내리고 있는 복잡한 인생을 송두리째 엿볼 수 있게" 해주는 장르적 특성을 가지고 있다고 한다면,[1] 「조리돌림」은 이러한 특성을 가장 잘 살려내고 있는 작품 중의 하나이다. 「조리돌림」은 '조리돌림'이라는 당시로서는 흔한 사건을 다루면서도 그것을 새로운 맥락 속에서 재구성해내는 창조적 변형행위를 통해서 그 평범함의 외피에 감추어져 있는 현실의 본질적 의미를 새롭게 드러내는 데 성공하고 있다.

이 글에서 필자는 「조리돌림」의 작품구조와 그것을 지탱하고 있는 문학적 장치들의 독특한 성격과 기능을 밝혀내고 그 속에 담겨져 있는 작가의식의 본질적인 면모를 규명해보고자 한다. 이러한 작업을 통해서 『외침』의 세계와 구별되는 『방황』의 본질적인 면모들이 새롭게 규명될 수 있을 것이며 아울러 그것이 루쉰의 문학 세계에 대한 기대지평의 전환을 가능하게 할 수 있으리라 생각한다.

---

1) 롤랑부르뇌프 · 네알웰레, 김화영 역, 『현대소설론』, 문학사상사, 1990, 35면.

2. 「조리돌림」의 작품 구조

1) 닫힌 공간의 구조적 장치들

「조리돌림」에는 몇 개의 반복되는 모티프가 있다. 이 모티프들은 서로 보완적이거나 대조적인 관계 속에서 작품 내적 상황에 일정한 틀을 부여하거나 독특한 분위기를 조성해준다. 작품의 서두와 결말부분에 거의 동일한 형태로 반복되어 나타나 있는 시・공간의 상황묘사가 그 중 하나이다. 이것은 서두에서, 작품의 표면적인 중심사건인 '조리돌림'을 둘러싸고 있는 상황을 제시해주면서 결말부분에서 다시 한 번 반복되어 나타남으로써 서두에서 제시된 분위기가 작품의 마지막까지 동일하게 유지되고 있음을 환기시킨다. 이 서두와 결말에서의 반복되는 묘사는 마치 끝이 다시 처음이 되는 순환적 구조의 어떤 공간 속에 사건이 둘러싸여져 있다는 느낌을 준다. 이것이 이 배경 모티프가 부여하는 틀과 분위기이다.

> 수도(首都)의 서쪽 큰 길에서는 이때 어떤 소요도 없었다. 아직 불꽃처럼 이글거리는 태양이 곧바로 내리쪼이지는 않았지만 길 위의 모래흙에서는 이미 번쩍번쩍 빛이 일고 있는 것 같았다. 혹심한 열기가 공기속에 가득 섞인 채 도처에서 성하(盛夏)의 위세를 떨치고 있었다. 개들도 모두 혀를 길게 늘어뜨리고, 나무 위의 까마귀조차도 입을 벌리고 헐떡거리고 있었다.[2] (인용 ①)

---

2) 『魯迅全集』 2권, 人民文學出版社, 1991, 68면.

한 여름 수도 서쪽의 큰 길, 그 곳은 혹심한 더위와 정적만이 가득 차 있는 공간이다. 거기서 만두 파는 아이의 졸음에 겨운 목소리가 나른하게 들려온다.

> "따끈한 만두요! 찜통에서 막 꺼낸 ……"
>
> 열 두어 살 된 뚱뚱한 아이가 눈을 가늘게 뜨고, 입은 삐뚜름하게 벌린 채 길가의 가게 앞에서 외친다. 목소리는 이미 쉬어 있었고 게다가 잠기운까지 띠고 있어서 마치 한여름 긴 대낮에 최면이라도 걸린 것 같았다. 그 곁에 있는 낡은 탁자 위에는 이삼십 개의 만두가 따뜻한 기운이라고는 전혀 없이 싸늘하게 놓여 있었다.[3] (인용 ②)

만두 파는 아이의 나른한 외침은 작품 전체에서 네 차례나 반복되어 나온다. 전반부에 두 번, 후반부에 두 번, 만두 파는 아이의 반복되는 외침소리는 작품에서 독특한 구조적 기능을 수행하고 있다. 인용 ②에서 나타나는 것처럼 만두 파는 아이의 첫 번째 외침은 서두에서 제시된 시공간적인 분위기와 어울려 인간의 의식과 행위를 무기력하게 하는 일상의 나른한 분위기를 한층 더 부각시켜준다. 이어서 반복되는 아이의 외침(인용 ③)은 '조리돌림' 사건의 시작을 알려주며, 그 다음 후반부에서 다시 등장하는 외침(인용 ④)은 사건의 끝을 알려준다. 그런데 그 시작과 끝은 모두 그것을 둘러싸고 있는 일상적 상황과 급격한 단질의 형태를 띠고 있다.

> "하, 만두요, 만두! 따끈따끈한 ……"

---

3) 『魯迅全集』 2권, 人民文學出版社, 1991, 68면.

힘껏 담으로 내던져졌다가 튕겨 나온 고무공처럼, 그가 갑자기 큰길 저편으로 나는 듯이 달려갔다. 전봇대 옆, 그의 맞은 편, 바로 큰길을 향한 곳에도 그 때는 두 사람이 서 있었다. 한 사람은 누런색 제복에 칼을 차고 있는, 얼굴이 누렇게 뜨고 마른 체구의 순경이었고 손에는 줄이 쥐어져 있었다. 그 줄의 다른 끝은 남색 상의 위에 흰 조끼를 껴입은 다른 남자의 어깨에 매어져 있었다.[4] (인용 ③)

"야!"

어디선가 갑자기 몇 사람이 이구동성으로 환호성을 질렀다. 이 무슨 일이 일어날 거라는 걸 다 알고는 사람들의 머리가 모두 그쪽으로 돌아갔다. 순경과 순경이 잡고 있는 범인까지도 모두 조금 움찔했다.

"찐통에서 방금 나온 만두요! 자, 따끈한 ……"[5] (인용 ④)

위의 인용 ③에서 드러나는 것처럼 아이의 외침은 갑작스럽게 나타난 순경과 포승에 매인 남자의 출현에 의해 중단된다. 그리고 조리돌림 사건은 여기에서 그 밖의 아무런 설명이나 암시도 없이 돌연히 시작되는 것이다. 살펴보면 이 작품에서 조리돌림 사건은 하나의 의미중심을 이루고 있지 못함을 알 수 있다. 그것은 형식적인 중심에 불과하다. 그 때문에 작가는 사건의 의미를 암시하는 어떤 내력이나 간접적인 설명도 작품 속에 포함시키지 않은 채로 사건의 시작만을 돌발적으로 알리고 있는 것이다. 이렇게 볼 때 작가가 사건을 그 사건을 둘러싸고 있는 환경과 단절적인 관계에 있는 것으로 드러내고 있다는 사실이 오히려 이 작품에서 사건 자체

---

4) 『魯迅全集』 2권, 人民文學出版社, 1991, 68면.
5) 위의 책, 72면.

보다도 더 중요한 의미를 가지는 것이 아닌가 하는 추정을 하게 된다. 그리고 이점에서 「조리돌림」은 의도한 미학적 효과를 강화하는 수단으로 습관적인 것을 예기치 않은 문맥 속에 넣음으로써 대상을 새로운 인식 영역으로 이동시키는 '낯설게 하기'의 전형적인 예를 보여준다. 「조리돌림」의 메시지는 이러한 낯설게 드러냄의 방식을 통해서 전달되고 있다.

다시 인용에로 돌아가 보면 위의 인용 ④ 역시 사건의 끝이 매우 단절적으로 처리되어 있음을 알 수 있다. 작가는 한껏 고조되어 있는 긴장의 정점에서 마치 포물선의 한 편이 꼭지점에서 급강하하듯이 아이의 만두 파는 소리[6]가 환기시켜주는 일상의 지면에로 독자를 끌어내린다. 사건과 그 사건을 둘러싸고 있는 환경과의 이러한 단절적 대비는, 극적인 사건이 야기한 긴장도, 그것을 둘러싸고 있는 일상의 거대한 힘 속에서는 결국 아무런 흔적도 남기지 못하고 소멸되어 버리며, 일상의 두텁고 무기력한 분위기만이 엄연한 실재라는 메시지를 무겁게 전달해주려는 것 같다. 「조리돌림」의 맨 마지막에서 다시 한 번 되풀이되는 만두 파는 아이의 외침은 이러한 추정을 더욱 더 강하게 뒷받침해주는 장치로 기능한다.

「조리돌림」에 설정되어 있는 공간이 밀폐되어진 어떤 곳이라는 암시를 강하게 해주는 모티프가 또 있다. 그것은 비유로 표현되어 있는 다음 구절이다.

6) 『외침』의 작품들에서 '만두'는 흔히 죽음의 이미지와 연결되어 나타난다. 「약(樂)」에 등장하는, 갓 죽은 사람의 피를 넣어 빚은 '인혈(人血)만두'나 '부자 집 생일잔치에 쌓아 놓은 만두처럼 가득히 들어차 있는 공동묘지의 무덤들' 같은 표현들이 그 대표적인 예이다. 만두는 루쉰의 작품에서 한편으로는 중국인들의 일상적 삶을 지탱하는 주된 양식(糧食)이면서 동시에 죽음을 환기시키는 중의적인 기표로 나타난다. 이러한 점들을 상기할 때 「조리돌림」에서 일상의 분위기를 환기시키는 아이의 외침소리가 굳이 만두 파는 소리인 것은 이 일상적 공간의 분위기가 마치 죽음처럼 무거운 어떤 것임을 암시적으로 전달해 주는 것으로 생각된다.

또 다시 힘껏 담으로 내던져졌다가 튕겨 나온 고무공처럼, 소학생 하나가 나는 듯이 달려왔다.[7] (인용 ⑤)

앞의 인용 ③과 거의 동일한 묘사로 다시 반복되어 등장하는 이 구절에서 특히 우리의 주목을 끄는 것은 '담'의 비유이다. 거듭되는 담의 비유가 「조리돌림」의 물리적 공간인 수도 북경의 큰 길이 갖는 이미지와는 쉽게 조화되지 않기 때문이다. 여기에서 우리는 작가가 탁 트인 길의 물리적 공간 속에 다시 담으로 둘러싸여진 정신적 공간을 설정해 놓고 있음을 감지하게 된다. 그리고 그 정신적 공간의 폐쇄성이 물리적 공간의 개방성을 질적으로 압도하고 있음을 느끼게 되는 것이다. 작가는 이상에서 언급한 여러 가지 장치들을 통해 「조리돌림」의 정신적 공간이 갖는 폐쇄성을 강렬하게 암시하고 있다.

2) '잠자는 의식'의 인물묘사

이렇게 폐쇄된 공간을 채우고 있는 인물들은 어떤 존재들인가. 「조리돌림」의 인물들에게는 이름이 없다. 그들은 이름 대신 대머리, 흰조끼, 키다리, 빨강코, 타원형 얼굴 등으로 불린다. 인물 각각에 대한 명명이 일종의 생생하게 만들기, 영혼 부여하기, 개성화하기라면[8] 「조리돌림」의 인물들에게는 생생한 영혼과 개성이 부여되어 있지 않은 셈이다. 실제로 이들에게서는 인간에게 있는 심리와 사고가 발견되지 않는다. 이들은 어

7) 『魯迅全集』 2권, 人民文學出版社, 1991, 69면.
8) R. 웰렉 · A. 오스틴, 이경수 역, 『문학의 이론』, 문예출판사, 1989.

떤 것을 의식하거나 판단하지 않는다. 그들에겐 단지 외적 자극에 대해 무의식적으로 반응하는 동물적인 감각만이 있을 뿐이다. 조리돌림을 구경하기 위해 밀고 밀치기를 거듭하면서 더 이상은 머리 하나 들이밀 틈이 없을 만큼 빽빽하게 모여든 이들의 모습에 대한 아래의 묘사가 그러한 생각을 확인시켜 준다.

> 키다리는 허리를 구부리고, 늘어진 밀짚모자의 차양 아래로 흰 조끼의 얼굴을 좀 감상하려 하다가 어쩐 일인지 갑자기 다시 곧게 섰다. 그러자 그의 뒤에 있던 사람들은 다시 힘을 다해 목을 길게 늘여야만 했다. 한 말라깽이는 입까지 크게 벌려 그 모습이 마치 죽은 농어 같았다. (…중략…) 그(대머리)가 양쪽 눈썹을 찌푸리며 돌아보니, 그의 오른쪽에 바싹 달라붙어 있는 시커먼 손 하나가 커다란 만두 반쪽을 들고는 그것을 고양이 얼굴을 한 사람의 입 속으로 막 처넣으려 하고 있었다.[9]

작가는 조리돌림을 구경하려고 몰려든 인물들의 행동과 표정을 죽은 농어 같다거나 고양이 얼굴이라고 표현한다. 이들에게서는 살아있는 인간의 정신이 느껴지지 않는다. 이들의 의식은 깊이 잠들어 있다. 깊이 잠들어 있는 민중의 영혼을 묘사하는 일은 루쉰에게 있어서 「광인일기(狂人日記)」 이래로 일관된 작업이었다. 「조리돌림」에서 작가는 다시금 이것을 마치 환등기를 돌리거나 카메라의 렌즈를 이동시키는 것 같은 독특한 기법으로 묘사해내고 있다. 그들은 간혹 "뭐야!"라고 소리치거나 "저것 봐!"라고 말하기도 하지만 그들의 이런 언어 속에는 의미가 담겨있지 않다.

9) 『魯迅全集』 2권, 人民文學出版社, 1991, 70면.

작가가 인물들을 바라보는 시선이 마치 카메라의 렌즈 이동처럼 느껴지거나 그렇게 묘사되어진 모습들이 그런 렌즈에 의해 포착된 사진 같은 느낌을 준다는 점에 대해서는 좀 더 부연할 필요가 있다. 「조리돌림」에서 작가의 시선은 표면에 노출되어 있지 않다. 작가는 작품 속에 어떤 해설이나 감정표현을 부가하는 것과 같은 방식으로 자신이 구축해놓은 작품 내적 질서에 개입하지 않는다. 이점은 『외침』에 실린 작품들에서 루쉰이 흔히 작품 내적 세계에 융합되지 않는 작가의 생각이나 느낌을 작품의 말미에 부가해왔던 것과 대조를 이룬다. 「조리돌림」에서 작가는 냉정한 관찰자의 시점으로 물러서 있다. 그는 한 장면에서 다른 장면으로 시선을 이동시키면서 침묵 속에서 어떤 것을 보여줄 뿐 그것에 대해 이러쿵저러쿵 이야기하지 않는다. 「조리돌림」이 이처럼 이야기하는 작품이 아니라 보여주는 작품이라는 것은 그 기술방식에서 묘사가 압도적인 우위를 차지하고 있다는 점에서도 확인된다. 묘사란 시간적이고 극적인 국면을 강조하는 서술과는 달리 동시성 속에서 간주된 사물과 존재들에 관심을 보이는 것이며 시간의 흐름을 정지시키고 이야기를 공간 속에 펼쳐 놓는데 기여하는 것이기 때문이다. 그리고 이러한 기술방식을 택함으로써 작가는 자신이 창조해낸 작품 내적 세계와 일정한 객관적 거리를 유지할 수 있게 되며 그 거리를 통해서 삶을 관조적으로 바라볼 수 있게 된다.[10)]

10) 롤랑 부르뇌프 · 레알웰레, 앞의 책, 161면.

3) 시점에 관하여—질문하는 사내의 출현과 사라짐

「조리돌림」의 중반에 등장하는 "노동자 같아 보이는 초라한 사내"의 출현은 작품 전체에서 가장 돌출적인 부분이다. 여기에서 돌출적이라는 말은 이질적이라는 말과도 통한다. 앞서 살펴보았듯이 「조리돌림」의 인물들에게는 인간의 언어와 의식이 제거되어 있다. 그들은 맹목적으로 행동하고 기계적으로 반응하는, 추상적인 인물군으로만 등장한다. 이런 인물들에 둘러싸여 있으면서 그들과 불협화음을 이루는 유일한 존재가 바로 '사내'이다.

> "저 사람이 무슨 일을 저질렀습니까……?"
>
> 사람들이 모두 놀라서 보니, 노동자 같아 보이는 초라한 사내가 대머리 노인에게 굽신거리며 낮은 목소리로 묻고 있었다. 대머리는 아무 소리도 하지 않고 그저 눈을 부릅뜨고 그를 뚫어지게 쳐다보았다. 그러자 사내는 눈을 내리깔았다가 잠시 후 다시 고개를 들고 쳐다보았다. 그때까지도 대머리는 여전히 눈을 부릅뜨고 그를 쳐다보고 있었고, 게다가 다른 사람들도 모두 눈을 부릅뜨고 그를 쳐다보고 있는 것 같았다. 그러자 사나이는 마치 자기가 바로 죄 지은 사람이라도 한 것처럼 어쩔 줄 몰라 하더니 끝내는 천천히 물러나 그곳을 빠져 나가 버렸다. 양산을 옆구리에 낀 키다리가 와서 곧 그 틈을 메워 버렸고, 대머리도 얼굴을 돌리고 다시 흰 조끼를 보기 시작했다.[11)]

11)『魯迅全集』2권, 人民文學出版社, 1991, 70면.

'사내'는 유일하게 자신을 둘러싸고 있는 세계에 대해 "왜?"의 질문을 던진 사람이다. 그러나 질문하는 그의 목소리는 낮고 그의 시선은 당당하지 못하다. 그는 고립되어 있다. 자신을 적대적인 눈으로 쏘아보는 주위의 시선을 이기지 못하고 마침내 그는 "마치 자기가 바로 죄 지은 사람이기라도 한 것처럼" 그 자리를 빠져나가 버린다. 그리고 그가 만들어내었던 '틈'은 이내 다시 메워진다.

이 '질문하는 사내'의 출현과 사라짐 속에는 「조리돌림」의 세계를 『외침』의 그것과 근본적인 차원에서 가르는 중요한 단서가 감추어져 있다. 그 단서가 의미하는 바는 위 모티프 속에 나타난 있는 질문하는 이의 시선과 그것을 적대적으로 바라보는 군중의 시선 사이의 얽힘을 세심하게 관찰하는 과정을 통해서 밝혀진다. 이러한 시선의 얽힘을 염두에 두고 위의 인용이 내포하고 있는 의미를 다시 분석해보자. 여기에서 질문하는 사내는 어떤 존재인가? 그는 근본적으로 질문을 잃은 세계, 의식이 깊이 잠들어 있는 세계, 단단하게 폐쇄되어 있는 세계에 대해 유일하게 문을 두드리는 존재이다. 그러나 그의 문 두드리기는 고독하고 고립되어 있다. 그를 바라보는 '눈을 크게 뜬' 시선들과 그의 '불안한' 시선은 서로 대립되어 있으며 그 대립은 이미 균형을 상실하여 일방이 다른 일방을 압도하고 있다. 닫혀 있는 세계 속의 잠자는 사람들과 그 속에서의 고독한 문 두드리기. 이것은 곧 「『외침』자서」에서의 철방(鐵房)의 비유를 연상시킨다.

가령 철방이 하나 있는데, 창문도 전혀 없고 전혀 절대로 부술 수도 없는 방이네. 그 안에는 깊이 잠에 빠져 있는 많은 사람들이 있고, 머지않아 그들은 모두 숨이 막혀 죽게 될 거야. 그러나 혼수상태에서 사멸되어 가는 것이기 때문에 죽음의 비애는 전혀 느끼지 않을 걸세. 지금 자네가 크게 소리를 질러서 조금 깨어 있는 몇 사람을 놀라 일어나게 한다면, 그래서 그 불행한 소수의 사람들에게 어떻게 만회할 수도 없는 임종의 고통을 겪게 한다면 자네가 그러고서도 그들에게 얼굴은 들 수 있다고 생각하나?[12)]

이 '철방'의 상황은 「조리돌림」의 상황과 유사하다. 이 상황적 유사성은 우리에게 얼핏 「조리돌림」이 작가가 일본유학시절에 충격적으로 보았다는 환등필름의 몇 장면을 이 철방 의식 속에서 재구성해낸 것이 아닌가 하는 혐의를 갖게 한다. 그것은 결국 「조리돌림」의 다름이라는 것이 지금까지 많은 논자들이 이야기해 온 것처럼 『외침』과 동일한 의식에 새로운 기교적 치장만을 보탠 것에 불과한 것이 아닌가 하는 혐의이기도 하다. 그러나 좀 더 세심하게 살펴보면 이러한 혐의는 곧 해소된다. 그 둘 사이에 간과할 수 없는 차이가 내포되어 있음은, 깨어 있는 이와 잠자는 이들의 관계 혹은 잠자는 이들에 대한 깨어있는 이의 시선에 주목할 때 분명해진다. 『외침』의 세계를 관통하는 작가의식의 표현으로 해석할 수 있는 이 철방의 비유 속에서는 깨어 있는 이의 잠자는 이들에 대한 시선만이 문제가 되고 있다. 반면 「조리돌림」에서는 오히려 잠자는 이들의 깨어 있는 이에 대한 시선이 훨씬 더 강렬하게 부각되고 있는 것이다.[13)] 또한 「조리돌림」에서는 잠자는 이들과 깨어 있는 이 사이에, 철방에서는

12) 『魯迅全集』 1권, 人民文學出版社, 1991, 419면.

13) 『외침』의 세계에서라면 이러한 대립의 초점은 죽임을 당하는 '흰조끼'와 그런 죽음을 잔인하게 구경하는 군중들 사이에 놓이게 되었을 것이다. 그러나 「조리돌림」에서 대립의 초점은 맹목적으로 '흰조끼'의 죽음을 즐기는 민중의 가해적 의식과 그 현실 속에서 고독하게 질문을 던지는 무력한 '사내'의 자의식 사이에 놓이게 된다.

보이지 않던 대립이 존재한다. 잠자는 이들의 깨어 묻는 이에 대한 공격과 배척의 시선이 그것이다. 질문하는 사내의 출현과 사라짐 속에 감추어져 있다고 말한 「조리돌림」 이해의 단서는 여기에서 그 구체적인 모습을 드러내게 된다.

주위의 배척의 시선을 이기지 못하고 마치 자기가 죄인이라도 되는 것처럼 슬그머니 사라져버리는 사내의 의식과 작가의 의식 사이에는 강한 동류적 일체성이 감추어져 있다. 그러나 작가는 이 사내에 대한 묘사에 있어서도 거리를 둔 관찰자의 냉정함을 잃지 않고 있다. 그 냉정한 관찰자의 자리에서 비로소 작가는 자기를 둘러싼 세계의 모습뿐만 아니라 그 속에 존재하는 자신의 왜소한 모습까지를 객관적으로 바라볼 수 있게 되는 것이다. 「조리돌림」의 뛰어남은 바로 여기에 있다. 그리고 『방황』이 『외침』을 넘어서는 자리도 바로 이곳이다.

3. 『외침』에서 『방황』으로 –변화된 인식의 본질

1) '영원한 관객'으로서의 민중

이미 앞에서 살펴본 바와 같이 작가가 「조리돌림」 속에서 민중의 현실에 대해 보이는 비판적인 시선은 『외침』에 비해 훨씬 더 냉정해진 것이다. 『외침』에서 루쉰이 어리석은 민중, 불행한 민중의 문학적 형상들에 대해 가했던 비판은 날카로웠지만 그러한 날카로운 비판을 행하는 작가의 태도에는 연민이 숨어 있었다. 『외침』의 작품들에서 주인공에 대한 풍자가 우리로 하여금 조롱보다는 오히려 안타까움을 느끼게 했던 것은 이러한 작가의 태도와 무관하지 않을 것이다. 하지만 「조리돌림」에 이르면 작가의 태도는 달라진다. 이러한 연민어린 풍자는 더 이상 보이지 않는다. 작가의 태도를 이처럼 변화하게 만든 인식의 변화는 무엇인가.

작가가 1924년에 쓴 「노라는 가출하여 어떻게 되었는가(娜拉走後怎樣)」에서 이 문제에 관한 해답의 실마리를 찾을 수 있다. 이 글은 쓰여 진 시기가 『외침』과 『방황』 사이여서 양자 사이의 달라진 인식의 내용을 짐작하는데 유용한 참조가 된다. 여기에서 루쉰은 민중에 대한 자신의 견해를 이렇게 토로하고 있다.

> 군중, 특히 중국의 군중은 영원히 연극의 관객입니다. 희생자가 무대에 올라서서 만일 비분강개한 모습을 보여준다면 그들은 한편의 비장극을 본 것이 됩니다. 만약 희생자가 겁을 먹고 벌벌 떠는 모습을 보인다면 그들은 골계(滑稽)극을 본 것이 됩니다. 북경의 정육점 앞에는 언제나 입을 벌리고 서서 양의 가죽을 벗기는 것을 구경하는 사람들이 있습니다. 그들은 무척 즐거운 것 같습니다. 인간의 희생이 그들에게 안겨줄 수 있는 유익이라는 것도 그런 것에 불과한 것입니다. 게다가 일이 끝나고 몇 걸음도 걷지도 않아서 그들은 그 즐거움마저도 잊어버리고 맙니다.[14]

마치 양이 가죽을 벗기는 일을 구경하듯이 인간의 희생을 구경하고, 그 일이 끝나버리고 나면 그 구경의 즐거움마저도 잊어버리고 다시 일상의 세계 속으로 빠져 들어가 버리는, 죽음처럼 깊은 늪 속의 잠든 의식들. 이

14) 『魯迅全集』 1권, 人民文學出版社, 1991, 163면.

것이 이시기 루쉰이 바라보는 민중의 모습이다. 영원한 관객인 민중, 그 민중은 혁명가의 희생에 그냥 무관심하기 만한 것이 아니라 그 희생을 유희거리로 삼으며 망각 속에서 죽음을 해소시킨다. 루쉰의 의식 속에서 민중은 처음부터 억압적인 현실의 수동적인 피해자만은 아니었다. 그들은 봉건사회의 피해자이면서도 동시에 그 마비된 의식으로 봉건 사회의 유지에 기여하며 스스로 가해자가 되기도 하는 이중적인 존재였다.[15] 그러나 『외침』의 단계에서 그려진 민중의 부정적인 모습에는 위의 인용에서처럼 타인의 희생을 그저 유희로만 여기는 잔인함은 나타나 있지 않다. 이는 당시 작가가 이성적 인식 속에서는 비록 그들을 부정적 현실의 담지자로 인식하였다 하더라도, 그것과는 다른 심정적인 차원에서는 그들을 자신과 공동의 운명으로 철방 안에 갇혀 있는 가련한 존재로 느끼고 있었음을 말해준다. 그러나 '영원한 관객'으로 표현되는 민중관 안에는 그러한 연민의 여지가 없다. 만약 그것이 가능하다면 그것은 죽임의 대상이 된 구경거리가 그 죽임을 냉혹하게 즐기는 구경꾼을 같은 운명적 존재로서 연민하는 아이러니가 될 것이기 때문이다.[16]

루쉰의 민중관이 이처럼 달라진 계기는 무엇일까. 작가의 태도를 변화시킨 외적 계기는 우선 『방황』이 창작되던 시기 문화운동계의 상황에서 찾을 수 있다. 『방황』이 창작된 것은 1924~1925년경인데, 이 시기는 이미 사회운동의 대열에서는 오사(五四)혁명의 열기가 완전히 퇴조하고, 신문화(新文化)운동 대열에서도 그간 문화운동의 상징적 구심으로 기능했던

15) 전형준, 「루쉰의 리얼리즘에 관한 연구」, 『中國現代文學』 제6호, 100면.
16) 이런 아이러니가 아이러니를 넘어서는 초월적 의미를 가질 수 있는 것은 종교적 차원에서만 가능한 것이다. 그러나 이것은 당시 루쉰의 정신세계와는 무관한 것으로 보인다.

「신청년(新青年)」이 해산되고 문화운동 주체들 간에 이념적인 대립과 갈등이 격화되어 있었다. 사회운동과 문화운동에서의 이러한 상황의 변화는 루쉰에게 적지 않은 정신적 충격을 가져다 준 것 같다.[17)]

마루야마 노보루(丸山昇)는 루쉰이 당시 경험한 충격을, 그때까지의 상황 속에서는 내적 · 외적인 의미를 동시에 가질 수 있었던 루쉰의 작업이, 달라진 상황 속에서 새로운 변화를 요구받게 되었는데 그것은 "현실의 무게를 혼자서 지탱할 수 있는 어떤 것을 자신의 내부에서 형성해내는 것"이었다고 해석하고 있다.[18)] 마루야마의 이러한 해석에는 『방황』에서 드러나는 인식의 변화를 이해하기 위해 좀 더 깊이 있게 고려해야 할 몇 가지 중요한 단서들이 내포되어 있다. 그것은 우선, 기왕의 루쉰의 작업, 즉 『외침』의 창작이 당시의 상황 속에서 가질 수 있었던 내적 · 외적 의미란 무엇인가 하는 것이다. 이 문제와 관련하여 루쉰의 다음과 같은 이야기가 주목된다.

> 그러나 어쩌면 아직까지 나 자신이 가졌던 적막의 비애를 잊을 수가 없었기 때문에 때로는 여전히 몇 마디 함성을 질러, 그것으로 적막 속에서 달리는 용사들을 위로하고 그들이 거리낌없이 앞으로 달려 나아가도록 하려한 것이다. (…중략…) 스스로 고통스럽게 여기는 적막감을, 내가 젊은 시절에 그러했듯이 지금 막 좋은 꿈을 꾸고 있는 청년들에게 결코 다시 전염시키고 싶지 않았다.[19)]

---

17) 루쉰은 1932년에 쓴 「자선집(自選集) 自序」에서 당시 동료들의 변화에 의해 자신이 받은 이러한 충격에 대해 토로한 바 있다.
18) 丸山昇, 韓武熙 역, 『魯迅評傳』, 일월서각, 157면.
19) 「『吶喊』自序」, 『魯迅全集』 1권, 人民文學出版社, 1991, 419~420면.

이 글을 통해 본다면, 자신의 적막과 비애를 어찌할 수 없었던 것과 적막 속에서 달리는 용사들에게 위로와 도움이 되고자 했던 것이 『외침』의 창작동기였다고 이해할 수 있다. 『외침』의 세계는 이러한 동기 하에서 창작되었기 때문에 작가가 바라보는 현실이 비록 암울한 것이었다고 해도 작품 속에서는 그러한 현실의 암흑에 대한 자신의 비극적 인식이 기꺼이 유보되어 졌고, 작품 속에 희망을 담기 위해서 작가는 의도적인 곡필을 가하기도 했던 것이다. 이렇게 보면 『외침』의 창작이 루쉰 자신에 대해 갖는 의미란 「신생(新生)」 발간 계획의 좌절과 신해(辛亥)혁명의 실패가 가져다 준 깊은 비애와 적막감을 당시의 고양된 변혁운동의 분위기에 힘입어 떨쳐보려는 노력이었다고도 말할 수 있다. 한편 루쉰의 이러한 개인적인 차원에서의 노력은 『외침』의 세계가 주로 현실의 어두운 면을 있는 그대로 그려내는 데 치중되어 있음에도 불구하고 외적으로는 문화운동 세력에 대해 유력한 지원을 보탤 수 있고 그럼으로써 「신청년」을 중심으로 한 계몽적 실천의 흐름 속에서 일정한 객관적 의미를 가질 수 있는 것이었다. 이것이 앞에서 마루야마가 문화 운동계의 사상분화 이전 단계에서 루쉰의 작업이 가질 수 있었다고 말한 '내적 외적 의미'의 구체적인 내용이 될 것이다.

그러나 루쉰이 기꺼이 동조하고 가세했던 동료들이 사상적으로 분화되어 가고 해체되어 가는 상황의 변화 속에서 루쉰은 다시금 고립된 자리로 물러서게 된다. 현실과의 싸움은 다시 혼자만의 것으로 돌이켜지게 되고, 루쉰의 작품 세계는 이제 『외침』의 그것과는 다른 자리로 옮겨가게 되는 것이다.

2) 외침에서 성찰로

「신청년」의 해산으로 대변되는 문화운동계의 상황변화가 루쉰에게 가져다 준 정신적 의미를 해석하는 마루야마의 위 진술에서 의미 있게 생각되는 또 한 가지는 이 변화가 루쉰에게 "현실의 무게를 혼자서 지탱할 수 있는 어떤 것을 자신의 내부에서 형성해낼 것"을 요구했다고 말하고 있는 점이다. 여기에서 "현실의 무게를 지탱할 수 있는 어떤 것을 자신의 내부에서 형성해내는 것"과 「조리돌림」에서 드러나는 작가의 달라진 인식사이에는 긴밀한 연관이 있는 것으로 보인다. 이 문제를 앞서 언급한 바 있는 '질문하는 사내의 출현과 사라짐'의 의미를 되짚어보면서 함께 다루고자 한다.

2장에서 필자는 '질문하는 사내의 출현과 사라짐'을 「조리돌림」을 『외침』의 세계와 근본적으로 구별짓는 결정적 단서라고 해석하였다. 그리고 그 '질문하는 사내'가 내포하고 있는 가장 중요한 의미는, 작가가 그 질문하는 사내의 객관적인 모습을 그를 둘러싼 세계 속에서 냉정하게 직시하고 있는 데 있음을 아울러 밝혔다. 작가가 자신과 의식적 동류의 관계에 있는 질문하는 이의 모습을 초라한 모습을 그대로 그려놓고 이것을 다시 전체 속에서 바라보고 있다는 것은 무엇을 말하는 것인가? 필자가 보기에 그것은 루쉰의 현실주의 정신이 보다 치열해졌음을 의미하는 것이며[20] 동시에 작가의 시선이 지금까지와는 달리 자신에 대한 성찰에로 옮겨와 있음을 보여주는 것이다. 이것이 곧 현실의 무게를 다시금 혼자서 감당해

20) 전형준, 「신문학 시기의 리얼리즘 이론에 대한 연구」, 서울대 박사논문, 1992.

내지 않으면 안 되는 상황에 대한 루쉰의 대응방식이다.

작가가 『방황』의 세계에서 형상화해내고 있는 것은 외적 현실에 한정되어 있지 않다. 그런 현실과 대립해 있으면서 그것을 부정하고 변화시키려 했던 '나'의 모습이 그 속에 포함되어 있으며 그것이 객관적으로 냉정하게 조명되고 있다. 『외침』이 주로 나를 둘러싸고 있는 외적 현실을 형상화하는데 초점을 맞추고 있는 반면 『방황』은 그런 현실이 자아와 맺고 있는 관계 혹은 그러한 관계맺음의 객관적 의미에 초점을 맞추고 있는 것이다. 「조리돌림」에서 세계와 대립하는 자아, 혹은 세계 속에 둘러싸여 있는 자아의 형상으로 등장하는 '질문하는 사내'의 유사형이 『외침』의 세계에는 존재하지 않지만 『방황』에서는 거듭 나타나고 있다는 점이 그것을 입증해준다. 예컨대 방황의 첫 번째 작품인 「복을 비는 제사(祝福)」의 '나'는 가련하고 우매한 민중인 샹린[祥林] 아주머니가 죽음에 대한 공포 속에서 던지는 물음에 당황하며, 결국 이웃의 악의적인 조롱 속에서 비참하게 죽어가는 그녀의 운명에 대해 무기력한 존재로 그려진다. 「조리돌림」과 「복을 비는 제사」 외의 「고독한 사람[孤獨者]」이나 「죽음을 슬퍼함[傷逝]」 등의 작품 들 속에서도 이러한 무기력한 '나'의 모습은 가식 없이 드러나고 있다.

이상의 고찰을 통해 이 시기 루쉰에게 있어서 외면은 비록 방황의 모습을 띠고 있었지만 그의 내면에서 실제로 이루어지고 있던 것은 자신이 선 자리에 대한 냉정한 성찰이며 그러한 성찰의 과정에서 얻어진 것들이 「조리돌림」을 비롯한 『방황』의 세계 전반에 구현되어 있는 세계의 모습이라고 할 수 있다.

3) 인식의 근원적 비극성

『외침』에서 방황에 이르기 까지 루쉰의 정서와 의식을 줄곧 지배했던 것은 비애와 적막이었다. 루쉰의 현실인식에 내재해 있는 이러한 비극성은 상황의 변화에 따라 일시적으로 감추어지거나 혹은 표면에 드러나거나 하면서 양태를 달리해왔지만 그것의 존재 자체가 사라진 적은 없었다. 「조리돌림」과 같은 시기에 쓰여 진, 연인 쉬광핑[許廣平]에게 보낸 편지의 한 구절에서 루쉰의 삶과 문학의 근저에 일관되게 존재해 온 뿌리 깊은 비극적 인식의 존재가 다시 확인된다.

> 당신은 항상 내 작품을 읽고 있는 것 같군요. 하지만 내 작품은 너무 어둡소. 나는 항상 '암흑과 허무[黑暗與虛無]'만이 실재하는 것[實有]이라고 느낍니다. 그런데도 기어이 이들을 향해 절망적 항전을 시도하려 하기 때문에 (작품 속에서는) 과격한 소리를 많이 덧붙이게 되는 것입니다.[21](1925.3.18)

그는 '암흑과 허무'만이 실재하는 것이라고 느낀다. 그는 이 '암흑과 허무'가 대항할 수 없는 것임을 안다. 그러나 그럼에도 불구하고 그는 그것에 대한 항전을 시도하지 않을 수 없다. 그러므로 그의 항전은 절망적이다. 위 내용을 행간의 의미를 고려하여 이렇게 다시 엮어서 새겨보는 과정은 우리를 다음과 같은 생각에로 이끈다. 실재하는 암흑과 허무에 대한 피할 수 없는 자각, 그러나 그럼에도 불구하고 억누를 수 없는 내적 욕구

21) 「兩地書」, 『魯迅全集』 11권, 人民文學出版社, 1991, 20~21면.

로서의 절망적 저항이 어쩔 수 없음 속에서 서로 부딪치고 만나는 힘겨운 과정이 그의 삶이었다면, 그러한 삶의 과정을 반영하면서 그 속에서 형성되어진 의식들이 그때마다 서로 다른 형상과 형식으로 표현되고 있는 것이 그의 작품세계가 아닐까하는. 이런 생각의 연장선에서 우리는 그가 절망 속에서나마 동지를 얻고 세상에 대해 외칠 수 있었던 『외침』의 시기에 그의 비극적 인식은 상대적으로 약화되어져 의식의 이면으로 감추어져 있었던 반면, 변화된 상황 속에서 동료들을 잃고 다시금 혼자만의 무거운 싸움을 감당해야 했던 『방황』의 시기에는 그의 절망과 허무가 다시 의식의 표면에로 노출되어지게 된 것이 아닌가하는 생각을 하게 된다. 그렇다면 암흑과 허무 그리고 절망으로 표현되어 있는 루쉰의 비극적 현실 인식의 뿌리는 어디에 놓여 있는 것일까?

다시 「노라는 가출하여 어떻게 되었는가」로 돌아가 이 질문에 대한 단서를 발견한다. 루쉰은 이 글에서 "인생에서 가장 고통스러운 일은 꿈에서 깨어났는데 갈 길이 없다는 것"이라고 말한다. 때문에 꿈에서 깨어나도 어차피 갈 길이 없다면 차라리 꿈에서 깨어나지 않는 편이 낫다는 것이다. 꿈을 꾸고 있는 사람은 그래도 행복하다. 그러나 노라처럼 혹은 루쉰 자신처럼 이미 눈을 뜬 사람은 다시 꿈속으로 되돌아갈 수 없다. 현실에는 갈 길이 없는데 이미 눈을 떠서 다시는 꿈속으로도 되돌아갈 수 없게 되어버린 상황, 그 상황이 바로 루쉰이 처한 고통의 자리이다. 그 자리에서 할 수 있는 것이라곤 고통스럽게 현실의 길 없음을 정시하는 것뿐이다. 루쉰의 삶과 문학에 내재된 비극적 인식의 근원이 바로 여기에 있다.

이렇게 볼 때 루쉰의 비극적 인식은 골드만이 말하는 '숨은 신'의 비극적 세계관과 무척 유사하다. '숨은 신'이란 비극적 인간의 사고 속에 깊이 자리 잡고 있는, “언제나 현존하면서 동시에 언제나 부재하는” 신이며, 본질적이지만 결코 실현되지 않는 하나의 가능성이다.[22] ‘숨은 신’의 비극적 인식을 루쉰적인 언어로 바꾸어 본다면, 그것은 꿈에서 깨어난 자만이 비로소 볼 수 있는 어떤 절대적 가치와 의미의 세계가 존재하지만 (루쉰에게 이것은 그가 유일하게 실재하는 것이라고 느끼는 암흑과 허무의 존재가 될 것이다.) 현실에서는 결코 거기에 이르는 길이 발견되지 않는, 영원히 감추어진 세계이기도 하다. 이러한 신의 존재를 이론의 차원이 아니라 의지와 가치의 차원에서 확신하는 인간의 인식은 근본적으로 비극적이며 그의 존재는 세계로부터 고립되어 있다.

> 신의 현존으로 인해 세계를 받아들일 수 없으며 동시에 신의 부재로 인해 세계로부터 완전히 등을 돌릴 수도 없기 때문에, 그는 항상 자신과 그를 둘러싸고 있는 모든 것들 사이의 오류와 그들 가치와 소여로부터 분리시키는 뛰어넘을 수 없는 심연을 영원히 의식할 수밖에 없다. 세계내적인 의식, 동시에 필연적으로 그가 거부하는—그를 부분으로 하지만 동시에 그가 넘어서는—세계에 직면하여 전체성의 요구에 의해서만 움직이는 의식, 즉 내재적 초월성과 초월적 내재성, 이러한 것이 비극적 인간의 역설적 상황이다.[23]

세계 내에 존재하면서도 의식은 거기에 안주하지 못하고 그것에 대립해 있거나 그것을 초월하는 곳에 있으며, 또한 현실을 거부하면서도 그 현실을 바로 그가 “대항하여 절대적이고 실제적인 가치의 실현을 요구할”

---

22) 골드만, 송기형 · 정과리 역, 『비극적 세계관의 변증법—숨은 신』, 여강출판사, 1984, 49~50면.
23) 위의 책, 69면.

유일한 현실로 받아들이기 때문에 결코 완전히 외면할 수는 없는 역설적 상황이 바로 비극적 인간의 자리이다. 이러한 비극적 인간이 다른 인간들과 맺고 있는 관계 역시 이중적이며 역설적이다.

> ① 한편으로 비극적 인간은 다른 사람들을 구원하려 하며 자기와 함께 그들을 이끌어나가기를 기대하고 그들을 자기와 같은 수준으로 끌어올리기를 희망한다. ② 다른 한편으로 비극적 인간은 자기를 그들에게서 갈라놓는 간격을 자각하고 이 간격을 인정하고 확인한다.24)

위의 진술을 다시 루쉰의 문학과 관련지어 보면, 주로 ①의 의식을 드러내고 있는 것이 『외침』의 세계라면 『방황』은 ②의 의식을 드러내고 있다고 말할 수 있다. 세계에 대한 두 가지 태도 모두가 비극적 인식의 표현이지만 때로는 그것이 세계를 향한 외침으로, 때로는 분리된 자의 자리에서 진행하는 고독한 자기 성찰의 형식으로 나타나는 것이다.

4. 맺음말

이상에서 「조리돌림」에 대한 분석을 토대로, 『방황』의 작품세계와 그 속에 내재되어 있는 작가의 변화된 현실 인식의 내용을 검토해보았다. 이러한 검토는 루쉰의 삶과 창작여정 속에서 『외침』과 『방황』이 차지하는 의미를 구별지어 이해할 수 있게 해준다. 작가가 「신생」 발간과 신해혁명

24) 위의 책, 117면. 번호 매김은 필자.

실패 이후에 느끼게 된 비애와 좌절의 고통을 외부의 고양된 분위기 속에서 그 흐름에 기꺼이 합세하는 방식으로 극복해보려 했던 노력의 문학적 결실이 『외침』의 세계라고 한다면, 「조리돌림」을 통해 나타나는 『방황』의 세계는 그와는 달리 현실을 감당해내는 힘을 외부가 아닌 자기 자신의 내부에 형성해내야 한다는 새로운 각성 속에서, 방황하는 자신의 영혼을 붙들어 고독하고 냉정한 자기 성찰에로 이끌어 올리는 과정의 문학적 반영이라고 말할 수 있다.

『방황』 이후 루쉰은 소설 대신 주로 '잡감(雜感)'이라 불리는 시의적인 단평을 쓰는데 주력한다. 이러한 글쓰기의 전환을 루쉰은 당시의 상황적 요구에 부응하기 위한 것이라고 설명하고 있다. 그러나 어쩌면 「조리돌림」에서의 '질문하는 나'의 출현과 사라짐을 바라보는 작가의 냉정한 시선 속에서 이미 그 전환은 예고되어 있었는지도 모른다. 작가의 냉정한 시선이 소설적 글쓰기에 대한 회의의 시선과 겹쳐있기 때문이다.

그러나 루쉰은 자신의 작가적 실천이 가지는 의미와 가치에 대한 깊은 회의 속에서도 글쓰기의 저항적 행위를 중단하지 않는다. 그것은 혁명시인 에세닌과 소보린의 자살을 추도하는 글에서 루쉰이 이야기했던 것처럼, 루쉰이 자신의 삶에 대해 결코 방관자의 자리로 물러서려 하지 않았음을 말해준다. 이것이 루쉰의 삶과 문학이 일관되게 견지해온 진실이다. 「조리돌림」을 분석하고 이를 토대로 『외침』에서 『방황』으로, 또 그 이후의 다른 글쓰기로 옮겨가는 루쉰의 삶과 문학을 관찰하는 과정이 이러한 사실을 확인해준다. 루쉰이 자신의 두 번째 잡감문집 앞에 달아 놓은 서언의 다음 구절 또한 그 진실을 역설하고 있다. 그 글을 인용하는 것으로 이 글의 맺음을 삼고자 한다.

지금은 한해의 마지막 깊은 밤, 이제 이 밤도 깊어 다 해가려 한다. 나의 생명은, 적어도 그것의 일부분은 이미 이런 무료한 것들을 쓰는 가운데 소모해 버렸지만, 내가 얻은 것이라고는 영혼의 황량함과 거칠어짐 뿐이다. 그러나 나는 결코 이러한 것들을 겁내거나 기피하지 않으며 감추려고도 하지 않는다. 뿐만 아니라 실은 그것들을 얼마간 아끼기까지 한다. 왜냐하면 이것은 모래바람 속을 뒹굴며 살아온 내 삶이 남긴 흉터이기 때문이다. 아마 자신이 모래바람 속을 뒹굴며 살아가고 있다고 생각하는 사람이라면 그 뜻을 알 것이다.[25]

25) 「『華蓋集』題記」, 『魯迅全集』, 人民文學出版社, 1991, 3권, 4~5면.

루쉰[魯迅]의 근대주체 구상

「악마파 시의 힘[魔羅詩力說]」에 나타난 '신'과 '인간'에 대한 관점

1. 머리말

「문화편향론(文化偏至論)」, 「악마파 시의 힘」 등을 쓸 당시 루쉰 사유의 중심에 놓여 있었던 것은 근대주체 수립의 구상이다. 「문화편향론」에서 루쉰은 그것을 개성과 정신을 가진 '사람을 세우는 일[立人]'이라고 표현했고, 「악마파 시의 힘[魔羅詩力說]」에서는 '정신계의 전사(戰士)'의 출현에 대한 기대와 갈망 속에서 그러한 이상을 드러냈다. 「문화편향론」은 진화론적 관점에서 서구 근대 문명의 발전과정을 개괄하면서, 19세기 초기 문명의 특성을 물질과 다수가 지배했던 것으로 규정하고, 이러한 서구문화의 편향을 바로 잡기 위해 19세기 말부터 출현한 새로운 문명의 핵심적인 내용을 개인과 정신으로 이해하면서 그 주 모델을 니체와 키에르케고르 등 개인의 주관과 의지를 강조한 실존철학자들에게서 찾고 있다. 이에 비해

「악마파 시의 힘」에서 근대주체 수립의 구상은 주로 19세기 영국 낭만주의의 한 주된 흐름을 형성하고 있었던 바이런을 필두로 한 '악마파(사탄파)' 시인들에 근거를 두고 있으며, 그 핵심적인 내용은 신에 대한 저항과 사회적 박해에 맞서 싸우는, 자유와 독립을 위한 불굴의 투쟁정신이다.

이 글에서는 주로 「악마파 시의 힘」에 나타난 신과 인간에 대한 관점을 중심으로 루쉰의 근대주체 수립 구상의 구체적인 내용을 살펴보려 한다. 「악마파 시의 힘」에서 루쉰은 절대적 권력과 의지를 가진 신에 대항하여 자유와 독립을 획득하려는 인간의 투쟁이라는 서구의 반(反)신론적 인본주의의 구도를 전적으로 수용하면서 이를 자신의 근대주체 수립에 전략적으로 차용하고 있다. 루쉰이 이 글에서 주된 비판의 근거로 삼은 것은 성경의 「창세기」 이야기이다. 이 시기 루쉰이 염두에 두고 있던, 인간 위에 군림하는 신이 주로 서구 기독교의 신으로 설정되어 있는 것이 흥미롭다. 루쉰은 여기에서 인간을 자기 운명과 역사의 주체요 주인으로 세우려는 강력한 의지를 표명하며, 새로운 인간의 가장 중요한 덕목으로 자유와 독립의 의지를 드는데 이러한 것들은 모두 서구 무신론적 휴머니즘의 전형적인 견해들과 상통하는 것이다. 루쉰이 '정신계의 전사' 혹은 사회에 의해 살해당하는 '천재'라고 부르는 근대주체로서의 '개인'의 모델은 바이런적 영웅이나 니체의 초인과 무척 유사하다.[1)]

이상의 기본적인 인식을 가지고 「악마파 시의 힘」을 읽으면서 루쉰이 꿈꾸었던, 새로운 중국을 가능하게 할 근대주체의 구상이 과연 어떠한 것이었으며, 그것은 무신론적 인본주의를 특징으로 하는 서구 근대 사유의

1) 루쉰의 초기사상과 니체의 '초인'사이의 긴밀한 관련성에 관해서는 서광덕의 「노신과 근대-초기 글을 중심으로」(『노신의 문학과 사상』, 중국현대문학학회, 백산서당, 1996), 85~123면 참조.

특성들과 어떠한 관련을 가지고 있는 것인지를 보다 구체적으로 살펴보고자 한다.

2. 「창세기」 해석 —전제로서의 '신' 비판

「악마파 시의 힘」에서 루쉰은 「창세기」의 몇몇 이야기들을 나름대로 소개하고 해석하는 것을 통해 신과 인간에 대한 자신의 관점을 피력하고 있다. 루쉰이 「창세기」에서 특별히 언급하고 있는 것은 선악과의 금기, 카인의 살인, 노아의 방주 이야기이다. 먼저 인간의 창조와 에덴동산 그리고 선악과의 금기에 관한 루쉰의 언급을 본다.

> 『구약』의 기록에 따르면 하느님이 7일 만에 천지를 창조했다. (…중략…) 에덴에는 나무가 있었는데 하나는 생명이라 하고 하나는 지식이라 했다. 하느님은 인간이 그 열매를 먹는 것을 금했으나 사탄이 뱀에게 하와를 유혹하여 그것을 먹도록 했고, 이에 생명과 지식을 얻게 되었다. 하느님이 노하여 즉각 인간을 내쫓고 뱀을 저주하니, 뱀은 배로 기어 다니며 흙을 먹게 되었고, 인간은 노동으로 살아가고 죽음을 얻게 되었으며, 그 벌이 자손에게 까지 이르러 그렇지 않은 사람이 없었다. 영국의 시인 밀튼(J. Milton)은 그 이야기를 취하여 『실락원(失樂園)』을 지었는데, 하느님과 사탄의 전쟁을 빛과 어둠의 싸움으로 비유하였고, 사탄의 모습은 지극히 흉악하고 사나왔다. 이 시가 나온 이후로 사탄에 대한 사람들의 증오는 갈수록 깊어졌다. 그러나 중국 사람들처럼 신앙이 다른 자의 입장에서 보면, 아담이 에덴에서 살아가는 것은 새장에서

살아가는 것과 다를 바 없고, 무식하고 무지하여 오직 하느님만 기쁘게 하는 것이니 만약 사탄의 유혹이 없었다면 인류는 태어날 수 없었을 것이다. 그러므로 세상 사람들은 모두 악마의 피를 함께 가지고 있으며 인간 세상에 혜택을 준 것은 사탄이 으뜸이다.[2)]

여기에서 루쉰이 에덴동산에서 사는 삶을 새장에 갇힌 삶으로 비유하고, 사탄을 인류를 탄생시킨 해방자로 간주하고 있는 점이 주목된다. 루쉰은 에덴동산을 하나님이 인간에게 복으로 준 낙원과 같은 삶의 공간이라는 기독교의 본래적 문맥에서 떼어내어, 주체적 의지를 가지지 못한 인간이 하나님의 기쁨만을 위해 마치 갇힌 새처럼 살아야 하는 새장 같은 공간으로 재구성하고 있다. 또한 뱀의 유혹을 질서와 조화 속에서 평화로운 공간이었던 에덴동산을 파괴하고, 인간과 하나님, 인간과 자연이 분리되고, 소외를 겪게 되는 비극적 사건으로 해석하는 기독교적 관점에 반하여, 인류에게 주체로서의 각성을 일깨움으로써 인류를 새롭게 태어나게 만들어준 사건으로 의미화 한다. 이러한 관점에서 보면 하나님은 인간을 새장 속에 가두고, 새처럼 무자각적으로 자신의 기쁨만을 위해 봉사하게 하는 억압적인 군림자가 되고, 반면 사탄은 밀튼의 비판처럼 흉악하고 사나운 악의 세력이나 어둠의 세력이 아니라 오히려 인간적인 삶을 가능하게 하고 인간에게 가장 큰 혜택을 베푼 존재가 된다. 이렇게 재구성된 이야기 속에서 스스로를 인간으로 각성한 사람들은 하나님의 피조물이라기보다는 인간으로서의 자각을 일깨운 사탄의 피를 수혈 받은 사탄의 후예

2) 『魯迅全集』 1권, 人民文學出版社 1991, 73면; 노신, 홍석표 역, 『무덤』, 서울 : 선학사, 2001, 108면 참조.

가 되는 것이다.

루쉰의 이러한 관점은 쉽게 에리히 프롬이 『자유로부터의 도피』에서 언급하고 있는 '낙원추방의 신화'를 연상시킨다. 에리히 프롬은 무신론적 휴머니즘의 관점에서 성서의 이야기를 '신화'라는 보편적인 맥락 위에 놓고, 인간의 자유라는 관점에서 이 낙원추방의 의미를 해석한다.

> 신의 명령에 반항하는 일은 강제로부터 자기 자신을 해방시켜, 무의미한 존재로부터 인간의 수준으로 나아가는 것을 의미한다. 권위의 명령에 항거하는 것, 즉 죄를 범하는 일은 적극적인 인간의 입장에서 보면 최초의 자유행위, 최초의 '인간적'인 행위이다 (…중략…) 하나의 자유로운 행위로서의 거역은 이성의 시작이다.[3)]

아담과 하와가 선악과를 따먹은 선택은 신의 관점에서 보면 피조물이 조물주의 규율을 어긴 범죄적 행위지만 인간의 관점에서 보면 스스로를 해방시키고, 인간을 무의미한 존재로부터 인간의 수준으로 나아갈 수 있게 한 '최초의 자유 행위'인 것이다. 신과 인간의 관계, 신에 저항하는 인간에 대한 에리히 프롬의 이러한 해석은 앞에서 소개한 루쉰의 관점과 상통한다. 그러나 에리히 프롬과 루쉰이 다른 것은 그러한 자유로운 행위로서의 거역이 초래한 결과에 대한 해석이다. 에리히 프롬은 기본적으로 무신론적 휴머니즘의 관점에 서 있으면서도 이러한 자유가 인간이 본래적으로 가지고 있던 자연과 세계와의 조화를 파괴하고 인간을 고독과 두려움 속에 내버려두게 됨으로써, 오히려 하나의 '재앙'으로 바뀌게 되었음을

3) 에리히 프롬, 원창화 역, 『자유로부터의 도피』, 홍신문화사, 2004, 44~45면.

지적하고 있다. 그러나 이 시기 루쉰이 바라보는 것은 오직 주체적으로 자유를 행사하는, 거역하는 인간의 위대함일 뿐이다.

이어지는 카인과 아벨의 이야기에서 루쉰의 신에 대한 관점은 보다 선명하게 드러난다.

> 아담과 하와가 에덴을 떠난 다음 아들 둘을 낳아 첫째를 아벨이라 하고, 둘째를 카인이라 했다. 아벨은 양을 치고 카인은 농사를 지어 항상 수확한 것을 하느님께 바쳤다. 하느님은 기름기를 좋아하고 과실을 싫어하여 카인이 바치는 것은 거절하며 거들떠보지도 않았다. 이로 인해 카인은 점차 아벨과 다투게 되었고 결국 아벨을 죽였다. 하느님은 카인을 저주하여 땅을 척박하게 만들고 다른 지방으로 유랑하게 했다. 바이런은 이 이야기를 취하여 시극을 지어 하느님을 크게 힐난하였다.[4)]

흥미로운 것은 루쉰이 카인과 아벨의 이야기를 소개면서 성서에는 존재하지 않는, "하느님은 기름기를 좋아하고 과실을 싫어하여 카인이 바치는 것은 거절하며 거들떠보지도 않았다"는 해설을 달아 놓고 있다는 점이다. 루쉰은 이 이야기 뒤에 "사람들은, 신은 강하므로 역시 지극히 선하다고 말한다. 그런데 선한 자가 과실을 좋아하지 않고 비린내 나는 고기를 더 좋아하여 카인이 바친 제물은 비할 데 없이 순결한데도 회오리바람으로 날려버리듯 그것을 팽개쳐 버렸다"라는 부연 설명을 덧붙인다. 하나님의 폭력적 자의성이 카인으로 하여금 아벨을 죽이게 한 것인데도 하나님은 도리어 그것으로 인해 다시 카인을 저주하고 그에게 벌을 내렸다는 것

4) 노신, 홍석표 역, 앞의 책, 109면.

이다. 루쉰은 '악마파' 시인의 대표인 바이런의 '하나님에 대한 힐난'을 빌어 자신의 이러한 관점을 뒷받침하고 있다.

「악마파 시의 힘」에서 소개하고 있는 또 한 가지 이야기는 노아의 방주에 관한 것이다. 선악과의 이야기를 통해 신의 억압성과 인간의 탄생 혹은 진정한 인간 역사의 출발을 이야기하고, 신의 폭력적 자의성을 부각시키기 위해 카인과 아벨의 이야기를 재구성했던 루쉰은 이제 노아의 이야기를 통해 신과 그 신에게 굴종하는 인간을 비난한다.

> 또 『구약』의 기록에 따르면, 카인이 떠난 후 아담은 다시 아들 하나를 얻었는데, 오랜 세월이 흘러 인류가 더욱 번성하게 되자, 사람들이 생각하는 바가 대부분 사악한 것들이었다. 하느님은 이에 후회하고 인류를 멸망시키려 하였다. 오직 노아만이 하느님을 잘 섬기고 있었으므로 (…중략…) 노아의 가족만이 무사하여 물이 빠지자 땅위에서 살게 되었고 자손이 다시 태어나 지금까지 끊어지지 않았다.
>
> 이야기가 여기에 이르면 당연히 우리는 하느님도 후회할 수 있다니 참으로 기이한 일이구나 하고 느낄 것이다. 또한 사람들이 사탄을 싫어하는 것도 이치로 보아 이상할 것이 없다고 느낄 것이다. 무릇 이미 노아의 자손이 된 자들은 스스로 반드시 반항하는 자들을 힘써 배척하며, 하나님을 공경하고 섬기면서 전전긍긍 조상의 유업을 계승하고, 홍수가 다시 범람하는 날 다시 하느님의 밀령을 받아 방주에서 자신을 보존하기를 바라는 것이다.[5]

기독교의 문맥 속에서 이 이야기는 일반적으로 인간의 사악함과 그에

5) 노신, 홍석표 역, 앞의 책, 110면.

대한 하나님의 징계와 긍휼, 새로운 인류 역사의 시작과 무지개를 통한 구원의 언약 등을 드러내주는 이야기로 해석된다. 그러나 루쉰이 여기에서 부각시키려하는 것은 하나님도 스스로 행한 일을 후회할 수 있는 불완전한 존재라는 점이다.

루쉰은 「악마파 시의 힘」의 다른 곳에서 "에덴은 하느님이 보호하고 있었는데 악마가 그것을 파괴했으니 신이 어찌 전능하다고 하겠는가? 게다가 스스로 악한 것을 창조해 놓고는 다시 그것 때문에 징벌을 내리고 그것도 전 인류를 연루해서 징벌했으니 그 인자함은 도대체 어디에 있는가?" 라고 비난하며, 바이런의 작품 「카인」의 주인공 카인의 말을 빌어 "신은 불행의 원인이다"라고 결론 짓는다. 루쉰은 여기에서 기독교의 신을 자의적이고 폭력적이며 불완전한 권력의 행사자로, 먼저 고통을 주고 나중에 위로를 줌으로써 사람들을 노예로 길들이는 억압적 존재로 규정하며 비난하고 있다. 루쉰은 또한 노아와 그의 자손들을 하나님의 권력에 굴종적인, 인류애가 결여된 이기주의로 비판한다. 기독교적 문맥에서 보면 노아는 그 죄 없음으로 인해 구원을 받은 선한 백성이며, 하나님의 노아 구원은 진노 중에도 긍휼을 베푸시는 하나님의 인자하심을 드러내는 이야기로 해석되지만 루쉰은 방주사건과 관련하여 구원받은 노아와 노아의 가족들, 그리고 노아의 자손들을 "구차하게 살기만을 구하고", "세계의 멸망을 목격하여도 그에 대해 동정하거나 탄식하지 않으며", "동포인 인류와 그 운명을 같이 할 용기도 없었던" 비겁하고 나약한 자들로 매도한다.

루쉰이 "신은 권력이며, 사탄도 역시 일종의 권력"이라고 말한 것에서 드러나듯이, 루쉰의 사유 속에서 신과 신에 대항하는 사탄의 관계는 지배권을 둘러싼 권력 투쟁의 관계이다. 그러나 그 신과 사탄의 권력에 대한 루쉰의 평가는 공정하지 않다. 신의 권력에 순종하는 인간은 비겁하고 굴종적인 존재로 매도되는 반면, 사탄의 피를 수혈 받아 사탄에 순종하는 인간은 인류의 해방을 위해 싸우는 전사로 영웅화되는 것이다. 루쉰은 또한 이 글의 다른 곳에서 하나님이 강자가 된 것은 사람들이 그 앞에 엎드려 그의 권력을 강화했기 때문이라고 주장한다. 루쉰의 이러한 견해 속에는 신을 인간의 자기 소외로 규정하는 포이에르바하의 관점과 생의 본질을 권력에의 의지로 보는 니체적 관점이 뒤섞여 있다.

3. 바이런적 영웅과 프로메테우스 휴머니즘

루쉰의 인간에 대한 관점은 위에서 살펴 본 신에 대한 관점과 맞물려 있다. 루쉰은 신이라는 억압적인 주인과 대중이라는 우매한 권력에 맞서, 인간 자신이 스스로의 주인이고자 하는 의지와 권력을 갖춘 '개인'이나 혹은 자유롭고 독립적이며 강한 도전과 반항의 정신으로 무장된 '정신계의 전사'를 '진정한 인간'으로 이해한다. 앞서 살펴본 것처럼 루쉰은 사탄을 인간으로 하여금 인간적 자각으로 새롭게 태어나게 한, 인간에게 은혜를 준 자로 해석하고 있다. 그리고 이러한 해석 위에서 '악마파' 시인을 신의 지배에 길들여지고 신의 권력에 굴복한 무리 속에 길들여지지 않은 '야생마'요, 영웅적인 반항적 개인으로 규정한다. 루쉰에게 "악마란 진리를 말하는 자"이며, 바로 신적 질서를 거부하며 스스로 자신의 삶의 주인이고자 하는 인간 정신의 담지자, 독립과 자유의 추구자인 것이다.

이런 '악마파'를 대변하는 주인공으로 루쉰은 바이런의 작품에 등장하는 콘라드(「해적」), 만프레드(「만프레드」), 카인(「카인」) 등을 든다. 이들은 한결같이 "일체의 도덕에 반항하며, 오직 자신의 강인한 의지에만 의존하고", "스스로 권력을 갖추어 그 권력으로 자신의 의지를 수행하며", 강한 자존심으로 "피할 수 없는 운명에 저항하고" "사탄을 높이고" "악마를 스승으로 삼는" 자들이다. 루쉰은 또한 바이런과 같은 시기에 활동했던 셸리의 작품 「해방된 프로메테우스」를 소개하면서 '프로메테우스'를 바이런의 '카인'과 유사하게 신의 압제에 저항하여 끝까지 싸우는 "정신계의 전사"로 묘사한다.

> 프로메테우스는 인류를 위하는 정신으로 사랑과 정의와 자유 때문에 고난을 무릅쓰고 압제자 주피터에게 필사적으로 저항하면서 불을 훔쳐 인간에게 주었다. 그는 그것 때문에 신꼭대기에 묶여서 맹금이 날마다 그의 육체를 뜯어 먹었지만 끝까지 항복하지 않았으며, 그 때문에 주피터도 결국 놀라 물러서고 말았다. 프로메테우스는 아시아라는 여인을 사랑하여 끝내 그 사랑을 얻어냈다. 아시아라는 것은 이상(理想)을 의미한다.[6]

루쉰은 이른 바 '악마(혹은 사탄)파 시인'이라고 불리우는 바이런, 셸리 등 19세기 영국 낭만주의 시인들 속에서 신과 사회와 대중이라는 억압적인 권력에 저항하는 위대한 '인간' 정신의 전형을 발견한다. 바이런이나 셸리 등을 포함한 19세기 영국의 낭만주의 작가들에게는 "이전 시대의 도덕가들에게는 본질적인 죄악 내지 비극적인 과실로 여겨졌던 인간의 면모가 오히려 영광이나, 승리"로 간주된다. 신화나 전설이나 역사 속에서

6) 노신, 홍석표 역, 앞의 책, 129면.

죄인의 위치에 놓여 있던 카인, 사탄, 프로메테우스 등이 "인습적인 법과 인간의 한계를 위반하고" "죽음에도 불구하고 끝까지 물러서지 않음"으로써, 인간의 자유와 독립과 인도(人道)적 가치를 끝까지 수호하는 위대한 '낭만적 비(非) 순응주의'의 대표적인 영웅이 되는 것이다. "죄와 초인적 위대함의 복합체"가 바로 이러한 낭만적 영웅의 가장 본질적인 성격이라고 할 수 있다.7)

바이런적 영웅이 가장 탁월하게 표현된 예인 '만프레드'는 "고딕 소설과 멜로드라마의 악한들, 신에 거역한 희랍의 거인 프로메테우스, 밀턴의 타락한 천사 사탄, 십자가를 지고 갈보리 언덕으로 가는 그리스도를 조롱한 죄로 예수의 재림 때까지 저주를 받으며 살아야 할 운명이었던 전설적인 방랑 유대인 아하주이루스, 초인간적인 능력을 얻기 위해서 자신의 영혼을 악마에게 팔아넘기는 파우스트 박사"의 문학적 후예이다. 그는 어떤 "사회적 권위나 외부적 권력의 지배도 받지 않고, 완전히 자율적인 인간으로 행세"하는 인본주의적 인간이다.8)

루쉰은 이처럼 일체의 자기 외적 권위로서의 신이나 도덕규범 및 사회적 요구를 부정하고 그것에 저항하면서 스스로 자신의 강인한 의지에만 의존하여 권력을 갖추고, 스스로 자신의 의지를 수행하는 독립된 정신을 미화하고 있으며, "우매하고 완고한" 사회와 대중에 맞서는 영웅적 개인(천재)의 도저한 저항을 숭고한 정신으로 추앙하며 옹호한다. 이러한 인물들이 목숨을 걸고 지키려는 인간적 가치는 자유와 독립이다. 루쉰에게 있어서 자유란 인간이 더 이상 신의 지배하에 있지 않고 스스로 자기 운명

7) M. H. 에이브럼즈 외, 김재환 역, 『노튼 영문학 개관 II』, 까치, 1993, 33면.
8) 위의 책, 105~106면.

의 주인이 되는 것을 의미한다. 만프레드는 죽음조차도 신이나 악마가 아니라 인간인 자신의 손에 달려 있다고 선언한다. 인간이 스스로 주인이 되고자하는 독립에의 의지와 지고한 자존심은 인간에게 부여되는 일체의 외적 권위를 부정하며 그것들에 저항한다. 루쉰의 휴머니즘은 그런 천재에 대한 동정과 옹호에 기반한 반신적 · 반대중적 · 반사회적 휴머니즘이며 사탄의 휴머니즘이라고 말할 수 있다.

이상에서 살펴본 것처럼 루쉰은 참된 인간이 되기 위한 자유의 추구와 신을 상호 대립적인 관계로 설정해 놓고 있다. 신은 인간에게 자유를 허용하지 않으려하며 인간에 대해 지배적으로 군림하고 인간을 철저하게 피동적 위치에 가두어놓으려 한다. 이러한 사유를 가장 선명하게 표상하고 있는 것이 인류를 위해 불을 훔친 프로메테우스와 그에게 가혹한 형벌을 가하는 제우스의 이야기일 것이다. 루쉰의 「악마파 시의 힘」에 나타나 있는 신과 인간의 관계는 바로 이 제우스–프로메테우스 모델에 기초하고 있다. 신에 맞서는 인간의 주체성 수립을 정당화하기 위해 서구의 인본주의적 휴머니즘은 이 제우스–프로메테우스 모델 속에서 신과 인간의 관계를 설명해왔으며, 이러한 서구의 인본주의적 휴머니즘의 전략적 전제를 루쉰 역시 그대로 수용하고 있는 것이다.

4. '제우스–프로메테우스' 모델

그런데 여기에서 제우스–프로메테우스 모델이라는 것이 모든 초월적인 것의 절대적 권위를 부정하고 인간을 신의 자리를 대신할 주체로 세우려는 특정한 정념 하에서 채택된 전략적 전제라는 점이 환기될 필요가 있을 것이다. 다시 말하면 신과 인간의 관계를 설명하는 일반적인 모델이 되어 버린 이 제우스-프로메테우스 이야기가 사실은 근대정신의 일정한 필요와 의도 하에서, 불가피하게 일정한 왜곡을 포함하는 특정한 방향에서의 해석의 결과라는 것이다. 로호만은 제우스-프로메테우스 모델에 내포되어 있는 특정한 왜곡에 대해 비판적인 성찰을 진행한다. 로호만의 견해를 참고하면서, 루쉰의 근대주체구상에 고스란히 반영되어 있는, 서구의 프로메테우스 휴머니즘이 안고 있는 문제점들을 비판적으로 검토해 보려 한다.

로호만에 의하면 프로메테우스는, 인간을 위해 신들의 영역을 침입한 반역적 행위에 대한 긍정과, 질투로 가득 찬 신들의 복수의 손길에 붙잡혀서 받는 형벌에 대한 동정, 억압자인 신들에게 굴복하기를 끝내 거부하는 불굴의 정신에 대한 찬양 속에서 반역적이고 무신론적이며 자기희생적인 고난 당하는 영웅의 표상이 되어 있다. 프로메테우스는 기존의 한계선을 뛰어넘고, 신들의 전통적 특권을 문제 삼고, 인간을 책임적 행위자와 우주의 궁극적 희망으로 등장 시키는 인간의 수호신이다. 프로메테우스가 의미하는 것은 '행위의 영광'(니체)과 '탐구하는 인간정신'에 대한 거대한 신뢰이며, 그 때문에 프로메테우스는 인본주의적 휴머니즘에서 특수한 상징적 존재가 되어 있다는 것이다.[9)]

로호만이 지적한 프로메테우스의 영웅적 속성은 서구 근대의 인본주의적 휴머니즘에서 뿐만 아니라 루쉰이 새로운 중국을 건설할 근대주체의 구상을 위해 참조로 제시한 서구와 동구의 '악마파' 시인들 속에서도 동일

9) J. M. 로호만, 손규태 역, 『그리스도냐, 프로메테우스냐?』, 대한기독교서회, 1978, 51~52면.

하게 강력한 상징으로 기능한다. 그런데 여기에서 한 가지 주목해야 할 것은 서구 근대의 인본주의적 사유에서, 억압하는 신으로서의 제우스와 그에 저항하여 인간을 위해 싸우는 프로메테우스의 구도가 그대로 기독교의 창조주 하나님과 피조물인 인간의 관계를 설명하기 위해 사용되고 있다는 점이다. 노예적 순종이 아니라 자유와 독립을 추구하는 인간이 창조주에 맞서 싸워야만 하는 이유는 그 창조주가 인간의 자유와 행복을 억압하고 시샘하는 제우스적인 존재와 동일시되기 때문이다. 그러나 문제는 과연 이 제우스-프로메테우스 모델이 성서 안에서의 하나님과 인간의 관계를 설명하는 적합한 모델인가하는 것이다. 이 둘을 동일시하는 전제 위에서 적극적으로 펼쳐지는 반신론적 휴머니즘의 주장 속에서는 정작 이 질문이 제기되지 않고 있다. 그러나 로호만은 희랍신화 속의 제우스-프로메테우스 이야기가 기독교의 신과 인간의 관계를 설명하는데 왜 적절하지 못한가를 설명한다. 로호만에 의하면 프로메테우스적 인간은 어떤 의미에서는 오히려 각별하게 성서적인 인간이라고 할 수 있다.

희랍 신화 속에서 프로메테우스는 범죄자이다. 그는 영원한 법칙과 우주적으로 확립된 계급적 질서에 도전하여 유죄판결을 받고 형벌을 당한다. 무상한 존재가 정해진 위치를 범하고 존재 중심적 조화를 위태롭게 하는 것은 부당하기 때문이다. 그러나 성서적 세계관 속에서 프로메테우스의 행위는 전혀 다른 의미를 가진다. 성서의 하나님은 희랍 신화 속의 제우스와는 완전히 다르며, 프로메테우스는 성서적 문맥에서는 '죄인'이 아니라 오히려 하나님의 위임을 통해 하나님과 더불어 땅을 지배하는 동역자의 위치에 있는 것이다.

성서의 하나님은 제우스가 아니다. 그는 인간에게 잠재적인 경쟁자에게 하듯이 영원한 제한을 가하지 않는다. 인간을 우주의 한 점에 매어두기 위해서 형이상학적이고 존재론적 쇠사슬을 사용하지 않는다. (…중략…) 성서의 하나님은 자기 자신의 형상에 따라 인간을 창조한다. 그는 인간을 적대자나 잠정적 경쟁자로서가 아니라 그의 계약의 상대자로 본다. 그래서 하나님은 창조의 '불'을 자신을 위해서 간직해두지 않고 인간에게 나누어 준다. 뿐만 아니라 자기 자신을 인간에게 나누어 준다. 예수 그리스도 안에서 그는 인간의 길을 감으로 인간이 그의 길을 갈 수 있고 생명을 가질 수 있고 풍부하게 가져 영생에 참여할 수 있다.

성서의 하나님이 제우스가 아닌것 처럼 성서의 인간은 희랍의 인간이 아니다. 그 인간은 무조건 미리 주어진 구조 내의 어떤 위치를 점하도록 규정받고 있지 않다. 그는 아버지의 아들이고 상속자이며 (…중략…) 인간은 창조의 구성 요소일 뿐만 아니라 '땅의 지배권'을 행사하는 동참자이다. 자연과 역사에서 이 창조의 '불'을 이용하고 관리하도록 부름 받았다.[10]

"성서적 관점에서 볼 때 인류의 프로메테우스적인 성격은 그 자체로서 비극적이거나 죄된 것이 아니다." 그것은 오히려 인간에게 부여된 "유일무이한 선물이고 가능성"이다. 신과 인간 사이에 형이상학적 신분에서의 구별이 있고, 이 둘이 존재주의적 구조에서 각기 다른 위계에 서 있어, 불변의 계층구소가 신들과 인산을 갈라놓는 희랍적 사고 속에서 이러한 구조에 반항하는 것은 자멸을 의미하며, 이것이 곧 프로메테우스가 피할 수 없이 겪어야 하는 비극이지만, 성서에서의 하나님과 인간의 만남은 공간

10) J. M. 로호만, 손규태 역, 앞의 책, 55~56면.

적으로 두 영역의 평행선으로서가 아니라 역사에서의 종말론적 시간성으로서 일어나게 되며, 하나님과 인간의 관계는 존재론적 분리가 아니라 구원론적 참여의 관계이기 때문이다. 하나님과 인간은 계약과 사랑으로서 상호간의 참여를 완성한다. 출애굽과 부활의 하나님은 인간을 존재주의적 사슬로 제자리에 묶어두려 하지 않고, 모든 속박, 죽음의 속박으로부터 나올 길을 열어 놓는다. 그는 자유의 하나님, 해방의 하나님이라는 것이다.[11)]

요컨대, 루쉰의 근대주체 수립의 구상이 기반으로 삼고 있는 것은 서구 근대 사유의 기독교(혹은 신) 비판과 인본주의적 휴머니즘이지만, 그 서구 근대 사유의 신 비판은 기독교에서의 신과 인간의 관계를 제우스-프로메테우스의 관계로 대체하는 전략적 왜곡 위에서 이루어진 것이며, 루쉰의 사유는 바로 이러한 서구 근대 사유를 여과없이 수용하는 전제 위에서 이루어졌다는 것이다. 바로 이점에서 루쉰에 의해 시도된 근대주체 수립의 구상은 전적으로 근대 사유의 영향과 자장 내에 있는 것임을 알 수 있다.

5. 맺음말

당대 중국에서 루쉰의 문학과 사상은 "20세기 현대 중화민족의 민족정신과 시대정신의 집중적 체현"으로 평가되고, 최근 중국의 연구자들을 통해 루쉰 정신은 20세기 중국이라는 문맥을 넘어서서 21세기 중국과 세계 속에서도 여전히 의미 있는 정신적 표상으로 거듭 재의미화 되고 있다.

11) 위의 책, 59면.

국내에서의 루쉰 연구에서도 중국의 루쉰, 근대의 루쉰을 넘어서서 '동아시아의 루쉰', 근대의 완성과 더불어 근대극복의 정신적 자원으로서의 루쉰의 가능성이 적극적으로 탐문되고 있다.

루쉰에 대한 이러한 평가는 대체로, 루쉰이 서구 근대의 핵심적 이념들을 수용함으로써 봉건 중국을 비판하고 근대의 과제를 수행하는 '전사(戰士)'였음과 동시에, 서구 근대에 대한 비판적이고 주체적인 수용을 통해 서구적 근대를 넘어서는 제3의 길을 모색하였다는 관점 위에 선 것으로 생각된다. 그러나 이 글에서 필자는 루쉰 정신의 본질적인 성격이 과연 근대를 넘어서는 어떤 것일 수 있을까에 대해 의문을 제기한다. 「악마파 시의 힘」을 대표로 하는 루쉰의 초기 글에서 구체화되어 루쉰의 만년까지 기본적으로 유지되었던, 새로운 중국의 주체에 대한 구상은 전적으로 서구 근대사유의 영향과 한계 내에서 이루어지고 있다고 생각되기 때문이다.

이 글은 이러한 문제의식 하에서, 「악마파 시의 힘」을 통해 루쉰이 구상한 근대주체의 본질적인 성격이 과연 무엇이었던가를 밝혀본 것이다. 연구의 세부내용을 통해 드러나듯이 루쉰이 꿈꾸었던 새로운 주체의 본질적인 성격은 서구 근대의 인본주의적 휴머니즘이 전제로 삼고 있는 신과 인간에 대한 관점을 거의 그대로 수용하고 있다. 바이런, 셸리 등 루쉰이 '악마파 시인'이라고 부르는 19세기 낭만주의 작가들의 작품을 통해, 루쉰이 말하고자 하는 새로운 인간의 이상을 가장 웅변적으로 대변해주는 인물은 프로메테우스이다. 또한 루쉰의 근대주체에 대한 구상은 기본적으로 희랍 신화 속의 제우스—프로메테우스 모델에 대한 전략적 차용 위에 세워져 있다. 이점에서 루쉰의 새로운 중국의 근대주체에 대한 구상은 본질적으로 서구 근대의 인본주의적 휴머니즘의 틀 안에서 진행되었던 것임을 알 수 있었다. 이상의 고찰이 루쉰사상의 근대성과 탈근대성의 문제를 다시 한번 진지하게 돌아보는 작은 계기가 될 수 있기를 기대한다.

루쉰[魯迅]과 『들풀[野草]』의 세계

근대 지식인의 실존과 허무와의 항전

1. 머리말

"근대인의, 신앙과의 첫 번째 대화"[1]라고 불리는 『팡세』에서 파스칼은 유명한 '숨은 신'을 이야기 했다. 학문과 철학의 혁명으로 인간의 이성에 대한 신뢰가 확고해지고, 과학과 산업과 신학이 신앙을 대신하게 된 시대에 신은 자신을 숨기고 "진심으로 자기를 찾는 사람들"에게만 자신을 계시하게 되었다는 것이다.[2] 파스칼보다 2세기 가량 후에 니체는 "신은 죽었다", "니힐리즘이 문 앞에 서 있다"라는 말로 신의 죽음과 니힐리즘 시대의 개막을 선언한다. 하이데거는 니체에 의해 선언된 이 니힐리즘을 "이미 그 이전 수세기를 철저하게 지배했고 그 다음 세기도 규정할 역사

1) 한스 큉, 「근대의 개막과 종교」, 『문학과 종교』, 분도출판사, 1997, 24면.
2) 파스칼, 김형길 역, 『팡세』, 서울대 출판부, 1999, 179면 참조.

적 운동"으로 의미화하면서 그것의 본질을 "초감성적인 것의 지배력이 쇠퇴하고 소멸함으로써 존재자 자체가 자신의 가치와 의미를 상실해가는 역사적 과정"이라고 해석했다.[3)]

신이 숨어버린 시대, 신의 죽음이 선포된 시대에 인간은 인간 자신이 스스로의 척도와 중심이 되는 이론과 이념들을 통해 인간의 본질을 새롭게 정립하려 했고, 신을 대신하여 진리의 담지자 · 선악의 심판자가 되고자 했다. 20세기는 이러한 이념과 주의들 간에 "지상의 지배를 둘러싼 투쟁"이 격렬하게 전개되고, 그 속에서 분출된 인간의 집단적 광기와 대규모의 살상을 경험하면서, 다시 인간의 이성과 선에 대해 근본적인 회의와 절망이 일어나게 된 시기이다. 20세기 실존주의 문학은 이처럼 신이 부정되고, 그 자리를 대신하던 인간의 이성에 대해서도 근본적인 회의가 일어나게 된 시대, 신에 대한 믿음도 인긴에 대한 믿음도 상실하여 디 이상 자기 정체성의 토대와, 행위의 궁극적인 목적과 가치에 대한 확신이 증발해버린 시대의 분위기 속에서 진행된, 인간의 존재조건에 대한 탐구라고 말할 수 있다.

이 글은 루쉰[魯迅]의 산문시집 『들풀』을 이러한 20세기 실존주의 문학의 보편적 맥락 속에서 살펴보려는 목적을 가지고 있다. 루쉰 정신의 의미와 가치를 중화민족, 중화문화의 문맥 안으로만 한정하여 강조하지 않고, 그것의 동시대적 보편성에 주목함으로써, 루쉰 문학의 역사성을 보다 폭넓게 조명하려는 것이다. 『들풀』의 세계를 덮고 있는 무수한 이미지들과 그 속에서 드러나는 의식의 특징들은 서구 무신론적 실존주의 문학의 대표적인 이미지들을 부단히 그리고 강력하게 환기시킨다. "신은 죽었다"

3) 마틴 하이데거, 박찬국 역, 『니체와 니힐리즘』, 철학과 현실사, 18~19면.

로 선언된 20세기 정신의 돌이킬 수 없는 '사건'[4]으로서의 허무주의와, 까뮈의 『시지프 신화』 속에서 탁월하게 형상화되어 프로메테우스와 더불어 현대 무신론적 인본주의의 가장 강력한 상징으로 작용하게 된 시지프를 통해 대변되는 부조리의 정신의 폭 넓은 자장 속에서 바라볼 때, 『들풀』의 메시지는 더욱 더 강렬한 울림을 전해준다. 루쉰의 『들풀』을 20세기 실존주의 문학의 보편적 맥락 속에서 살펴보는 일은 루쉰 정신과 중국현대문학이 도달한 독특하고 고유한 지평을 밝혀내는 일에도 도움을 줄 것이다.

『들풀』의 세계는 자기정체성과, 삶의 목적과 방향에 관한 실존적 질문과 고뇌로 가득 차 있다. 『들풀』에서는 「문화편향론(文化偏至論)」이나 「악마파 시의 힘[摩羅詩力說]」 등 루쉰의 초기 글에 강하게 나타나있던, 인간의 정신과 개성·자유를 핵심적 내용으로 하는 근대주체에 대한 신뢰와 확신은 사라지고, 실존의 불확실성에 대한 불안과 삶의 목적 및 가치에 대한 깊은 회의, 근원적 허무에서 비롯되는 비애의 정서만이 짙게 드러나 있다. 치엔리췬[錢理群]은 이런 『들풀』의 세계를 "루쉰의 영혼을 들여다보기에 가장 좋은 창구"[5]라고 말한 바 있다.

이 글은 또한 『들풀』에서 토로되고 있는 루쉰의 실존적 고뇌를 당대 중국의 사회적 상황과 사회적 과제 속에만 가두지 않고 개체적 실존과 초월적 차원에 개방하여, 존재의 궁극적인 문제에 관한 고뇌라는 측면에서 좀 더 깊이 고찰해보려 한다. 근대 시성에 의해 추방당한 초월성의 영역,

---

4) 여기에서의 '사건'이란 "어떤 세계를 규정하는 존재관과 진리관이 개시되고 다시 다른 존재관과 진리관에 의해서 막을 내리게 되는 과정"을 의미한다. 이에 대한 보다 상세한 설명은 마틴 하이데거, 박찬국 역, 『니체와 니힐리즘』, 철학과 현실사, 2000, 19면 참조.

5) 錢理群, 『走進當代的魯迅』, 北京大學出版社, 1991, 259면.

믿음의 영역에 대해 개방적인 자세로 『들풀』을 뒤덮고 있는 실존적 질문과 방황을 들여다보고자 하는 것이다. 이런 관점에서 『들풀』을 바라볼 때, 비로소 초월성의 영역을 제거하고 믿음의 가능성에 대해 근원적인 회의를 제기한 20세기 근대정신의 치열함이 도달한 곳은 어디인가, 그 곳에서 되울리는 메시지는 무엇인가를 추적할 수 있게 된다. 그리고 그것을 통해 반사적으로 드러나는 어떤 것, 즉 그것이 환기해주는 반(反)종교성의 종교적 의미를 이해할 수 있게 될 것이다. 이것은 곧 『들풀』에 나타난 근대정신과 근대성에 대해 근본적인 차원에서의 성찰을 수행하는 데 있어서도 의미있는 접근방식이 될 수 있으리라 생각한다.

2. 몰락과 복수의 정념

1) '중력에의 혐오'와 고행

『들풀』의 첫 작품인 「가을 밤[秋夜]」은 이어지는 「그림자의 고별[影的告別]」, 「구걸하는 사람[求乞者]」과 더불어, 『들풀』의 세계가 펼쳐지는 정신적 공간의 성격을 상징적으로 드러내준다. 기이하리만치 높은 푸른 하늘과 그 하늘을 곧게 찌르고 있는 헐벗은 대추나무 가지의 대립, 그리고 그 아래 펼쳐져 있는 작고 연약한 생명체들의 꿈과 생명의지를 담고 있는 「가을 밤」의 풍경 속에는 신을 추방한 근대정신과, 낯설음과 적의 속에서 세상을 바라보는 신의 모습, 신이 숨어버린 세계의 모습이 긴장 속에서 그려져 있다. 냉소적이고 악의에 찬 눈빛으로 정원의 들꽃들 위에 된서리를 뿌리려는 하늘. 그 하늘에는 「악마파 시의 힘[摩羅詩力說]」에서 루쉰이 주목했던, 반항적 근대주체가 부정하고 저항했던 서구의 신의 이미지가 뚜렷하게 투영되어 있다. 그 하늘을 모든 것을 다 벗어버리고 곧게 솟아 찌르고 있는 두 그루의 대추나무. 그 대추나무는 니체가 말한 '중력'에의 혐오를 환기시킨다. 모든 사물을 나락으로 떨어뜨리는 힘, 나무가 더욱 높고 환한 곳을 향해 뻗어 오르려 하면 할수록 그 뿌리를 더욱 더 힘차게 아래로 어둠 속으로 나락으로 뻗어 내려가게 하는 악령.[6] 그 힘에 저항하며 묵묵히 꼿꼿하게 쇠처럼 버티고 서서 그 괴이하고 높다란 하늘을 곧게 찔러 불안하게 만드는 두 그루의 대추나무는 중력을 거부하는 몸짓으로 하늘의 질서와 권리에 저항하는 인간의 오만에 찬 자존심을 표상한다. 「가을 밤」의 후반부에서는 그 대추나무의 살의에 제압당한 하늘이 불길한 새의 울음소리와 함께 어디론가 숨어 버리고, 그 아래 펼쳐져 있는 작고 여린 생명들의 애처로운 삶의 의지만이 비쳐진다. 『들풀』은 이렇게 하늘을 추방해버린, 신이 숨어버린 근대의 정신적 공간을 강렬하게 표상하며 시작된다.

이어지는 「그림자의 고별」에는 근대정신의 자기 확립을 위한 의지와 피할 수 없는 허무의식이 짙게 토로되어 있다. 「그림자의 고별」은 그림자라는 독특한 존재형식을 가지는 사물을 통해 순간적 존재의 비애, 모호성과 부조리 의식, 몰락에의 의지, 고행의식 등을 담아내고 있는 작품이다. 밝음과 어둠 사이, 여명과 황혼 사이에서 어둠에게는 삼켜져 버리고, 밝음에 의해서는 소멸되어 버리는 부조리한 운명에 놓인 '그림자'가 강력

6) 프리드리히 니체, 정동호 역, 「읽기와 쓰기에 대하여」, 『짜라투스트라는 이렇게 말했다』(『니체전집』 13), 책세상, 2002, 66면.

하게 피력하는 것은 천당도 지옥도 미래의 어떤 황금 세계도 자신이 즐거워하지 않는 곳이라면 가지 않겠다는 단호한 의지이다. 그것은 확인할 수 없는 어떤 믿음의 대상도 거부하겠다는 실증주의의 믿음과 상통한다. 그런데 그 의지는 정작 자신의 존재 근거인 '당신'마저도 즐거워할 수 없기에, 차라리 '발 디딜 곳 없는 방황'의 운명을 택하려 하며, 다시 방황이 아니라 암흑 속에 침몰하기를 원한다. 그러나 그림자는 또한 이러한 자기의 의지가 자기 존재의 부조리한 운명을 넘어설 수 없는 것임을 안다. 그래서 암흑과 허무의 의식 속에서, 자신만이 어둠 속에 잠기고, 자신에게만 그 세계가 모두 속하기를 원하는 고행 의식 속에서 홀로 먼 길을 걸어가고자 하는 것이다.

「그림자의 고별」에서 나타나는, 하나의 과정이요 몰락할 운명이 되어 모든 것을 홀로 지고 암흑을 향해 걸어가는 자의 고행 의식, 차라리 암흑 속에 침몰할 수 있기를 바라는 '그림자'의 몰락에의 의지, 그것은 짜라투스트라의 몰락에의 의지를 연상시킨다.

> 나는 사랑하노라 : 몰락하는 자, 저편으로 건너가는 자, 제물이 되는 자, 이 대지에 헌신하는 자. 몰락하려는 의지, 자유로운 정신과 자유로운 심장에 의해 몰락으로 내몰리는 자, 자신의 신을 벌하고, 신의 노여움을 사 파멸하는 자.[7)]

그러나 그림자가 걸어가는 몰락의 길에서는 짜라투스트라의 오만함과 당당함이 보이지 않는다. 루쉰이 바라보는 홀로 걸어가는 몰락의 길에는 운명 앞에선 존재자의 무력한 비애가 드리워져 있을 뿐이다.

---

7) 프리드리히 니체, 정동호 역, 앞의 책, 「머리말」.

「구걸하는 사람」은 신도 떠나고 천당도 지옥도 그 어떤 황금세계에의 기대도 믿음도 모두 거부해버리고, 꿈 · 잠 · 멈춤 그 어떤 것에도 안주하지 않으려는 나의 의지가 그 대가로 얻게 된 발 디딜 곳 없는 방황[無地彷徨]의 길, 홀로 걸어가는 황량한 길의 풍경을 구걸하는 이의 여정을 따라가며 보여준다. 허위의 애원과 혐오의 거절만이 있는 땅, 나와 너 사이의 어떤 관계도 소통도 부재한 고립과 단절의 땅, 교목도 키워내지 못하고 꽃도 피워내지 못하는 채 흙먼지만 날리는 불모의 땅, 나의 구걸과 너의 구걸이 모두 동정과 시혜를 얻지 못하는 메마른 땅, 그 먼지의 땅을 기대도 목적도 없이 저마다 홀로 걸어간다. 「구걸하는 사람」에는 그런 걸인을 바라보는 루쉰의 비애에 찬 자의식이 절절이 배어있다.

『들풀』의 정신적 여정은 이렇게 억압적이고 냉소적인 신을 추방하고 그 어떤 확인할 수 없는 이상세계의 꿈에 대한 일체의 안주와 믿음을 거부하려는 확고한 의지를 안고, 그러나 그 의지의 대가로 '나'의 정신이 속하게 된 낯설고 황량한 실존의 조건과 그 속에서 경험하는 깊은 비애 속에서 시작된다.

2) 고갈과 침잠

이후에 펼쳐지는 『들풀』의 세계에서 필자는 두 가지 주제에 주목한다. 하나는 그렇게 홀로 걸어가는 길에서 사로잡히게 되는 복수의 정념이고, 또 하나는 밑도 끝도 없이 빠져 들어가서 바라보는 허무의 심연이다. 「복수(復讐)」라는 제목을 가진 두 작품과 「희망(希望)」, 「나그네[過客]」를 통해 이에 대해 살펴보고자 한다.

「복수」와 「복수(2)」는 루쉰의 소설과 잡문을 구성하는 기본 도식이라고 할 '구경꾼[看客]과 구경거리가 된 개혁자(혹은 전사)'의 구도를 담고 있다. 루쉰은 초기 글 「문화편향론」과 「악마파 시의 힘」에서 바이런 등 악마파 시인들의 시를 소개하면서 특별히 '천재를 살해하는 사회 혹은 군중'과 그런 사회의 악의에 대해 파괴와 복수의 정념으로 저항하는 전사에 주목했었고, 이후 그것을 중국사회를 비판하는 틀로 종종 사용해 왔다. 그러나 「악마파 시의 힘」에서 이야기된 천재와 군중, 『들풀』에 그려진 구경꾼과 선각자(혹은 전사) 사이에는 분명한 차이가 존재한다. 「악마파 시의 힘」을 쓰던 시기에 루쉰은 비록 다수의 무지한 군중에 의해 살해되는 천재적 개인의 운명을 통탄하며 그렇게 천재를 살해하는 사회인 중국을 격렬하게 비판했지만, 기본적으로 각성한 개인과 역사 주체로서의 인간의 능력을 신뢰하면서, 그들의 포효와 피를 통해 새롭게 건설되는 사회의 이상을 견지하고 있었다. 그러기에 루쉰은 "군중이 보는 앞에서 피 흘리는 자가 없다면 그것은 그 사회의 재앙"이라고 말하며 '정신계의 전사'의 출현을 호소했던 것이다. 신—사회—대중과 맞서 싸우는 정신계의 전사, 진리의 수호자요 선포자, 고독한 영웅적 개인, 명예로운 인간정신의 대변자는 대중과 사회에 의해 죽임을 당하지만 그의 죽음은 가치로 충만한 죽음이다. 그 죽음이 바로 사회를 변화시키며 새로운 사회를 건설해가는 주도적인 힘이기 때문이다. 이 시기 루쉰이 제창한 선각자의 이미지에는 세상을 위해 고통 받는 영웅 프로메테우스의 모습이 강하게 투영되어 있었다. 그러나 『외침』과 『방황』의 단계에 오면, 전사의 죽음과 구경하는 관객 사이의 힘의 관계는 전도되고, 전사의 죽음은 민중과 사회에 아무런 영향을 미치지 못하는 헛된 죽음이 되거나(「약(葯)」), 삶의 무료와 권태를 이기지 못하는 군중들에게 한 순간의 유희로 제공되는 값싼 구경거리에 불과한 것으로 바뀐다.[8] 그리고 『들풀』에 이르면 이제 이 구경꾼과 전사의 힘의 관계를 전복시키려는 버거운 싸움이 등장하는 것이다. 그것이 곧 '복수'의 싸움이다. 「복수」에서 칼을 들고 선 알몸의 사내는 삶의 무료를 잠시 잊게 해주는 피의 유희를 구경하러 나온 구경꾼들에게 구경거리가 되기를 거부한다. 사내는 죽음을 구경하러온 구경꾼들을 오히려 구경거리로 만들면서 그들에게 다시 죽음을 되돌리는 복수의 싸움을 벌인다. 타오르는 복수의 정념과, 구경꾼과 구경거리의 구도를 전복시키려는 사력의 의지에 의해 관계는 전도되고, 알몸의 사내는 결국 구경꾼들이 고갈되는 생명력을 이기지 못해 그 자리를 떠나는 것을 지켜보면서 '무혈의 대살육'(복수)을 완수하는 것이다.

다시 「복수」의 본문에로 돌아가 본다. 「복수」는 사람의 살갗 밑에 "빽빽하게 층층이 쌓여 담벼락을 기어오르는 홰나무 벌레들보다 더 촘촘하게 얽혀 있는 혈관"과 그 속을 흐르는 따뜻한 피, 그것이 만들어 내는 두 가지 종류의 "생명의 대 환희"의 가능성에 대한 이야기로 시작된다. 따뜻한 피를 통해 경험할 수 있는 두 가지 종류의 생명의 대 환희가 있다. 하나는 따뜻한 피의 열기에 도취되어 서로를 끌어당기며 유혹하고 입 맞추며 나누는 생명의 대 환희이고 다른 하나는 예리한 칼날로 살갗을 찔러 따뜻한 피가 모두 다 뿜어져 나오고 난 뒤 생명이 비약하는 극치 속에서 경험하는 '대 환희'이다.

알몸으로 날카로운 칼을 쥐고 광막한 광야 위에 마주선 두 사람이 등장

---

8) 이 책의 앞에 수록된 논문 「「조리돌림[示衆]」을 통해 본 『방황(彷徨)』의 세계―『외침[吶喊]』과의 비교를 중심으로」 참조.

한다. 길 가던 사람들이 "홰나무 누에벌레들이 담벼락을 기어오르듯, 개미들이 마른 생선 대가리를 떠메고 가려는 듯", "땀이나 피의 생생한 맛을 미리부터 감지"하면서 알몸으로 마주 선 두 사람을 둘러싸고 몰려든다. 포옹이냐, 살육이냐의 기대에 부푼 채 생명의 대 환희를 불러올 피의 잔치를 구경하기 위해 둘러 선 군중들. 그러나 알몸으로, 가장 전면적이고 열렬한 포옹의 가능성에 열려진 채로, 날카로운 칼을 들고 통쾌한 살육과 피 뿌림의 가능성도 열어 놓고 마주 선 둘은 그렇게 마주 선 채 포옹도 살육도 하지 않는다. 그렇게 버티고 선 채 오랜 시간이 흐르고, 그들의 윤기 나던 몸은 마르고 시들어가기 시작하지만 그들에게는 여전히 어떤 포옹이나 살육의 기색이 보이지 않는다. 마주 선 두 사내는 둘러선 구경꾼들에게 어떤 종류의 생명의 대 환희도 제공하지 않으려 한다.

이제 행인들은 무료해지기 시작한다. 무료함이 그들의 모공 속으로 뚫고 들어가고, 그들의 가슴 속에서부터 다시 모공을 뚫고 나와 온 광야를 가득 채우고 다시 다른 사람의 모공 속으로 들어간다. 그들은 차츰차츰 목이 마르고 뻣뻣해지는 것을 느끼면서 생기[生趣]조차 말라버린 것 같은 무료 속에서 마침내 흩어진다. 이제 광막한 광야만 남고, 그들은 여전히 알몸으로, 날카로운 칼을 쥐고 고갈되어 가며 선 채로, 죽은 사람 같은 눈빛으로 이 행인들의 생명이 고갈되어가는 과정을 감상한다. 그리고 그들 자신은 복수의 환희, 생명의 비상의 극치에서 오는 대 환희 속으로 가라앉는다. 운명과의 대결에서 시종 비켜선 자로 남아 그 어떤 비장한 죽음조차도 한순간의 유희로 해소해버리는 구경꾼들에 대한 증오와 복수의 정념이 스스로 고갈되어 감을 온몸으로 버티면서, 그 버팀을 통해 감상하는 자와 감상 당하는 자의 위치를 바꾸고, 무료의 죽음으로 복수하게 하는 것이다. 「복수」에서 '복수'는 군중과 적대적인 자리에 자신을 세우고, 군중에 대한 적의와 복수의 정념으로 불타는 「악마파 시의 힘」에서의 선각자의 복수를 연상시키지만, 그러나 여기에서 선각자는 더 이상 세상을 이끌고, 세상을 바꾸는 영웅이 아니라 세상과 함께, 세상의 고갈과 죽음을 감상하며 스스로도 고갈되고 소멸되어 가는 운명에 속한 자일뿐이다.

3) 복수의 예수와 시지프

「복수(2)」는 '사람과 신으로부터 참혹한 고통을 받는 천재'요, 선각자로 예수의 죽음을 그리고 있다. 「복수(2)」에서 루쉰은 병사들이 예수에게 자색 옷을 입히고 가시 면류관을 씌우고 갈대로 예수의 머리를 때리고 침을 뱉는 등 온갖 모욕을 자행하는 장면들을 상세하게 묘사하고 있는데, 이러한 예수의 수난에 관한 묘사는 신약성경 「마가복음」 15장의 관련 기록과 거의 일치한다. 그러나 루쉰이 그린 수난 당하는 예수는 자신을 못 박는 군중들의 무지를 연민하며 그들을 위해 "아버지 저들을 사하여 주옵소서. 자기들이 하는 것을 알지 못함이니이다"(「누가복음」 23장 34절)라고 기도하는 용서의 예수가 아니라, 연민과 저주 속에서 피의 대가를 되돌리는 복수의 예수이다. 또한 여기서 예수의 죽음은 부활을 통해 참 '하나님의 아들'임을 드러내 보인, 예언의 성취로서의 죽음이 아니라 신에 의해 버림받고 사람들에 의해서도 죽임을 당하는, 초라한 '사람의 아들'의 죽음일 뿐이다.

이 사람의 아들의 죽음이 복수가 되는 것은 그 죽임이 결국은 자신들의 구원과 소망의 근거가 될 신의 아들, 즉 신의 상속자를 죽이는 것이 되기 때문이다. 「복수(2)」에서 예수가 몰약 섞은 술을 거부하는 이유는 자신들의 신의 아들을 못 박고 조롱하며 학대하는 군중들의 가련함과 저주스러움을 "분명하게 지켜보기" 위해서이다.

보아라 저들이 그의 머리를 치고, 그에게 침을 뱉고, 그에게 절하는 것을 ……

그는 몰약 섞은 술을 마시려 하지 않았다. 이스라엘 사람들이 그들의 신의 아들을 어떻게 대하는 지를 똑똑히 완미하기 위해, 그리고 아주 오래도록 그들의 앞날을 불쌍히 여기며 그들의 현재를 저주하기 위해.

사면은 온통 적의로 가득 차 있다. 가련하고 저주스러운.[9)]

여기에서 예수는 십자가에 손발이 못 박히는 고통 속에서, 자신을 못 박는 사람들에 대한 비애와 그들에 대한 복수의 환희를 동시에 맛보며, 환희와 슬픔이 한덩어리가 된 모순적 감정속에서 고요히 가라앉는다. 자신을 못 박는 이들의 운명을 똑똑히 완미(玩味)하기 위해 몰약 마시기를 거절하는 예수에 대한 묘사는, 예수가 십자가에 못 박혀 공중에 매달리게 되는 장면에서 다시 한 번 등장한다. 그리고 마지막에 루쉰은 신의 버림 속에서 마침내 사람의 아들은 죽었고, 그 사람의 아들을 죽인 사람들에게서는 '신의 아들'을 못 박아 죽인 사람들의 몸에서 보다 더 심한 피비린내가 난다는 이야기로 글을 마무리한다.

「복수」와 「복수(2)」에서 희생의 제물이 된 선각자의 복수의 방식이 '감상'과 '완미'라는 점이 흥미롭다. 포옹이나 살육을 통해 "피의 신선한 맛"

9) 『魯迅全集』 2권, 人民文學出版社, 1991, 174면.

을 상상하며 "생명의 대 환희"를 맛보러 온 군중들의 기대를 철저히 배신하면서, '비장한 극'도 '골계희'도 연출하기를 거부하고, 감상하러 온 그들의 모공 구석구석에 생명을 고갈시키는 무료가 스며드는 것을 버티고 서서 "감상"하며, 마침내 그들 모두를 삶의 무대에서 추방시켜버리는 복수와, 자신을 못 박는 군중들의 불쌍한 미래와 저주스러운 현재를 '똑똑히 바라보고 느끼면서' 자신의 고통을 비애와 환희로 바꾸는 루쉰의 예수의 형상은, 운명과 대결하며 그 운명을 "멸시로 응수하여 극복"하려는 부조리의 영웅 시지프의 형상과 쉽게 겹쳐진다.

경련하는 얼굴, 바위에 밀착한 뺨, 진흙에 덮인 돌덩어리를 떠받치는 어깨와 그것을 고여 버티는 한쪽 다리, 돌을 되받아 안은 팔 끝, 흙투성이가 된 두 손등 온통 인간적인 확신이 보인다. 하늘 없는 공간과 깊이 없는 시간으로나 헤아릴 수 있는 이 기나긴 노력 끝에 목표는 달성된다. 그때 시지프는 돌이 순식간에 저 아래 세계로 굴러 떨어지는 것을 바라본다. 그 아래로부터 정점을 향해 이제 다시 돌을 끌어올려야만 하는 것이다. 그는 또 다시 들판으로 내려간다. (…중략…) 바로 저 정상에서 되돌아 내려오는 걸음, 잠시 동안의 휴식 때문에 특히 시지프는 나의 관심을 끄는 것이다. 마치 내쉬는 숨 같은 이 시간—'의식의 시간'. 그가 산꼭대기를 떠나 제신의 소굴로 조금씩 더 깊숙이 내려가는 그 순간순간 시지프는 자신의 운명보다 더 우월하다. 그는 그의 바위보다 더 강하다.

이 신화가 비극적인 것은 주인공의 의식이 깨어 있기 때문이다. (…중략…) 시지프는 그의 비참한 조건의 전모를 알고 있다. 그가 산에서 내려올 때 생각하는 것은 바로 이 조건이다. (그러나) 아마도 그에게 고뇌를 안겨주는 통찰이 동시에 그의 승리를 완성시킬 것이다. 멸시로 응수하여 극복되지 않는 운명이란 존재하지 않는다.

우리들이 맞이하는 겟세마네의 밤들 (…중략…) 그러나, 거역할 길 없는 진리들도 인식됨으로써 사멸한다.[10]

깨어있는 의식으로, 자신을 짓누르는 운명을 응시하며 자신의 의식을 그 운명을 멸시하는 자리로 까지 끌어올림으로써 운명을 넘어서려는 까뮈의 시지프와 「복수(2)」의 예수는 닮았다. 그러나 광야에 알몸으로 버티고 서서 죽임을 당하는 예수와, 다시 굴러 내리는 운명의 거대한 돌을 멸시로 응수하는 까뮈의 시지프 사이에는 또한 간과할 수 없는 차이가 존재한다. 루쉰의 「복수」 속에는 까뮈의 시지프와는 달리 "운명과 대결하는 자" "현실과 부둥켜안고 대결하는 자"의 위대함이나 인간적 오만이 심미화되어 있지 않다. 루쉰에게서 운명과 대결하고 그 운명을 멸시로 응수하는 전사는 영웅이 아니라 그 멸시 속에서 함께 소멸되어갈 운명에 놓여있는 비참한 존재이다. 루쉰의 '사나이'와 '예수'는 부조리의 운명에 대해 멸시의 시선으로 응수하지만, 그 운명은 멸시의 응수로 극복되어지지 않는다. 루쉰에게 운명은 까뮈가 말한 것처럼 인식됨으로써 사멸되지 않는다. 멸시하는 자의 생명도 그 멸시 속에서 멸시 당하는 세계와 함께 고갈되어갈 뿐이다. 루쉰은 이 엄연한 사실을 정직하게 바라보고 있다.

---

10) 알베르 까뮈, 김화영 역, 『시지프 신화』, 책세상, 2000, 185~186면.

3. 허무와의 대결

1) 방패 뒤의 어둠과 무(無)

「희망」은 루쉰의 또 다른 싸움을 보여준다. 「희망」은 희비애환의 감정과 소리와 색 조차도 모두 다 뒷전으로 물러나 앉은 적막의 시간에, 존재의 거대한 질문 앞에 홀로 선 단독자의 자리에서 시작된다. 그 자리에서 '나'는 소멸해가는 자신의 육체와, 마찬가지로 소멸해가고 있음이 분명한 자신의 영혼을 들여다본다. 가슴을 채우고 있던 피비린내 나는 노래 소리, 피와 쇠, 불꽃과 독, 회복과 복수의 정념, 그 모든 것들이 언제부터인가 문득 텅 빈 공허로 바뀌어져버리고, 그 공허의 캄캄한 밤의 엄습에 항거하기 위해 '나'는 어쩔 수 없이 자기기만적인 '희망의 방패'를 든다. 그러나 방패를 든 내가 발견하게 된 것은 방패의 뒤쪽도 마찬가지로 공허의 어두운 밤이라는 것과, 결국 나의 무기력한 저항이 남긴 것은 청춘의 소진뿐이라는 사실이다.

여기에서 몇 가지 질문들이 일어난다. 루쉰의 이 고백 속에서 공허의 어두운 밤의 엄습이 말하고 있는 것은 무엇일까? 공허의 어두운 밤의 엄습에 저항하기 위해 자기기만적인 희망의 방패를 들었었지만 그 방패의 이편도 역시 공허의 어두운 밤이라는 것은 또한 무엇을 말하는가?

공허의 어두운 밤이란 아마도 루쉰이 쉬광핑[許廣平]에게 보낸 편지에서 "유일하게 실재하는 것은 암흑과 허무뿐이라고 느껴집니다"라고 고백했던 그것과 다르지 않을 것이다. 나를 둘러싸고, 내 안도 내 밖도 온통 채우고 있지만 포착할 수도 없고 대상화할 수도 없는, 그러므로 맞서 저항할 수도 없는 실존의 어두움, 그것은 자신의 삶이 붙잡고 걸어온 가치의 푯대들이 돌연 '공허'로 바뀌어지는 해석할 수 없는 실존적 경험 앞에서 더 이상 앞을 내다볼 수 없는 인식의 한계와 실천의 토대를 상실해버리게 된 고통의 토로로 이해할 수 있다.

'나'의 존재가 점차 소멸되어 감을 느끼면서, 공허의 어두운 밤의 엄습을 물리치지 못하면서 '나'는 내 몸 밖에서 아직 채 스러지지 않은 존재의 흔적, 생명의 자취를 붙잡으려 한다. 그러나 그조차 찾을 수 없다. 나는 이제 자기기만적인 희망의 방패를 내려놓고, 모든 저항의 무기를 내려놓고 맨몸으로 그 밤을 맞는다. 그리고 그 자리에서 페퇴피의 슬픈 노래를 듣는다.

> 슬픈 인생이여! 용감무쌍하던 페퇴피도 결국은 이 어두운 밤 앞에서 걸음을 멈추고, 저 아득한 동쪽을 바라보며 말하였구나, "절망의 허망함은 바로 희망과 같다"고.11)

헝가리의 애국자로, 조국을 위해 코사크 병사의 창끝에서 죽음을 맞이한 용맹한 전사 페퇴피도 이 어둠 앞에서는 걸음을 멈추고 아득한 동쪽을 바라보았구나라는 루쉰의 탄식 속에서는 페퇴피처럼 때론 희망을, 때론 절망을 기둥처럼 붙잡고 살아온 자신의 삶이 더 이상 앞으로 걸음을 내딛지 못하고, 자신이 걸어 온 길의 그 알 수 없는 출발점을 되돌아보며 느끼는 된 존재의 막막함이 짙게 배어 나온다. 희망도 절망도 아닌, 알 수 없는 공허의 어두움 속에서 살아나가야 하는 실존의 조건을 '나'는 다시 확

11) 『魯迅全集』, 人民文學出版社, 1991, 178면.

인한다. 그리고 맨몸으로라도 이 공허의 어두운 밤을 맞아 싸우려한다. 그런데 그때 '나'는 다시 발견한다. 내가 모든 것을 내려놓고, 다시 맞아 싸우려 했던 '그 어두운 밤'이란 또한 존재하지 않는 존재임을.

"그 어두운 밤은 또한 어디 있는가?"라는 이 질문은 『들풀』의 세계 전체를 관통하는 가장 근원적인 물음이다. 루쉰 사유의 가장 어두운 심연에서 터져 나오는 이 질문이 그의 사유가 도달한 높이를 보여주고 있다. 그것은 곧 회의(懷疑)와 정시(正視)의 열정, 근대정신의 치열함이 도달한 마지막 자리가 바로 알 수 없음의 절규, 혼돈과 무(無)의 막다른 길[絕路]임을 보여준다.

「희망」에서 루쉰의 싸움은 도저한 허무와 알 수 없음의 어두움과 대면하고 있는 싸움이다. 그것은 절망의 항전이라기보다는 차라리 허무와의 대결이라고 해야 할 것이다. 모든 행위의 궁극적인 가치와 의미를 뒤흔드는, 그것들의 근거를 해체하는 허무와 무의미성의 위협 앞에선 정신, 그 자리에서 루쉰이 바라보는 것은 무(無)의 심연이다.

「희망」에서 지금까지 연구자들이 가장 주목해 온 것은 "절망은 허망하다, 희망이 그러하듯이"라는 구절이다. 왕후이[汪暉]는 이를 루쉰의 의식이 "희망과 절망의 동시적 부정"에서 "희망과 절망을 초월한 자리에서 탄생하는 절망에 대한 반항"으로 나아가는 것이라고 해석했고, 이러한 '절망에의 반항'은 흔히 루쉰 정신의 독자성과 실천의지의 치열함을 드러내 주는 인생철학으로 이해되어 왔다.

그러나 「희망」을 좀 더 세심하게 읽어 보면 "절망은 허망하다, 희망이 그러하듯이"라는 구절은 그 뒤에 바로 나오는 "그런데 그 어둠은 어디에 있는가?"라는 보다 근본적인 질문과 분리되어 해석될 수 없는 것임을 발견하게 된다. 「희망」의 이 구절은 앞서 말한 것처럼 희망의 근거도, 절망의 근거도 돌연 사라져 버리고, 일체의 가치 준거가 모두 '무'로 바꾸어 버리는 순간의 당혹감과 현기증을 드러내주고 있는 것이다. 『들풀』에서 보여지는 루쉰정신의 위대함은 절망을 딛고 일어나 다시 실천에로 복귀한 의지의 강인함에 있다기보다 오히려 이 허무의 시간들을 철저한 응시의 시선으로 버텨내면서 자신의 정신을 사로잡는 무시무시한 이미지들을 풍부하게 길어내고 있는 데 있는 것으로 보인다. 루쉰의 용기는, 어떤 절망에도 굴하지 않고 떨쳐 일어나 다시 투쟁하는 사회적 · 실천적 차원의 용기라기보다는 니체가 말한 '심연을 들여다보는 자의 용기',[12] 즉 모든 행위의 의미와 가치를 불확실한 것으로 만들어버리는 허무의 위협 앞에서 그것에 기꺼이 저항하는 '존재에의 용기'에 더 가까운 것이다.

2) 걸인이 된 전사(戰士)

루쉰이 「희망」에서 토로했던 '알 수 없음'의 막막함은 「나그네」에서 다시 한 번 등장한다. 「나그네」에서 걸인이 된 나그네는 「구걸하는 사람」에서의 "홀로 걷는 먼 길"을 걸어 온 지친 "걸인"의 발걸음을 연상케 한다. 황혼 무렵, 몇 그루의 잡목과 깨어진 기와조각, 황량하게 파괴된 무덤 사이의 길인 듯 아닌 듯한 그 곳으로, 말라죽은 나무의 뿌리가 있는 문을 향해 어둡게 가라앉은 눈의 누더기 차림을 한 걸인 행색의 나그네가 다가온

12) 프리드리히 니체, 정동호 역, 「보다 지체가 높은 인간에 대하여」, 앞의 책, 475면. "오, 형제들이여, 그대들은 용기가 있는가? (…중략…) 두려움을 아는 자, 그러면서도 그 두려움을 제어하는 자, 긍지를 갖고 심연을 바라보는 자가 용기 있는 자렸다 (…중략…) 독수리의 눈으로 심연을 응시하고 있는 자, 독수리의 발톱으로 심연을 움켜잡고 있는 자, 그런 자가 용기 있는 자렸다."

다. 나그네와 노인이 주고받는 대화 속에서 나그네는 자신의 이름이 무엇인지, 자기가 어디에서부터 온 것인지, 어디를 향해 걸어가고 있는 것인지 알지 못함을 발견한다. 나그네가 알고 있는 것은 의식이 있는 순간부터는 "줄곧 이렇게 걷고 있었다"는 것과 계속해서 보이는 저 앞을 향해 걸어가야 한다는 것뿐이다. 그러나 나그네가 걸어가는 길의 끝에서 바라보이는 것은 무덤뿐이고, 그 이후는 아무도 알지 못한다. 무덤을 지나고 나면 도달하게 되는 곳은 어디냐고 누차 묻던 나그네는 알 수 없다는 노인의 대답에 놀라지만, 몇 번의 망설임 후에 결국 멈춰서 있을 수 없다고 말하며 다시 일어나 계속 보이지 않는 앞을 향해 걸어간다. 왕후이에게 「나그네」의 이 '걸어감'은 "절망의 허망함은 희망과 같다"는 깨달음에서 이어지는 실존적 결단으로 해석된다. 그것은 곧 '절망에의 항전'이다.

> 희망과 절망에 대한 이중 부정을 통해 '나그네'와 같은 반항과 '걸어감'의 삶의 원리가 나오는 것이고[13]

> 생명이 사라져가는 비애 속에서 화자는 더 이상 사라져가는 생명을 붙잡으려 하거나 과거의 존재를 재현시키려 하지 않고 생명의 '현재성'을 깊이 체득하고 허무한 과거와 허무한 미래 사이에서 현실의 생명활동(즉 걸어감)으로 현재라는 긴 둑을 쌓고, 자기를 생명과 시간의 주재자로 만들어 절망에 대한 반항이라는 철학적 주제를 탄생시킨다.[14]

13) 왕후이[汪暉], 이욱연 역, 「절망에 대한 반항」, 『루쉰』(전형준 편), 문학과지성사, 1997, 147면.
14) 위의 책, 157면.

여기에서 왕후이가 높게 평가하는 것은 루쉰이 선택한 현재에의 충실성이다. 루쉰이 허무한 과거나 미래를 붙잡으려고 안간힘을 쓰는 대신 그것들에 대한 앎을 과감히 포기하고 현재의 현실 안에서 부단한 '걸어감'의 생명활동을 선택한 것, 그 현재에의 충실성을 왕휘는 루쉰이 "자기를 생명과 시간의 주재자"로 만들어 절망에 대한 항전을 감행할 수 있게 한 위대한 인생철학으로 해석한다. 그러나 정작 루쉰 자신의 고백을 보면 거기에는 왕후이의 해석에서와 같은 자신감과 전투정신이 느껴지지 않는다. 걸어가던 길의 중간에서 문득 자신이 무엇을 하고 있는 것인지, 자신의 걸어감이 무엇을 향해 나아가고 있는 것인지 알 수 없음을 고백하는 루쉰의 토로에서 느껴지는 것은 여전히 당혹과 안타까움이다.

> 내 생명의 일부는 이렇게 소모되었다. 그렇지만 나는 지금까지도 내가 무엇을 하고 있는지 알지 못한다. 토목공사에 비유하자면, 일을 해나가면서도 그것이 축대를 쌓고 있는 것인지 아니면 구덩이를 파고 있는 것인지 알지 못하고 있는 것이다
>
> (…중략…)
>
> 만약 다른 사람에게 길을 안내해야 한다면 그건 더욱 더 어려운 일이 된다. 나 자신조차도 어떻게 길을 가야할지 아직 모르기 때문이다 (…중략…) 나는 다만 하나의 종점만을 확실하게 알고 있다. 그것은 바로 무덤이다 (…중략…) 문제는 여기에서 거기까지 가는 길이다. 물론 그 길은 하나가 아닐 것이다. (하지만) 나는 정말 어느 길이 좋은지 알지 못한다.[15]

---

15) 「寫在『墳』後面」, 『魯迅全集』 1권, 人民文學出版社, 1991, 283~284면.

왕후이를 비롯한 많은 연구자들이 여기에서 주목하는 것은 이른 바 '중간물' 의식이다. 그러나 필자에게 더 중요하게 생각되는 것은 "지금까지 내가 줄곧 무엇을 하고 있는지 알지 못 한다"는 거듭되는 고백이다. 치열한 성찰과 투쟁의 삶을 견지해온 정신이 문득 멈춰 선 자리에서 고백하는 '알 수 없음', 그 막막함은 무엇을 말하는가? 그 알 수 없음 속에서 무덤을 향해 걸어가는 삶의 성실성의 의미는 또한 어떻게 해석되어야 하는가? 왕후이와 치엔리췬은 공히 "앞이 무덤인 줄 분명히 알면서도 기어이 가는", "그것이 불가능한 것임을 알지만 그것을 하는[知其不可爲之而爲之]" 삶의 태도를 루쉰 정신의 핵심으로 파악하며, 이 '절망의 항전'이 곧 20세기 현대 중화민족의 민족정신과 시대정신을 집중적으로 체현하고 있는 것이라고 평가한다.[16] 그 밖의 많은 루쉰 연구자들이 입을 모아 칭송한 것도 이 '알 수 없음'의 막막함과 절망에도 불구하고 저항의 길을 계속 걸어간 '절망의 항전'이다.

그러나 과연 그런가? 성찰적 사유와 실천의 치열함이 마침내 도달한 자리가 허무와 알 수 없음의 고백이라는 것은 대체 무엇을 말해주는가? 모든 행위의 이유와 목적에 대한 대답이 사라져버리고, "최고의 가치들이 탈가치화"되는 허무와 알 수 없음의 경험, 해석할 수 없음의 고통은 바로 까뮈가 역설한 "분명한 인식, 통일성, 절대에의 갈망이라는 인간 정신의 깊은 욕구에서 비롯되는 인간의 호소와 세계의 비합리적 침묵 사이의 대면에서 생겨나는 모순"으로서의 '부조리의 정신'[17]의 필연적인 귀결이 아닌가? "이성은 헛된 것이고, 이성 저 너머에는 아무 것도 없다"면 선택할

16) 錢理群, 「魯迅『野草』裏的哲學」, 『走進當代的魯迅』, 北京 : 北京大學出版社, 1999, 271면.
17) 알베르 까뮈, 앞의 책, 47면.

수 있는 것은 현재에의 충실성일 뿐이다. 그러나 그 충실성이란 결국 "자신을 남김없이 소진하는" "내일이 없는 정열"일 뿐인 것이다. "마침내 출구 없는 종착점에 이를 때까지, 그 무엇인가를 소진하여 끊임없이 편력하는 시간의 나그네"의 운명, 이 운명이 루쉰의 '나그네'와 까뮈의 '부조리의 영웅'의 공동의 운명이다.

차알스 글릭스버어그가 『문학과 종교—20세기 문학의 실재적 갈등에 관한 연구』에서 이야기하고 있는 현대 작가들의 근본적인 정신적 위기에 관한 설명은 『들풀』을 통해 드러나는 루쉰의 정신적 상황을 이해하는데도 좋은 참조를 제공한다. 글릭스버어그는 20세기 문학을 20세기 문명의 무신론적 허무와 실존주의적 불안 속에서 조명하면서 작가에게는 문득 자기 실존의 궁극적 의미와 대면해야하는 위기의 시기가 있다고 말한다. 이 시기에 작가가 사로잡히게 되는 질문들은 땅위에서의 자신의 실존, 우주의 궁극적인 의미와 같은 것들이다. 이런 문제들 앞에서 치열한 정신의 "작가가 추구하는 것은 강풍처럼 엄습해오는 의심과 공포를 피하는 피난처가 아니라 엄연한 진리, 우주의 어두움을 꿰뚫고 무(無)의 밤을 나타내거나 아니면 신의 얼굴을 밝혀줄 빛"이다. 그러나 엄연한 진리, 확실한 진리를 추구하는 작가가 이런 추구의 과정에서 발견하게 되는 것은 "불확실성의 어두운 늪 속에서 허우적거릴" 수밖에 없는 실존의 현실이다. 그는 "자신의 발밑에 탄탄한 땅이 없다"는 사실을 자각한다. 이 불확실성과 허무의 자각은 지극히 종교적인 차원의 체험이다. 그러나 근본적인 정신적 태도에 있어서 '계몽주의 시대의 후손'인 현대의 작가들에게는 "인간의 이해를 초월하는 초자연적이고 신비스러운 신의 실재에 대한 숭배로 되돌아가는 길이 닫혀져 있기" 때문에 그들은 자신들을 둘러싸고 있는 영적인 환경에 대해 어떤 확신도 가질 수가 없으며 그 결과로 그들 자신의 정체를 확인할 수가 없다. 그때, 그들 자신이 살아 있음을 확인하기 위해 집착하게 되는 것은 "생물학적인 삶의 의지"나 "설명할 수 없는 창조를 위한 충동"일 뿐이다. "그러나 그 어느 것도 그들의 형이상학적 갈증을 채워줄 정도로 족하지는 못한 것이다. 그리하여 그들은 주저를 반복하지 않을 수 없다."

> 현대인은 밤의 두려움, 암흑의 공포를 내어 쫓을 수 없는 것이다. 더구나 현대인은 그가 지녀온 모든 절대적 가치들이 허무의 면전에서는 아무런 효능도 없는 한갓 어구의 주문에 불과하다는 무서운 의심에 시달리고 있는 것이다. 작가가 그렇게도 끈질기게 공허감을 극복하고 어두운 공간을 빛으로 가득 채우려고 노력하는 이유는 작가 자신이 이 같은 무의미한 우주의 공포에 감염되어 있기 때문이다. 현대문학은 인류를 무의 심연으로 몰아넣으려는 무자비한 세력과의 투쟁을 표현하는 것이다.[18)]

글릭스버어그는 "신은 죽었고, 그리스도는 신화이며, 인간은 고독하게 홀로 서 있다"고 주장했던 니체가 자기 자신에게로 돌아가 대결해야만 했던 것은 결국 허무의 무서운 유령이었다고 말한다. 이 허무의 유령, "인간의 발밑에서 입을 벌리고 있는 무서운 무의 심연"이 바로 "서구를 휩쓴 형이상학적 절망의 강풍"이다. '무의 신화'에 사로잡힌 현대의 정신. 그 앞에서 가능한 또 하나의 선택은 "무서운 회의 앞에서 절망에 굴복하지 않

18) 차알스 I. 글릭스버어그, 최종수 역, 『문학과 종교 : 20세기 문학의 實在的 갈등의 연구』, 聖光文化社, 1981, 14면.

고 자신들이 믿는 사상을 정열적으로 확신하며 나아가는 것”이다. 루쉰이 택한 무조건 걸어 나감의 길, 루쉰 연구자들이 칭송하는 ‘절망에의 항전’, 그러나 심미화의 껍질을 벗기고 나면 결국 그것이 가지는 의미란 무엇인가?

3) ‘내일 없는 열정’

『들풀』의 마지막 두 작품인 「희미한 핏자국[淡淡的血痕中]」과 「한잠[一覺]」은 루쉰이 허무와 암흑의 실존적 고뇌를 덮고, 현실에로, 사회적 자아에로의 복귀하는 결단의 선언처럼 읽힌다. 「희미한 핏자국」에 등장하는 것은 겁쟁이와 비겁자의 신이며, 그에 맞서 일어나는 “반역의 사나운 용사”이다. 기독교의 신을 억압적이고 자의적인 군림자로 규정하며 그 신에 맞서는 용사로서의 인간을 이야기하던 「악마파 시의 힘」의 의식이 다시 나타나고 거기에 니체의 반(反)그리스도적 사유가 보태어져 있다. 주어진 부조리의 세상 안에서 반쯤은 깬 채로, 반쯤은 취한 채로 자족하며 자위하며 안주하는 조물주의 비겁한 양민들, 그들을 존속시키면서 그들을 통해 자신의 세상을 유지해나가는 비겁한 조물주, 이에 맞서 초인적인 능력과 예지와 용기로 그 모든 고통과, 변질되고 말라버린 핏자국들을 응시하며, 조물주의 장난을 꿰뚫어보면서 사람들을 각성시키거나 진멸해버릴 용사의 등장. 그 용사의 출현으로 조물주와 비겁자는 숨고, 세상은 완전히 다른 빛으로 바뀌게 된다.

「희미한 핏자국」에는 『들풀』을 지배하던 초라한 나그네의 영상이나 걸인이 된 전사의 무기력은 뒤로 감추어지고 대신 다시 「악마파 시의 힘」

의 전사로 복귀하려는 루쉰의 강력한 의지가 나타나 있다. 이틀 후에 쓰여 진 「한잠[一覺]」에서 우리는 루쉰의 이런 결단 의지의 배경이 된 몇 가지 사실들을 읽을 수 있다.

> 그렇다, 청년들의 영혼이 내 앞에 우뚝 서 있다. 그들은 이미 거칠어졌거나 또는 곧 거칠어지려 한다. 그러나 난 피 흘리며 고통을 감추고 있는 이 영혼들을 사랑한다. 왜냐하면 이들이 나로 하여금 세상이 있다는 것, 세상에서 살아가고 있다는 것을 느끼게 해주기 때문이다. (…중략…) 여러 청춘의 모습들이 눈앞을 지나갔다. 그러나 주변을 감싸고 있는 것은 희미한 어둠뿐이다. 나는 피곤한 채로 담배를 말아 물고 무어라 이름 할 수 없는 생각들 속에서 조용히 눈을 감고 아주 긴 꿈을 꾼다. 문득 놀라 깨어난다. 주변은 여전히 희미한 어둠에 감싸여 있다. 움직임 없는 공기 속으로 담배연기가 올라간다. 몇 조각의 작은 여름 구름처럼 천천히 뭐라 꼬집어 말할 수 없는 형상을 그려내면서.[19]

피 흘리며 달려가는 청년들의 영혼은 나로 하여금 내가 밑도 끝도 없는 실존적 고뇌의 긴 꿈속에 더 이상 머물러 있을 수 없게 한다. 나는 피곤하고, 나를 감싸고 있는 것은 여전히 희미한 어둠뿐이지만 나는 깨어난다. 나는 무어라 형용할 수 없는 모습을 환출(幻出)해내며 움직임 없는 공기 속으로 올라가는 아련한 담배 연기속으로 나의 긴 꿈을 떠나보낸다. 허무의 심연을 바라보며, 그곳에 사로잡혀 있던 긴 꿈의 시간을 뒤로 하고 루쉰은 자신이 살아 있음을 느낄 수 있게 해주는 피 흘리는 세상에서의 역할의 충실성으로 되돌아온다. 그러나 이것은 또한 어떠한 비약도 인정하

19) 『魯迅全集』 2권, 人民文學出版社, 1991, 224~225면.

지 않으려했던 루쉰이 내린 비약의 결단이기도 하다. 이 단절과 비약을 어떻게 이해할 것인가? 다시 「'무덤' 후기」에서 그 단서를 찾아본다.

> 나는 분명 때때로 다른 사람들을 해부한다. 하지만 더 많은 경우에 더욱 무정하게 자신을 해부한다. 따뜻함을 무척 좋아하는 사람들은 내가 나의 그러한 것들을 조금만 드러내도 곧 냉혹하다고 느끼는데, 만약 내 피와 살을 전부 드러낸다면 그 결과는 어떻게 될지 모르겠다. 이 방법으로 주변사람들을 내쫓고, 그래도 나를 싫어하지 않는 사람이 있다면 설령 그가 올빼미, 뱀, 귀신, 괴물 등 추악한 무리라 하더라도 내 친구이며, 이야말로 진정 내 친구가 아닐까 하고 가끔 생각한다. 만일 이런 것조차도 없다면 나 혼자라도 나아가면 되는 것이다. 그러나 지금 나는 결코 그럴 수가 없다. 왜냐하면 나는 그렇게 할 용기가 없기 때문이다. 그 원인은 바로 나는 여전히 이 사회에서 생활하고 싶기 때문이다.(「'墳' 후기」)[20]

루쉰의 이 글에서 뚜렷하게 피력되고 있는 것은 실존적 자아와 사회적 자아의 갈등이다.[21] 루쉰의 실존적 자아가 거듭 고백하는 것은 "공허의 어두운 밤의 엄습"이다. 그것은 치열한 사회적 투쟁의 삶 한가운데서 문득 경험하게 된 근원적인 허무의식이다. 『들풀』은 이 근원적인 허무의식 즉, 존재의 근원도 삶의 궁극적 의미와 가치도 죽음의 의미도 모두 해체되는 실존적 경험과 치열하게 대결하고 있는 루쉰의 정신을 드러내주고

---

20) 「寫在『墳』後面」, 앞의 책, 284면.

21) 錢理群은 이와 유사한 관점을 루쉰의 글쓰기에서 발견되는 두 개의 언어—자신에 대한 것과 타인에 대한 것—의 분리 속에서 설명한다. (錢理群, 앞의 책, 258면 참조)

있다. 그러나 존재의 근원과의 연계를 상실한 근대정신에게 그런 실존적 질문을 돌파해나갈 수 있는 길은 보이지 않는다.

밑도 끝도 없는 실존적 고뇌의 한복판에서 루쉰이 출구로 선택하는 것은 현재적 · 사회적 실천의 충실성이다. 루쉰의 사회적 자아는 허무와 어둠의 포위를 털고 떨쳐 일어나기를 결단한다. 그러나 그것은 삶의 근원적 무의미를 넘어서서 이루어지는 실천이라기보다는, 그러한 의식을 덮어버리고 감행되는 "내일이 없는 열정"이며 맹목적인 행위의 충실성에 가깝다. 그것은 무신론적 실존주의의 대안 없는 선택이기도 하다.

> 나는 확실한 것들을 사랑하기에 역사와 영원 두 가지 중에서 역사 쪽을 선택했다. (…중략…) 나를 짓누르고 있는 이 힘의 존재를 어찌 부정할 수 있겠는가
>
> 신이냐 시간이냐, 십자가냐 칼이냐가 있을 뿐이다. 이 세계는 온갖 소용돌이들을 초월하는 보다 높은 의미를 지니고 있든가 아니면 그 소용돌이들 외에는 그 어떤 진실도 없든가 둘 중의 하나다. 시간과 더불어 살고 시간과 더불어 죽거나 아니면 보다 더 위대한 어떤 삶을 위해 시간을 벗어나지 않으면 안 된다. (…중략…) 나는 시간과 한편이 되고자 한다. (…중략…) 나는 오직 명확히 보고자할 따름이다.[22)]

까뮈는 부조리의 정신이 근본적인 문제에 대한 선택 위에 선 것임을 고백한다. 오직 명확히 보고자하며, 보이는 것만을 확실한 것으로 신뢰하는 까뮈가 선택한 것은 역사와 시간이다. 루쉰의 나그네 역시 영원 대신 역사를 선택하고, "소용돌이들 외에는 그 어떤 진실도 없다"는 믿음 위에서 시

22) 알베르 까뮈, 앞의 책, 131~132면.

간과 한편이 되어 시간과 더불어 살고, 시간과 더불어 죽어감을 선택한 것이 아닌가. 루쉰의 절망의 항전은 까뮈의 부조리의 정신과 얼마나 다른가? 「파악성론」에서 루쉰이 니체에 대해 이야기 했던 같은 차원의 믿음을 가지고, 우리는 루쉰의 선택 역시 반신(反神)론적 실존주의의 믿음 위에 선 것이며, 볼 수 있는 것만을 존재하는 것이라고 인정하는 실증주의의 믿음 위에 선 것이라고 말할 수 있을 것이다. 그러한 믿음 위에서 보이지 않는 것들을 끝까지 보아내려 하고, 인간의 인식 안으로 포섭할 수 없는 존재의 질서를 인식의 질서로 통합하려한 명증한 인식의 열정, 그 부조리의 정신이 허무와 암흑의 심연을 벗어날 길은 없는 것이 아닌가.

4. 맺음말

루쉰의 현실인식에 대하여 연구자들은 현실의 허무와 암흑을 직시하면서, 그럼에도 불구하고 그것을 딛고 일어서서 실천을 결단하는 불굴의 투지로 해석한다. 이런 해석 속에는 루쉰의 절망의 항전을 이중으로 심미화하려는 경향이 내재되어 있다. 하나는 '절망'의 미화이며 다른 하나는 그 절망 위에서 감행되는 '항전'의 미화이다. 루쉰의 '절망'이 현실을 어떤 기만적인 희망도 부가하지 않고 가장 정직하게 바라본 것이라고 해석하는 견해는 "절망의 허망함은 희망의 허망함과 같다"는 고백의 의미를 충분히 고려하고 있지 않다. 현실을 절망만으로 보는 현실인식은 현실을 희망으로만 분식해서 바라보는 의식만큼이나 현실을 바라보는 특정한 관점의 선택 위에 선 것이기 때문이다. 또한 절망에도 불구하고 견지되는 항전이라는 것도 근본적으로는, 해결되지 않는 실존적 고뇌를 덮고 결국은 허무 속에서 자신의 생명을 소진하는, 맹목적인 역할에의 충실성으로 되돌아가는 것에 불과할 수 있다.

루쉰 정신의 위대함은 절망에의 항전이 아니라 오히려 그가 어떤 허무에 대해서도 그것을 심미화 하지 않은 치열함과 정직함에 있다고 할 수 있다. 신을 부정한 자리에 세워진 프로메테우스와 시지프는 근대정신의 심미화된 영웅이다. 그러나 루쉰은 깊은 허무감의 고백 속에서도 그런 허무를 심미화하지 않는다. 이점이 바로 루쉰 정신의 치열함이 가장 잘 드러나는 부분이며 『들풀』이 우리에게 전하는 가장 값진 메시지일 것이다. 암흑과 허무만이 실재한다는 루쉰의 고백은 일체의 비약과 단절을 부정하는, 실증되지 않는 소망과 믿음의 세계를 수용할 수 없었던 근대정신의 필연적인 자기 귀결이며, 루쉰은 그것을 분식 없이 드러내주고 있다.

신을 상실한 세계, 신에 대한 믿음과 함께 존재의 근원적 확실성도, 어떤 목적이나 가치의 궁극적인 토대도 함께 상실해 버린 시대의 가장 치열한 정신이 보여주는 것은 무의 심연 속에 홀로 내던져 져야 하는 인간의 존재 상황이다. 신이 없는 세계에서의 몸부림[掙紮]. 여기에서 바로 근대정신의 반종교성이 가지는 종교성이 역설적으로 드러나게 된다. 궁극적인 존재사유에서의 도약의 필연성과 가능성, 인간이 자기 존재의 절망과 허무를 적나라하게 들여다보는 자리에서 감행되는 새로운 존재에의 실존적 결단, 그리한 도약과 결단을 요청받는 인간의 존재 상황, 이러한 것들을 둘러싼 질문들이 근대적 지식인으로서의 루쉰의 실존적 고뇌와 그가 보여주는 허무와의 항전이 우리에게 던지는 가장 근본적인 메시지일 것이다.

루쉰[魯迅]의 『들풀[野草]』과 '무(無)의 불안'

1. 머리말

『들풀』을 집필하던 시기를 전후하여, 루쉰이 자신의 정신적 상황을 표현하기 위해 가장 즐겨 쓴 말은 아마도 어둠[黑暗]과 공허(空虛)일 것이다. 루쉰은 개인적인 서신이나, 소설 작품 및 그 밖의 글 속에서 이 '어둠'과 공허의 엄습을 떨쳐버릴 수 없는 내면적 고통으로 여러 차례 언급한 바 있다. 쉬광핑[許廣平]에게 보내는 편지에서 쓴 "내게는 암흑과 허무만이 유일하게 실재하는 것이라고 느껴진다"[1]는 구절이나 「그림자의 고별[影的告別]」에서 "내가 그대에게 줄 수 있는 것은 암흑과 공허 뿐"이라는 토로, 「희망(希望)」에서 문득 덮쳐 와서 자신의 모든 저항을 무력화시키는 "허무의 어두운 밤"의 존재에 대한 고백 등이 그 예들이다.

1) 「兩地書」, 『魯迅全集』 11권, 人民文學出版社, 1991, 20~21면.

『들풀』의 세계를 무신론적 실존주의로 대표되는 근대정신의 보편적인 특성 속에서 살펴 본 앞의 논문에서 필자는 이 어둠과 공허를 절대적인 허무와 무의미의 엄습 그리고 이 모든 것에 대한 해석할 수 없음의 고통으로 이해하면서, 이를 신을 부정하면서 동시에 존재에 대한 질문의 궁극적인 근거도 함께 상실해버린 근대정신의 필연적 자기 귀결로 해석한 바 있다. 이 글은 앞의 논문에서 주로 살펴 본 근원적인 허무의식 외에, 『들풀』의 다른 작품들 속에서 발견되는 또 다른 실존적 고뇌의 내용들을 검토하고, 이러한 실존적 고뇌를 통해 자신을 드러내고 있는 보다 깊은 정신의 근원적 경험은 대체 어떠한 것인가를 규명해보고자 한다. 이 근원적 경험에 대한 엿봄과 추론이 이 글의 주 내용이다.

필자는 이 글에서 그 근원적 경험을 '불안'으로 해석한다. 『들풀』의 세계를 통해 드러나는 불안은, 한편으로는 키에르케고르가 말한 '무(無)의 불안', 즉 자유와 가능성이라는 정신의 본래적 속성에서 비롯되는 원초적이고 실존적인 경험으로서의 불안과 동종(同種)의 불안이며, 다른 한편으로는, 불안에 대한 키에르케고르의 이와 같은 해석에 기초하여 불안의 실존적 성격에 대한 보다 구체적인 규명을 시도한 폴 틸리히가 말하는 '실존적 불안'이라고 이야기할 만한 불안이다. 『들풀』은 키에르케고르가 '무의 불안'이라고 말한 '꿈꾸는 정신'의 불안 속에서 탄생되며, 그 '꿈꾸는 정신'을 통해 드러나는 것은 폴 틸리히가 "세 겹의 실존적 불안"이라고 말한 죽음과 운명, 허무와 무의미, 죄책의 실존적 경험을 통해 드러나는 불안, 즉 존재의 비존재화를 바라보는 정신이 경험하는 불안이다.

『들풀』의 「제사(題辭)」(1927년 4월)에서 루쉰이 이야기하는 '공허'를 실마리로 붙잡고, 『들풀』의 '불안' 읽기를 시작한다.

2. '꿈꾸는 정신'의 유혹

1) 이미지의 광무(狂舞)

루쉰은 『들풀』의 「제사(題辭)」(1927.4) 첫 구절에서 "침묵하고 있을 때, 나는 충일감을 느낀다. (그러나) 입을 열려고 하면 곧 공허를 느끼게 된다"라고 충실(充實)에서 공허(空虛)로의 해석할 수 없는 전이의 경험에 대해 이야기하고 있다. 같은 해에 쓴 「어떻게 쓸 것인가[怎麼寫]」서 루쉰은 이 침묵할 때를 "자신의 마음의 소리를 들을 때[聽得自己的心音]"로, 입을 열려고 할 때를 "이것을 쓰고 싶다고 생각"했지만 "쓸 수 없었고[不能寫], 어디부터 어떻게 써야할지[無從寫] 알 수 없었던" 경험으로[2] 설명하고 있다.

루쉰이 「제사」에서 토로한, 침묵할 때의 충일감이 입을 열 때 돌연히 공허로 바뀌는 아쉬움과 안타까움은, 『들풀』의 「좋은 이야기[好的故事]」(1925.2)에서는 전편의 주제가 되어 있다. 몽롱한 꿈의 세계 속에서 경험하는 충일감과 그 꿈에서 깨어 나오게 되었을 때의 공허감. 「좋은 이야기」에서 "나는 눈을 감고, 뒤로 고개를 젖히고 의자 등에 기대어" 몽롱한 세계로 빨려 들어간다. 그 곳에서 "일찍이 본 적이 있는 아름답고 우아하며 감미로운 이야기들이 하늘 가득한 구름 비단으로 짜여져 있고 무수한 별들이 날아다니며 끝도 없이 한껏 펼쳐져 나가는 것"을 본다. 그곳은 "파

---

2) "돌난간에 기대어 먼 곳을 바라보며 나 자신의 마음의 소리를 들을 때[聽得自己的心音], 마치 사방의 헤아릴 수 없는 비애와 고뇌, 영락함과 사멸함이 모두 이 적막 속으로 섞여 들어와 그것을 약술로 만들고는 그것에 색을 더하고, 맛을 더하고, 향을 더하는 것 같았다. 그때 나는 이것을 쓰고 싶다고 생각했지만 쓸 수 없었고 어디부터 어떻게 써야할지 알 수 없었다." (魯迅, 「題辭」, 『野草』, 浙江文藝出版社, 1996, 3면 주1)에서 재인용)

릇파릇한 벼, 들꽃, 닭, 개, 초가집, 절, 농부와 시골 아낙, 햇빛 아래 널어 놓은 빨래, 스님, 사립, 하늘, 구름, 대나무, 이 모든 것들이 맑고 푸른 강물에 거꾸로 비껴, 노를 저을 때마다 반짝이는 햇빛을 반사하며, 또한 물속의 부평초와 물고기들이 물결을 일으키며 한데 어우러져 노니는" 아름다운 세계이다. 그러나 그 몽롱함 속에서 자유롭게 펼쳐지며 나의 정신을 한껏 유혹하던 아름다운 세계는 내가 그것을 또렷하게 응시하려는 순간, 곧 꿈에서 깨어나는 순간 돌연 변질되고 사라져버린다.

> 내가 그것들을 똑똑히 보려고[凝視] 할 때, 나는 갑자기 깜짝 놀라 눈을 떴다. 비단 구름은 쭈글쭈글해지고, 어지럽게 헝클어지고, 마치 누군가가 강물 속에 커다란 돌을 던진 것처럼 갑자기 물살이 일어나 그 속에서 비치던 모든 그림자들이 조각조각 나버렸다. (…중략…) 눈앞에는 여전히 무지개빛 잔영이 몇 점 남아 있었다.[3)]

남은 것은 어둠침침한 밤에 떠올리는, 언젠가 이런 아름다운 이야기를 본적이 있었다는 어렴풋한 기억뿐이다. 꿈꾸는 정신을 사로잡는 황홀한 충만의 경험과 꿈에서 깨어날 때 모든 것이 부서지고 흔적도 없이 사라져버리는 공허.

돌아보면 『들풀』의 세계 안에는 무수한 꿈들이 있고, 그때마다 꿈속으로 아득히 빨려 들어갔다가는 문득 되돌아오는 깨어남이 있다. 첫 작품인 「가을 밤[秋夜]」에는 "기이하고 높은" 밤하늘과 "된서리를 내리려는 듯" 차갑게 내려다보는 별빛들의 냉기와 악의 속에서, 그 "차가운 밤기운"에 온

3) 魯迅, 『野草』, 浙江文藝出版社, 1996, 43면.

통 빨갛게 얼어붙은 얼굴로 잔뜩 움츠린 채 봄을 기다리는 작고 가녀린 연분홍 꽃의 꿈이 그려져 있고, 그 꿈을 바라보다가 "한 밤중의 웃음소리"에 휩싸여 또 다른 꿈속으로 빨려 들어갈 뻔 하다 간신히 되돌아오는 '나'의 몽환적 경험이 담겨져 있다. 「그림자의 고별[影的告別]」은 "사람이 깊은 잠에 빠져 어느 때인지도 알지 못할 때" 나의 정신의 또 다른 분신인 '그림자'가 나의 내면에 말을 거는 형식으로 쓰여 있다. 「죽은 불[死火]」 역시 내가 꿈속에서 빙산을 뛰어다니다 얼음 골짜기로 떨어져 '죽은 불'을 만나고, 그 죽은 불과 함께 겪는 몽환적 이야기이다. 이외에도 「개의 반박[狗的駁詰]」, 「잃어버린 좋은 지옥[失掉的好地獄]」 「묘비문(墓碑文)」 「무너진 선의 전율[頹敗線的顫動]」 「입론(立論)」 「죽은 후[死後]」 등 『들풀』에 수록된 대부분의 작품들이 "나는 꿈속에서 내가 …… 하는 것을 보았다[我夢見自己……]"로 시작된다. 『들풀』은 루쉰의 꿈꾸는 정신이 "꿈속에서 본[夢見]" 섬뜩하고 강렬한 몽환적 세계의 이야기로 채워져 있다.

이 점에 주목할 때, 『들풀』의 마지막 작품인 「한잠[一覺]」은 제목 자체가 각별히 시사적인 의미를 담고 있는 것으로 생각된다. '일각[一覺]'의 사전적 의미는 "잠 속으로 빠져 들었다가 거기에서 깨어나기까지의 과정[從入睡到睡醒的過程]"이다.[4] 「한잠」의 마지막 연 역시 『들풀』의 세계가 무수히 많은 작은 꿈들과 깨어남으로 이루어진 한 바탕의 긴 꿈의 세계라는 추정을 확인해준다.

> 나는 피로한 채로 종이담배를 말아 쥐고는 뭐라 이름 할 수 없는 생각 속에서 조용히 눈을 감고 아주 긴 꿈을 보았다. 문득 놀라 깨어보니 몸 밖은 여전

4) 李行健 編, 『現代漢語規範詞典』, 外語教學與研究出版社, 2004, 660면 참조.

> 히 흐릿한 어둠이 감싸고 있다. 담배연기로 만들어진 글자가 움직이지 않는 공기 속에서 위로 올라가는 모습이, 마치 몇 조각의 작은 여름 구름처럼 무어라 집어 말할 수 없는 환영을 만들어 내고 있었다.(「一覺」)[5]

『들풀』의 세계 속에서는 명료한 낮의 언어를 전복시키는 한밤중의 악몽과 광무, 형체의 해체, 심연을 바라보는 정신의 현기증과 통합되지 않는 삶과 죽음의 이미지들이 강렬한 역동성 속에서 출몰한다. 그리고 '나'의 정신은 그 이미지들과 더불어 끊임없이 요동하며 부침한다. '나'는 침묵하는 순간, 자신의 내면에로 향해 있는 순간, 그 꿈꾸는 순간에 자신의 정신을 사로잡는 황홀한 충일함, 살아 '있음(존재)'의 환희를 경험한다. 그러나 입을 열려고 하는 순간, 그 부유하는 이미지들을 붙잡아두려는 순간, 자신의 시선이 자기 밖의 주변에로 향하게 되는 순간, 꿈에서 깨어나는 순간, 그와 동시에 그 또렷한 '있음'이 돌연 형편없이 변질되거나 흔적도 없이 사라져, 아무 것도 '없음(비존재)'으로 바뀌는 해석할 수 없는 부조리를 경험하게 되는 것이다.

2) 내 안의 어두운 힘

꿈꾸는 정신의 충일함과, 깨어남과 동시에 모든 것이 무로 돌아가 버리는 공허. 루쉰은 그 '무'의 경험을 「희망」에서 "나는 일몸으로 이 공허의 어두운 밤과 맞서 싸울 수밖에 없다. (…중략…) 그러나 그 어두운 밤이

5) 魯迅, 앞의 책, 101면.

란 또한 어디에 있는가? (…중략…) 내 앞에 또 문득 이르렀지만 또한 진짜로는 없는 어두운 밤은"이라고 토로했었다.

이 분명한 '있음'과 흔적도 없이 사라져버리는 '공허' 사이의 간극과 단절, 이 둘 사이를 끊임없이 오가는 꿈꾸는 정신의 현기증이 바로 『들풀』의 세계를 낳고 또 그 속에서 자기 존재의 현실성을 강렬하게 드러내고 있는 '불안'이다. 이 불안은 정신을 끊임없이 유혹하면서 자기 자신의 현실성을 투영하지만, 그 현실성은 나를 끊임없이 불안에 빠뜨리는 '꿈꾸는 정신' 속에서 자신을 드러내는 '무(無)의 불안'과 동종(同種)의 불안이다.

> 꿈꾸면서 정신은 자기 자신의 현실성을 투영한다. 그러나 이런 현실성은 무(無)이다.
>
> (…중략…)
>
> 불안은 꿈꾸는 정신에 대한 일종의 규정이다. 꿈꿀 때 (…중략…) 끊임없이 정신의 현실성은 자신의 가능성을 유혹하는 형태로 나타난다. 그러나 정신이 자신의 가능성을 붙잡으려고 하는 순간, 바로 그 순간에 정신의 현실성은 사라져버린다. 그런즉 정신의 가능성은 불안을 초래할 수 있을 따름인 일종의 무에 불과하다.[6)]

키에르케고르가 말하는 이 '꿈꾸는 정신'의 불안, '무의 불안'은 정신의 본래적 속성인 '자유의 가능성'에 뿌리를 두고 있는 원초적 불안이다. 이것은 우리의 정신을 꿈꾸게 하는 근원이자, 그 꿈을 통해 자신의 현실성을 강렬하게 드러내면서 정신을 무한성과 가능성의 세계로 빠져 들어가

---

6) 키에르케고르, 임규정 역, 『불안의 개념』, 한길사, 2002, 159~160면.

게 하는 '유혹'이기도 하다. 이 '유혹'에 사로잡혀 우리의 정신은 "거세당하지 않은 정신의 원시성" 속에서 자유로이 자신을 경험하게 된다. 그러나 무한성 · 가능성의 정신이 유한성 · 필연성과의 종합에 이르지 못할 때 정신은 "심연 속에 삼키어지게 될" 위협 앞에 놓이게 된다. 불안은 "입을 크게 벌린 심연을 우연히 내려다보는 자의 현기증"인 것이다.[7)]

『들풀』은 무한성과 가능성의 세계를 떠돌며, 끊임없이 자신을 삼키려 드는 이 정신의 심연 앞에서 그 심연의 경계를 넘나들며, 삼켜질 듯 빠져나올 듯 위태롭게 진행되는 어두운 정신의 아슬아슬한 모험을 보여준다. 이 심연의 도발적인 엄습, 그 속으로 삼켜져버릴 듯한 위협을 감지하는 불안의 섬뜩한 이미지가 가장 선명하게 형상화 되어 나타나는 것은 『들풀』의 「가을 밤」에 나오는 '한밤중의 웃음소리[夜半的笑聲]'를 통해서이다. "묵묵히 쇠꼬챙이처럼 곧게 찌르는" 대추나무의 위협에 파랗게 질려 '불안'해진, "괴이하게 높은" 하늘은 인간 세상을 떠나려한다. 그런데 그 하늘의 불안은 '밤에 노니는 불길한 새'의 '까악 하는 외마디 소리'를 통해 이내 나의 정신으로 전이된다.

> 괴이한 눈을 껌뻑거리던 하늘은 점점 더 새파랗게 질려서, 불안해했다.
>
> (…중략…)

7) 키에르케고르는 인간을 자기 자신에 대한 하나의 관계로서의 '자기', '종합'으로서의 '정신'으로 규정한다. 이 '정신'으로서의 '인간'은 "무한성과 유한성의, 순간적인 것과 영원한 것의, 자유와 필연의 종합"이다. 그런데 이러한 '종합'으로서의 정신은 그 안에 필연적으로 '분열'의 가능성을 내포하고 있고, 이 분열의 가능성에서 '불안'이 야기되는 것이다. 정신이 '종합'으로서 자기를 정립하는데 실패하고, "자기 자신에 대한 관계 안에서 일어나는 분열"에 빠질 때, 정신은 또한 '절망'에 빠지게 된다. 키에르케고르의 '불안', '절망'에 관해서는 『불안의 개념』(한길사), 『죽음에 이르는 병』(키에르케고르, 박환덕 역, 범우사, 2000.2) 참고.

까악 하는 외마디 소리, 밤에 노는 불길한 새가 날아갔다.

나는 갑자기 한밤의 웃음소리를 들었다. 키득거리며 마치 잠들어 있는 사람들을 깨우고 싶어하지 않는 듯 했지만 사방의 공기들은 모두 그 소리에 화답하여 웃는다. 한 밤중, 다른 사람은 없다. 나는 곧 이 소리가 내 입안에서 터져 나오고 있다는 것을 알아차린다. 나는 당장 다시 이 웃음소리에 쫓겨 내 방으로 되돌아와서는 곧 등불의 심지를 높이 돋운다.

(…중략…)

나는 또 다시 밤의 웃음소리를 들었다. 나는 서둘러 마음의 실마리를 끊어버리고, 여전히 흰 종이 등갓 위에 앉아있는 작고 파란 벌레들을 바라본다, (「가을 밤」)[8]

어디선가 갑자기 울려나와 사방의 공기를 온통 채우며 '나'를 에워싸는 "한밤중의 웃음소리"의 정체를 찾던 '나'는 그것이 바깥이 아니라 "내 입 속에서 터져 나오는", 다른 누구도 없는 곳에서 꼼짝할 수 없도록 나를 휘감아버리는 내 안의 어두운 힘임을 깨닫는다. 이 한밤중의 웃음소리가 나를 쫓아올 때마다, 나는 마치 그 소리에 실려 증발해버릴지도 모르는 나의 정신을 애써 지상에로 끌어내리듯이 나의 방으로 도피한다. 나의 내면이 아닌 내 주변으로 서둘러 나의 시선을 돌리는 나의 노력은, 무한의 심연 속에서 문득 상실하게 될 지도 모르는 나의 정신을 바깥으로 이끌어내어 유한성과 현실성의 끈으로 묶어 놓으려는 안간힘의 노력처럼 보인다. 그러나 애써 탈출하려해도, 암흑과 허무의 습격, 저항할 수 없는 힘으로 문득 다가와 나를 휩싸는 이 어두운 불안은 떠나지 않는다.

8) 魯迅, 앞의 책, 7~9면.

침묵할 때와 입을 열려고 할 때, 꿈을 꿀 때와 꿈에서 깨어날 때, 자신의 내면에로 깊이 침잠해있을 때와, 주변에로 눈을 돌려 바라볼 때 사이의 이 간극과 분열에서 비롯되는 불안. 생생하게 살아 존재하던 모든 것들이 돌연 비존재로 바뀌는 해석할 수 없는 '무화(無化)'를 바라보는 꿈꾸는 정신의 '불안'. 『들풀』은 이 꿈꾸는 정신이 경험하는 가능성과 절망의 불안 속에서 태어난다.

3. 실존적 불안

『들풀』에 실린 대부분의 작품들은 이 꿈꾸는 정신이 그 '무의 불안' 속에서 바라보는 또 하나의 불안을 드러내주고 있다. 그것은 "인간이 가진 존재의 불확실성, 무의미성, 능력의 유한성"에서 비롯되는 존재론적 불안, 즉 '실존적 불안'이다. 불안의 개념을 인간에 대한 철학적 사유의 중심에 두고 이에 대해 본격적인 탐구를 수행한 키에르케고르 이래로 서구 실존 철학에서는 이러한 불안을 대체로 "인간 본성에 깊이 뿌리를 내린 비참한 인간조건"에 대한 자각과 "실존의 선택 가능성 앞에서 경험하는 현기증 나는 자유", "세계 전체의 무의미성과 무화(無化)에 대한 체험" 등의 내용으로 해석해왔다.[9] 이 가운데서 키에르케고르의 영향을 직접적으로 받으면서 실존적 불안에 대한 보다 명료화된 존재론적 탐구를 시도하고 있는 것이 폴 틸리히이다. 폴 틸리히는 실존적 불안을 유한한 존재인 인간이 자기 존재의 비존재화를 바라보며 느끼게 되는 의식으로 규정하면

9) 민혜숙, 『한국문학 속에 내재된 서사의 불안』, 예림기획, 2003.9, 28~29면.

서, 그 대표적인 양태로 죽음과 운명, 허무와 무의미, 죄책과 정죄의 세 가지를 범주화 하여 제시하는데, 이것은 『들풀』의 작품들이 드러내고 있는 불안의 구체적인 양태들과 적지 않게 겹쳐진다.10) '소진(燒盡)'과 '고갈[幹枯]'로서의 죽음, 부조리한 운명과 실존의 딜레마, 망각과 변질, 돌이킬 수 없는 죄책과 회한 등 『들풀』의 중심 주제들은 폴 틸리히가 말하는 실존적 불안의 주제들을 고스란히 보여주고 있다. 이제 그 구체적인 내용들을 『들풀』 안에서 살펴본다.

1) 불모(不毛)의 생명과 죽음

루쉰이 바라보는 삶, 『들풀』 속에 그려진 실존의 조건은 황량함과 한기, 홀로 걸어감과 알 수 없음의 질문으로 채워져 있다. 「가을 밤」의 공간은 기이하리만치 높은 하늘과 존재하는 모든 사물들을 뒤덮고, "생명의 온기를 조소하며 위협하는 썰렁한 한기[冷的寒氣]"로 둘러싸인 곳이며, 「연

10) 『들풀』의 '실존적 불안'을 보다 구체적으로 이해하기 위해 먼저 폴 틸리히의 '실존적 불안'에 관해 좀 더 알아보는 것이 필요하다. 폴 틸리히는 "한 존재가 자기가 비존재가 될지도 모른다고 하는 가능성을 의식하고 있는 상태"를 '실존적 불안'이라고 부른다. 이 '실존적 불안'의 근저에 있는 것은 '존재의 자기 긍정에 대한 위협'이다. 흔히 '불안'은 '공포'와 짝한 개념으로 이해되지만 이 실존적 불안은 공포와 서로 의존해 있으면서도 현실에 있어서는 완전히 차원을 달리한다. 공포는 일정한 대상이 있고 그 때문에 공포를 느끼는 자가 그 대상에 대해 일정한 행동을 취할 수 있으며, 이러한 행동을 통해 그러한 느낌을 '자아 긍정' 안으로 포섭할 수 있다. 그러나 불안은 대상이 없다. 그 대상은 '무', 즉 모든 대상의 부정을 의미한다. 때문에 그것에 참여한다든지 그것과 싸운다든지 혹은 그것을 사랑한다든지 하는 일체의 행동이 불가능해지는 것이다. 그것은 일종의 지향성의 결핍이다. 이 일체의 행동의 토대를 허무는 지향성의 결핍이 바로 인간의 자아긍정을 불가능하게 함으로 근본적인 위협을 가한다. 이 위협 앞에서 느끼는 불안을 틸리히는 유한한 존재인 인간이 비존재 앞에서 느끼는 '적나라한 불안'이라고 부른다. 폴 · 틸릭, 玄永學 역, 『존재의 용기(Paul Tillich : *The Courage to be*)』(Yale University Press, 1952, 1980, 2000), 종로서관, 1960, 52면.

[風箏]」에서 나의 회상이 시작되는 자리와 내가 고통스러운 회상에서 다시 돌아오는 자리 역시 "사방이 모두 엄동의 한기"로 온통 뒤덮여 있는 냉기로 가득 찬 곳이다. 「그림자의 고별」과 「구걸하는 사람[求乞者]」에서 "석회가 벗겨져 떨어져나간 높은 담장을 따라", "먼지 흙을 밟으며" "저마다 홀로 걸어가는 길"로 이미지화 되어 있는 인생의 길 또한 그런 황량한 실존의 조건들을 환기시켜 준다. 이런 황량하고 고독한 실존의 조건 속에서 루쉰은, 생명이 아무런 영광도 열매도 남기지 못한 채 허무하게 소멸되어 가는 허망하고 비참한 고갈과 소진으로서의 죽음을 바라본다.

살펴보면 루쉰에게서 삶 혹은 생명의 문제는 늘 죽음의 조명 아래서 사유되어 왔다. 루쉰은 죽음에 어떤 형이상학적인 의미를 부여하는 일도 거절했지만, 명료한 의식의 세계에서 이루어진 그런 거부와는 상관없이 그의 글 속에는 늘 죽음에 대한 사유의 흔적들이 남아있다. 생명을 죽음과 연결 지어 바라본 것은 초기 글에서부터 일관된 것이지만 그 생명의 필연적 귀결로서의 죽음을 바라보는 구체적인 시선, 그 죽음의 의미나 가치에 대한 평가는 시기에 따라 변화를 드러낸다. 「악마파 시의 힘[魔羅詩力說]」을 쓰던 시기에 루쉰에게 죽음이란 뚜렷하게 사회적인 의미를 가지는 것이었다. 이 시기 루쉰은 군중 혹은 사회에 의해 살해당하는 천재적 개인의 죽음에 주목하면서, 그런 개인을 죽음으로 몰아가는 군중과 사회에 대해 강한 증오와 분노를 표현했지만, 그런 천재적 개인의 죽음이 가지는 사회적 의미에 대해서는 확고한 신념을 견지하고 있었다. 루쉰은 천재적 개인 혹은 전사의 피 흘림을 죽어가는 사회를 회생시키는 가장 강력한 힘으로 간주했고, 때문에 그렇게 사회를 위해 "군중이 보는 앞에서 피 흘리는 자가 없다면 그것은 그 사회의 재앙"11)이라고까지 말했던 것이다.

그러나 『외침[吶喊]』의 단계에 오면 개인의 죽음이 가지는 영웅적인 면모는 숨어 버리고, 사회에 의해 죽음으로 내몰리는 사람들, 죽음에 의해 삼켜지는 사회의 모습이 전면으로 부각된다. 「약(藥)」에서 중국사회의 새로운 희망의 근거라 할 수 있는 아이와 혁명가가 아무런 의미도 남기지 못한 채 죽는 죽음, 「고향(故鄕)」에서 생명의 활기와 아름다움으로 빛나던 어린 룬투[閏土]의 육체와 영혼에 깊이 찍힌 죽음의 낙인, 「아큐정전(阿Q正專)」에서 영문도 모르고 처형장으로 끌려가는 아큐와 주변에 둘러선 사람들의 눈에서 느껴지는 살기 등 『외침』의 세계는 온통 '사람 잡아먹는[吃人]' 사회의 모습과 그런 사회 속에서 죽음으로 몰려가는 사람들의 모습으로 채워져 있다.

『방황(彷徨)』에 이르면 『외침』의 세계와는 조금 달라진 각도에서 죽음의 문제가 다루어진다. 「고독한 사람[孤獨者]」에서의 웨이리엔슈[魏連殳]의 죽음에서 뚜렷하게 나타나듯이, 개인의 죽음은 이제 사회를 위한 희생이라는 거창한 의미를 모두 잃고, 초라한 패배자의 몰락으로 그려진다. 또한 이전까지 죽음의 의미가 주로 사회적 차원에서만 다루어지던 것과는 달리 죽음의 문제가, 그것을 바라보는 지식인의 강한 자의식과 결합되어 나타나면서 조금씩 개인적이고 실존적인 차원의 의미를 획득해가게 되는 것이다. 「복을 비는 제사[祝福]」에서 죽음과 관련하여 사후(死後)세계의 존재 여부를 묻는 샹린댁[祥林嫂]의 질문은 '나'로 하여금 지금까지 한 번도 죽음의 문제를 영혼과 관련하여 생각해본 적이 없다는 사실을 깨닫게 하며, 그런 문제에 대한 자신의 무지와 그것이 결국은 사회에서 버림받은 상림댁을 죽음으로 까지 몰아가는 결정적인 원인이 되었다는 강한 죄책

11) 노신, 홍석표 역, 「魔羅詩力說」, 『무덤 : 魯迅雜文集』, 서울 : 선학사, 2001, 160면.

으로 나를 몰아간다. 「복을 비는 제사」에서의 샹린댁의 죽음과 「죽음을 슬퍼함[傷逝]」에서의 쯔쥔[子君]의 죽음, 「고독한 사람」에서의 웨이리엔슈의 죽음 속에서 강하게 드러나 있는 것은 죽음에 대한 자의식과 죽음의 문제에 대한 무지와 망연함, 삶에 대한 패배의식과 타인의 죽음에 대한 죄책이다.

『들풀』에 이르면 죽음의 문제는 더욱 더 뚜렷하게 실존적인 차원으로 옮겨진다. 『들풀』에서 루쉰의 죽음에 대한 사유는 삶의 황량함과 무의미함, 아무런 열매도 맺지 못하는 삶의 불모성과 소통의 부재에서 오는 절대적 고독, 삶의 출발도 끝도, 그것이 가지는 의미도 모두 알 수 없음에서 비롯되는 궁극적 허무, 강한 죄책의 주제와 한데 어우러져 있다. 「제사(題辭)」에서 루쉰은 생명과 공허에 대해 이야기하면서 생명의 무화(無化) 앞에서 느끼는 불안을 드러낸다.

> 지나간 생명은 이미 죽었다. 나는 이 죽음에 대해 크게 기뻐한다. 왜냐하면 이것을 통해 그것이 일찍이 살아 있었음을 알기 때문이다. 죽은 생명은 이미 썩었다. 나는 이 썩음에 대해 크게 기뻐한다. 왜냐하면 이것을 통해 그 생명이 그래도 공허는 아님을 알기 때문이다.[12)]

루쉰이 생명→죽음→썩음→생명으로 순환되는 삶과 죽음의 연속적 과정을 바라보면서 두려워하는 것은 그 생명의 과정이 결국은 공허로 귀결되지 않을까 하는 것이다. 하나의 생명이 죽어 또 다른 생명을 키우는 하나의 가치나 의미로 그 존재를 입증하지 못하고, 죽어도 썩지 못하

12) 魯迅, 앞의 책, 3~4면.

거나, 썩어도 그 썩음에 값하는 열매를 맺지 못한 채 공허, 즉 무(無)로 돌아갈 수밖에 없다면, 그것은 그 생명의 존재 자체가 부정되는 것이 되기 때문이다.

「복수[復仇]」와 「희망(希望)」, 「이런 전사[這樣的戰士]」 등의 작품에서 죽음은 무의미한 '소진'이며 '고갈'로 그려진다. 「복수」에서 알몸으로 마주 버티고 선 두 사내는 자신들의 삶과 죽음을 구경꺼리로 만드는 구경꾼들에 대한 분노 속에서 그들을 오히려 구경꺼리로 만드는 복수를 감행하지만, 그 복수의 과정은 곧 그들의 삶의 모든 의미를 무화시킴으로써, 죽음을 생명의 무의미한 '고갈[幹枯]'에 불과한 것으로 만들어버리는 것이다. 「희망」에서 '나의 청춘'은 돌연히, 끊임없이 습격해오는 "공허의 어두운 밤"에 맞서는 부질없는 저항을 계속하지만 그 속에서 나의 생명은 아무런 열매도 없이 "계속적으로 소진[耗盡]"되어 버리고 말 뿐이다. 「이런 전사」에서 싸움의 끝에서 다시 투창을 치켜드는 전사의 자의식은 "결국은 대상이 없는 싸움[無物之陣] 속에서" "끝내 전사가 되지 못한 채" "노쇠(老衰)해지고 수명을 다하게 될[壽終]" 자신의 운명을 비애 속에서 바라본다. 『들풀』에서 루쉰은 생명이 꽃도 열매도 없이 허무하게 소진되고 고갈되어가는 과정으로 죽음을 그리면서, 존재가 비존재로 바뀌는 회피할 수 없는 실존의 엄연한 현실을 두려운 불안 속에서 응시하고 있다.

2) 운명의 부조리와 실존의 딜레마

죽음과 더불어 『들풀』에서 루쉰의 실존적 불안을 드러내주는 또 하나의 중심적인 주제는 운명의 부조리이다. 「무너진 선의 전율[頹敗線的顫動]」

은 이러한 해석할 수도, 거역할 수도 없는 운명의 부조리와 비애를 강렬한 이미지로 드러내주고 있다. 깊은 밤 굳게 닫힌 작은 집의 안쪽, 부서진 의자 위에 앉은 쇠약하고 창백한 여인의 모습이 집 안으로 비춰 들어오는 유난히도 밝은 빛에 비춰진다. 그 여인은 얼굴에 "굶주림과 고통, 놀람과 수치, 기쁨"이 뒤섞인 채로 전율하고 있다. 이윽고 동녘이 밝았지만 하늘에는 여전히 굶주림, 고통, 놀라움, 수치, 기쁨의 파도가 공중을 가득 채운 채 떠돈다. 어머니는 슬프게 떨리는 낮은 목소리로 배가 고파 깨어난 아이를 달래며 다시 재운다. 갑자기 커다란 파도가 회오리를 일으키며 일어나 모든 것을 덮어버리고, '나'는 꿈의 한 겹을 벗어져 나온다. 온통 은색의 달빛, 다시 어딘지 알 수 없는 깊은 밤이다. 꿈속에서 다시 몇 년이 흐르고 난 후, 다시 한 늙은 여인이 등장하고, 한 젊은 부부와 아이들은 그녀를 향해 원망과 저주와 살의가 섞인 욕설을 퍼붓는다. 원망을 듣던 여인은 잠시 움찔하는 듯 하더니 이내 평정을 되찾고, 냉정하게 석상처럼 일어나 문을 열고 깊은 밤 한가운데로 걸어 나간다. 그녀의 등 뒤로 비웃음과 욕설과 냉소가 퍼부어진다.

깊은 밤 속을 끝까지 걷는다, 끝도 없는 황야에 이를 때까지. 사면은 모두 황야, 머리 위에는 높은 하늘만 있을 뿐 벌레 한 마리, 새 한 마리 날지 않는다. 그녀는 벌거벗은 몸으로 황야의 한 가운데 석상처럼 서서 한 순간에 과거의 모든 것을 본다. 기아와 고통과 놀라움, 수치와 환희, 그녀는 떤다. 고생과 굴욕과 피로, 그녀는 경련한다. 죽임, 그리고 고요해진다. …… 다시 한 순간에 모든 것이 합쳐진다. 그리움과 결별, 애무와 복수, 양육과 버림, 축복과 저주 …… 그녀는 하늘을 향해 한껏 두 손을 들어 올렸고, 입술 사이에선 사람과 짐승 사이의, 인간 세상에는 없는, 그래서 어휘를 가지지 못한 말이 흘러나왔다.

그녀가 말없는 말을 내뱉을 때, 그녀의 그 석상처럼 위대한, 그러나 이미 황폐해진, 쇠하여 파괴된 몸 전체가 떨렸다.13)

배신, 원망과 멸시, 냉소와 저주, 비웃음과 욕설, 피로와 굴욕으로 뒤범벅된 여인의 삶과 그것의 무너져 내림[頹敗] 속에서 삶의 이유와 목적과 의미는 뿌리째 흔들리고, 생은 근본적으로 부정된다.14)

운명의 부조리는 실존의 딜레마를 통해서도 표현된다. 선택할 수밖에 없지만, 또한 선택할 수도 없는 실존의 딜레마를 가장 선명하게 나타내주고 있는 작품은 「눈[雪]」과 「죽은 불[死火]」이다. 「눈」에서는 강남의 눈과 북방의 눈의 서로 다른 운명이 그려진다. 강남의 눈은 "촉촉한 물기로 서로 엉겨 결합하는" 존재의 속성으로 인해, 알록달록 연지를 바른 눈사람으로 만들어지고, 아이들의 박수와 인사와 웃음을 받는다. 그러나 그런 순간들이 지나고 나면 결국은 혼자 남겨지게 되고, 그렇게 눈사람이 되어 혼자 남겨진 강남의 눈은 맑은 낮과 추운 밤을 거치면서 녹고 얼기를 반복하는 동안 "뭐라고 할 수도 없는" 기이한 모습으로, 입술의 연지도 다 퇴색되어버린 초라하고 흉한 모습으로 변해버리게 된다. 이런 강남의 눈이 상징적으로 드러내는 것은 대중 속에서 개인이 겪는 자기 상실의 운명이다.

반면에, 차가운 북방의 눈꽃은 언제나 가루처럼, 모래처럼 혼자 떠돌며

---

13) 魯迅, 앞의 책, 73~74면.

14) 중국의 연구자들은 이 작품을 주로 루쉰이 자신이 헌신적으로 돌보아준 청년 후배들로부터 느끼게 된 배신의 경험이라는 직접적이고 구체적인 경험과 연관지어 해석해왔다. 이에 관해서는 孫玉石, 『現實的與哲學的－魯迅野草重釋』, 上海 : 上海書店出版社, 2001 참고.

결코 서로 엉겨 붙지 않음으로 자신의 생명을 보존한다. 북방의 눈은 그렇게 홀로 떠돌면서 지붕 위에, 땅 위에, 마른 풀 위에 흩어져 내려앉는다. 지붕 위로 내려앉은 눈, 사람의 곁으로 다가간 눈꽃은 이내 녹아 없어져 버리고 만다. 녹지 않고 남은 것들을 "화염을 품은 거대한 안개처럼 빙글빙글 돌며 위로 솟구쳐 올라"가는 생명의 비상으로 "하늘을 가득 채워 하늘로 하여금 빙글빙글 돌게 하고 날아오르며 반짝거리게" 한다. 그러나 북방의 눈꽃이 보여주는 이런 찬란한 비상도 결국은 생명의 환희가 되지 못하고, 비애가 될 수밖에 없다. 서로의 물기로 한데 엉기고, 사람들의 놀이감이 되고, 그 속에서 마침내 흉한 몰골로 녹아 내려 사라지는 강남의 눈이, 개체 속에 살아 있는 생명이 함께 함 속에서 필연적으로 겪을 수밖에 없는 변질과 자기 상실의 비애를 담고 있다면, 차가운 북방의 눈은 고독하게 떠돌며 생명의 환희를 화려하게 드러내지만, 궁극적으로는 그 생명의 살아 있음을 '의미'로 열매 맺게 할 토양, 즉 세상 속에서의 자기 '터'를 얻지 못하고 홀로 떠돌 수밖에 없음[無地彷徨]으로 인해 그 생명의 진정한 의미가 상실되어 버리는 또 다른 비극적 운명 속에 놓이게 되는 것이다. 그 때문에 "끝도 없는 광야 위를, 살을 에는 듯 차가운 하늘의 지붕 아래서, 반짝거리며 빙글빙글 돌며 날아오르는" 북방의 "고독한 눈꽃"은 '생명이 담긴 혼[精魂]'은 혼이로되 살아 있는 혼이 아닌, 그 생명의 의미와 가치를 상실해버린 "죽어버린 비의 혼"일 수밖에 없는 것이다.

「죽은 불」에서 이 생명의 부조리한 존재방식은 "다 타버림[燒盡]"과 "얼어 죽음[凍死]"의 딜레마 속에서 더욱 더 선명하게 나타난다. 불은 그 생명의 본성인 치열한 일렁임을 잃어버리고 얼어 죽음으로서만 그 존재의 자취를 보존할 수 있다. 불의 생명이 그 생명의 가능성을 한껏 드러내려고

하면, 불은 스스로의 생명력을 다 태워버리고 소멸되어야 한다. 그러나 불에게 허락된 존재방식은 "다 타서 없어짐[燒完]"이거나 아니면 생명으로서 타오르지 못하는 "죽어버린 생명[凍滅]" 뿐이다. 얼어붙은 불은 형태는 있지만 일렁임을 잃어버린 생명이 없는 불이며, 타오르며 그 생명의 본질을 실현하려는 불은 반대로 시시각각으로 변하여 영원히 형태를 얻지 못하는 불이다. 다 타버리거나, 얼어 죽을 수밖에 없는 불꽃의 운명. 생명이 생명 자체의 치열함으로 보존될 수 없음에 대한 안타까움, 생명이 시간 속에서 변질되거나 화석화됨으로써만 그 흔적을 남길 수밖에 없는 실존의 부조리를 루쉰은 수용할 수 없다.

> 심장을 파내어, 스스로 먹는 것은 그 본래의 맛을 알고자 함이나, 그 고통이 너무 혹심하니 그 본 맛을 어떻게 알 수 있겠는가? 아픔이 안정되고 난 후, 천천히 그것을 먹는다. 그러나 그 심장이 이미 썩었으니 본 맛을 또한 무엇으로 알겠는가?[15)]

루쉰이 「묘비문(墓碑文)」에서 던지는 이 질문 역시 선택할 수도 해석할 수도 없는 운명의 부조리와 생명의 모순 앞에서 느끼는 루쉰의 불안의 또 다른 표현일 것이다.

15) 魯迅, 앞의 책, 68면.

3) 망각과 죄책

『들풀』에서 소진과 고갈로서의 죽음, 부조리한 운명, 실존의 딜레마와 더불어 루쉰의 실존적 불안을 강하게 드러내주는 또 하나의 주제는 망각과 죄책이다. 「마른 단풍잎[臘葉]」과 「연[風箏]」「희미해진 핏자국 속에서[淡淡的血痕中]」 등의 작품에서, 루쉰은 시간 속에서 변질되고 망각되어버리는 생명의 진실과 돌이킬 수 없는 죄책의 회한이라는 주제를 전면에 등장시킨다.

「마른 단풍잎」에서 '나'는 작년 늦가을에 뜰 앞의 작은 단풍나무에서 따서 책갈피 속에 넣어 두었던 단풍잎을 우연히 발견한다. 그때 나는 "영롱한 눈동자처럼 사람을 응시하고 있는 것 같은" 벌레 먹은 단풍잎이 "다른 잎들과 함께 당장 흩어져 날아가 버리게 하고 싶지 않은" 마음으로 그것을 "잠시 보존해"두고자 책갈피에 넣어두었다. 그러나 한 해가 지난 뒤 우연히 책갈피 속에서 발견한 그 잎은 이미 누렇게 퇴색되고, 작년의 그 형형하게 빛나던 눈빛은 더 이상 찾아 볼 수 없게 변질된 모습으로 남겨져 있다. "몇 년이 더 지나고 나면 아마도 옛날의 그 빛깔은 내 기억 속에서도 사라져버릴 것이고, 나는 그것을 책 속에 끼워 넣어둔 이유조차도 알 수 없게 될 것"이다. 생명은 "어쩌면 아주 짧은 시간 동안만 서로 마주할 수 있을 뿐"이다.

모든 생명을 변질시키고 쇠락하게 하는 시간의 폭력과 함께 루쉰이 바라보는 것은 모든 것을 기억 속에서 사라져 버리게 만드는 망각이다. 「희미해진 핏자국 속에서」에서 이 시간과 망각의 폭력성은 다시 한 번 등장한다. 생의 처절함을 적당히 지워버리고 희생자의 처참한 피를 적당히 말려 희미한 피의 흔적으로만 남기는 망각의 폭력. 인류가 흘리는 피의 빛깔이 영원토록 선명하게 남아 있지 못하게 하며, 인류로 하여금 그 고통을 영원히 기억하지 못하게 하는 "조물주의 장난"을 루쉰은 통렬하게 비난한다. 이 조물주의 장난에 맞서, 반역의 용사는 "모든 고통을 기억하며, 첩첩히 쌓인 응어리 진 피를 똑바로 바라보면서" 시간과 그 시간을 타고 오는 망각에 저항하려 한다.

「연」은 "망각"의 폭력성과 그로 인한 '나'의 죄책이 가장 강렬하게 표현되어 있는 작품이다. 「연」에서 나는 땅에는 아직 눈이 쌓여 있고 거무죽죽한 헐벗은 나무 가지들이 사이사이에 끼어 있는 베이징의 맑은 하늘 위로 저 멀리 한 두 개의 연이 떠다니는, 낯선 땅에서의 겨울 풍경을 바라보며 경이와 비애에 젖어든다. 멀리 멀리 날아오르는 연은 고향의 연 날리던 시절, 이른 봄의 풍경에로 나의 정신을 이끌어간다. 낯선 땅 베이징의 한기 속에 홀로 서있던 나는 문득 고향의 춘 이월 출렁이는 연들이 있는 풍경 속으로 빠져 들어간다. 연을 따라, 봄의 아련한 기억을 좇아 출렁이며 고향의 과거로 옮겨간 나의 정신이 문득 멈추게 된 곳은, 어린 시절 동생에 대해 가한 무자비한 폭력의 상흔이 아프게 건드려진 자리이다.

어린 시절 병치레가 잦고 몸이 무척이나 여위었던 동생은 연날리기를 유난히도 좋아했다. 그러나 하늘로 날아오르는 연을 하루 종일 넋을 놓고 바라보고, 연을 따라 팔짝팔짝 이리저리로 뛰어다니다가 연이 떨어지면 놀라서 소리를 지르곤 하는 철없는 동생의 모습을 나는 달갑게 여기지 않는다. 어느 날 동생이 나의 눈을 피해 몰래 창고에 숨어 연을 만들고 있는 현장을 목격한 나는 동생이 만들던 연의 날개를 부러뜨리고 내동댕이쳐서 그것을 무참하게 짓밟아버린다. 애지중지하던 연이 짓밟혀 한 순간에 쓰레기로 변해 버린 참담한 상황 속에서 공포와 절망에 빠져 있었을 동생을 나는 그대로 버려둔 채 돌아온다. 그러나 이 사건은 오랜 시간이 지난 뒤 뼈아픈 회한으로 내게 되돌아온다.

> 내가 받아야 할 형벌이 마침내 차례가 되어 돌아왔다. (…중략…) 20년 동안 까맣게 잊고 있었던 어린 시절의 정신적 학살의 장면이 문득 눈앞에 펼쳐졌고, 그와 동시에 나의 마음은 마치 납덩이로 변한 것처럼, 너무나도 무겁게 아래로 떨어져 내려갔다. 그러나 그렇게 계속해서 아래로 떨어져 가면서도 그 끈은 끝내 끊어지지 않았다. 그것은 다만 점점 더 무겁게 아래로 가라앉아 갈 뿐이었다.[16]

어리고 연약한 정신에 대해 가한 "정신적 학살"이 몰고 오는 죄책의 무거운 짐을 나는 감당할 수 없다. 나는 내 존재의 자아긍정을 강렬하게 위협하는 이 죄책의 짐으로부터 벗어나게 해줄 보상과 만회의 방법들을 생각한다. 동생에게 연을 선물하고, 그와 함께 연을 날리며 웃고 떠들고 달리는 일이 가능하다면. 그러나 동생도 나처럼 이미 수염이 생겨버린 지금, 세월의 흐름 속에서 그 일은 이미 불가능한 일이 된 것이다. 그렇다면 남은 하나의 가능성은 동생에게 잘못을 고백하고 용서를 구하는 것뿐이다. 그 간절한 기대를 안고 동생을 만나 그의 얼굴에도 깊이 팬 주름을 무거운 마음으로 바라보며 옛이야기를 꺼낸다. 그러나 동생과의 만남은 나를 완전한 절망으로 몰아넣는다.

"그런 일이 있었나요?" 그는 마치 옆에서 하는 다른 사람의 이야기를 듣고

---

16) 魯迅, 앞의 책, 37~38면.

> 있기나 한 것처럼 놀랍다는 듯이 웃으며 말했다. 지금 그는 어느 것도 기억하지 못하고 있는 것이다.
>
> 완전히 잊혀졌는데, 아무런 원한도 남아 있지 않은데 그렇다면 또 무슨 용서를 이야기할 수 있겠는가? 원한 없는 용서란 거짓일 뿐이다.[17)]

동생과 나 사이에 놓인 세월의 거리 속에서 모든 것은 잊혀지고, 그 완전한 망각 속에서 나는 나의 마음을 무겁게 짓누르는 죄책으로부터 벗어날 방법을 찾을 수 없다. 망각 속에서 지워져 버리는 생의 기억들, 지워져 버렸기 때문에 다시는 되돌려 치유할 수도 없는 정신의 깊은 상처를 안은 채 나는 "뭐라고 말할 수 없는 슬픔[無可把握的悲哀]" 속으로 빠져 든다. 흔적도 없이 사라져 붙잡아 둘 수도 돌이킬 수도 없는, 그 해석할 수 없는 운명의 부조리 앞에서 느끼는 슬픔, 그 슬픔은 또한 엄동의 한기 속에서 출렁이는 따뜻한 봄의 꿈을 그리다가 모든 따뜻함의 가능성이 흔적도 없이 증발해버린 후 다시 잔혹한 현실로 되돌아온 정신이 문득 마주하게 된 슬픔이기도 하다. 에워싸는 슬픔을 피해 나는 차라리 다시 엄동의 혹독한 한기 속으로 숨어버리려 한다. 그러나 그 엄동의 한기는 나를 숨겨주지 않고, 오히려 사면은 여전히 엄동이며 매서운 추위와 냉기뿐임을 다시금 직시하도록 나의 정신을 일깨운다.

17) 魯迅, 앞의 책, 39면.

4. 『들풀』의 '떨림'과 깨어남

『들풀』을 루쉰의 다른 글들과 비교할 때, 가장 강렬하게 감지되는 것은 정신의 강렬한 '떨림'이다. 그것은 꿈꿀 때의 모든 충만함이 깨어남과 더불어 흔적도 없이 사라져버리는 해석할 수 없는 '무'의 경험에 사로잡힌 정신의 떨림이며, "호탕한 노래와 열광의 때에 한기를 맞고, 천상에서 심연을 보고, 모든 눈 속에서 아무 것도 없음을 보는" "한 떠도는 넋이" 존재의 자기 긍정을 근본적으로 위협하는 어두운 힘을 두렵게 바라보는 정신의 떨림이다.

이 떨림을 필자는 키에르케고르와 폴 틸리히의 불안에 대한 해석을 빌어 '무의 불안'과, '실존적 불안'으로 읽으면서, 근원적인 허무의식과 무의미, 소진과 고갈로서의 죽음, 부조리한 운명과 실존의 딜레마, 망각과 변질, 죄책의 주제 속에서 자기를 드러내고 있는 이 실존적 불안의 근저에 있는, 존재의 자기 긍정에 대한 위협에 관해 아울러 살펴보았다. 모든 존재를 무로 돌리는 죽음의 엄연한 현실, 운명의 부조리 앞에서 가차 없이 조롱되는 인간의 주체성, 해석할 수도 저항할 수도 없는 실존의 딜레마, 모든 의미와 가치들을 허무와 무의미로 해소하는 정신의 심연, 자기 역할에 대한 죄책과 자신에 대한 도덕적 절망 속에서 느끼는 강렬한 불안의 배후에 있는 것은 폴 틸리히의 지적처럼 존재의 자기 긍정에 대한 근본적이고 총체적인 위협일 것이다.

루쉰으로 하여금 자기 존재의 의미와 가치를 긍정하는 일에 근본적인 위협을 느끼면서 깊은 불안으로 빠져들어 가게 한 구체적인 계기는 무엇이었을까? 그것은 무엇보다도 초기에 루쉰이 가지고 있던, 근대주체 수립의 이상 속에서 강하게 견지되던, 인간 혹은 정신에 대한 믿음의 상실에서 찾아야 할 것 같다. 루쉰은 초기 글에서 개성과 자유, 정신과 주체로서의 인간에 대한 믿음과 이러한 믿음의 기초 위에서 문학의 힘에 대한 강력한 믿음을 피력한 바 있다. 그러나 인간과 문학에 대한 이러한 믿음은 루쉰이 「『외침』자서」에서 밝히고 있듯이 일본에서의 「신생(新生)」 발간 계획의 좌절 이후 더 이상 유지되지 못하게 된 것으로 보인다. 『외침』의 세계 안에서 인간은 더 이상 사회를 변화시키고, 이끄는 주체가 아니다. 인간은 보이지 않는 이데올로기의 그물 속에 갇힌 채, 조종되고 희생되는 가련한 존재들이며, 사회는 각성한 개인에 의해 변화되는 것이 아니라 도리어 견고한 구조 · 역사 · 문화 속에서 개인을 삼키는 압도적인 힘으로 나타난다. 「노라는 가출한 뒤 어떻게 되었는가[娜拉走後怎樣]」와 「죽음을 슬퍼하며」에서 루쉰은 그가 초기 글에서 힘주어 외치던, 인간 정신의 위대함을 보여주는 자유의 선택이 직면해야 하는 현실이 얼마나 초라하고 비참한 것인가를 보여주고 있다. 「혁명시대의 문학[革命時代的文學]」과 「꽃 없는 장미[無花的薔薇](2)」에서 루쉰은 또한 문학이 총칼 앞에서, 피 앞에서 얼마나 무력한 것인지를 이야기한다. 이 시기에 루쉰은 개성 · 자유 · 정신으로서의 인간에 대한 모든 믿음과 그것 위에 세워진 자신의 길에 대한 신념이 부정되고, 더 나아가 자기 자신의 존재 의미 자체에 대해서도 근본적인 회의와 부정을 경험하는 총체적인 정신적 위기를 맞게 되는 것이다.

삶을 종종 싸움이나 걸어감의 은유 속에서 이야기해온 루쉰이 서로 다른 시기에 언급한 다음의 내용 속에서, 삶과 생명을 바라보는 루쉰의 의식의 변화를 뚜렷하게 감지할 수 있다.

생명의 길은 진보의 길이다. 끊임없이 무한한 정신의 삼각형의 비탈길을 따라 올라간다. 어떠한 것도 그것을 저지할 수 없다. (…중략…) 생명은 뒤로 물러서지 않는다. 생명은 죽음을 두려워하지 않는다. 죽음의 면전에서 웃으면서 춤추면서 멸망한 인간을 딛고 넘어 전진한다.[18)]

—「생명의 길」, 1919

내가 젊었을 때 벌이나 파리가 한 곳에 멈춰 있다가 뭔가로 위협을 하면 당장 날아가지만 작은 원을 한 바퀴 돌고는 곧 다시 원래 자리로 돌아와 앉는 것을 보고, 정말 가소롭고 가련하다고 생각했었지. 지금 나 자신이 그렇게 날아서 단지 작은 원 한 바퀴를 돌고는 제자리로 되돌아오게 될 것이라고는 생각지도 못했네. 자네는 더 멀리 좀 날 수 없었나?

글쎄, 말하기 어렵네만. 아마도 작은 원 한 바퀴를 돈 것에 불과하겠지.[19)]

—「술집에서」, 1924.2

들풀은 뿌리가 깊지 않고 꽃잎도 아름답지 않다. 그러나 이슬을 빨아들이고, 물을 빨아들이고 죽은 사람의 피와 살을 빨아 들여, 저마다 자신의 생존을 다투어 취한다. (그러나) 그것이 살아 나갈 때는 다시 짓밟히게 되고, 베어지게 되리라. 마침내 죽고 썩게 되기까지.[20)]

—「제사」, 『들풀』, 1927.4.

---

18) 魯迅, 竹內好 역주, 한무희 역, 「隨感錄 抄 66」, 『魯迅文集』 III, 일월서각, 1987, 32면.
19) 魯迅, 『彷徨』(『魯迅全集』 2), 人民文學出版社, 1991, 27면
20) 魯迅, 『野草』, 앞의 책, 4면.

삶과 죽음에 대한 루쉰의 시선은 끊임없이 앞으로 전진 하는 생명에서 작은 원 한 바퀴를 돈 것에 불과한 것으로, 다시 "죽을 때까지 다시 짓밟히고 베어지게 될" 뿐인 것으로 점차 옮겨 간다. 인간과 정신의 힘에 대한 믿음을 상실하고, 마치 '검은 물감이 들어 있는 항아리'처럼 모든 새로운 시도들을 삼켜버리는 중국사회의 어두운 힘 앞에서 절망하면서, 이러한 회의와 절망이 인생의 길, 생명의 길에 대한 근본적인 회의와 불안으로 이어지고, 여기에 다시 지식인으로서의 무력감과 죄책감이 보태지면서 루쉰은 자기 긍정을 근본적으로 위협하는 강렬한 불안 속으로 빠져들게 된다. 사회에 대한 분노와 절망이, 존재와 삶 자체에 대한 분노와 절망으로 깊어진 자리에서 루쉰이 '공허'와 '암흑'으로 표현한, 삶 자체에 대한 근원적 회의와 허무의식, 자기 존재에 대한 깊은 불안이 생겨나게 된 것이다.

『들풀』은 죽음이라는 엄연한 현실 속에서 바라보는 생의 소멸, 해석할 수 없는 운명의 부조리, 근원적인 허무와 무의미의 기습적인 포위, 계몽적 지식인으로서의 자기 존재를 더 이상 긍정할 수 없게 만드는 죄책의 무거운 짐, 그 모든 것들 속에서 자기존재를 긍정할 수 있는 힘을 상실해버린 루쉰의 정신이 깊이 빠져 들어간 근원적인 불안의 모습을 보여주고 있다. 루쉰의 정신이 죽음과 운명, 허무와 무의미 그리고 죄책의 실존적 불안 속에서 선택하는 길은 사회적 역할에로의 복귀이다. 『들풀』의 마지막 두 작품인 「희미한 핏자국 속에서」와 「한잠」에서, 그리고 이와 비슷한 시기에 쓰여 진 「꽃 없는 장미(2)」와 「리우허전 군을 기념하여[記念劉和珍君]」에서 루쉰이 긴 꿈에서 자신을 일으켜, 청년들과 함께하는 현실 속으로 돌아가려는 결단이 발견된다. 많은 젊은 제자들이 피를 흘린 3·18 사건이 가져다 준 충격과 정신적 고통 속에서 루쉰은 "이제는 꽃 없는 장미 따위를 쓰고 있을 때가 아니다", "망각이라는 이름의 구원자가 이윽고 강림하여" 모든 핏자국을 희미하게 사라지게 하기 전에, "이제야 말로 무언가를 써야 한다"고 거듭 다짐한다. 그러나 그렇게 다짐하며 꿈에서 현실로 자신의 정신을 불러일으키는 루쉰을 감싸고 있는 것은 여전히 몽롱한 피로이고 흐릿한 어둠이다.

『들풀』의 세계를 덮고 있는 강렬한 정신의 떨림과 그 배후에 있는 루쉰 정신의 근원적 체험을 '무의 불안'과 '실존적 불안'의 개념을 통해 읽어내고자 했던 이 글이 필자가 앞서 발표한 「루쉰과 『들풀』의 세계—근대지식인의 실존과 허무와의 항전」과 함께, 20세기 실존주의 문학의 보편적 문맥 속에서 『들풀』의 정신적 본질을 보다 더 구체적이고 총체적으로 조명하는 의미 있는 시도의 하나로 읽혀질 수 있기를 기대하며 글을 맺는다.

II. 위화[余華]의 소설과 삶을 바라보는 시선의 균형

1990년대 위화[余華] 소설의 휴머니즘과 미학

위화[余華]의 『형제(兄弟)』와 '두 공간'의 공존

서문

위화는 당대 중국을 대표하는 휴머니즘 작가 중의 하나이다. 1990년 이후에 발표된 위화의 장편 소설들은 한편으로는 대중적인 재미와 감동을, 다른 한편으로는 좋은 문학이 전해주는 통찰과 힘을 동시에 전해준다.

여기에 실린 두 편의 글은 각각 『가랑비 속의 외침』에서 『살아간다는 것』, 『허삼관 매혈기』로 이어지는 위화의 90년대 장편소설과, 이후 10년 만에 발표하여 문단의 화재가 되었던 『형제』에 대한 해석을 통해 위화의 문학이 보여주는 당대 중국에서의 인간과 삶에 대한 통찰을 조명한 것이다. 위화의 90년대 장편 소설을 관통하는 문학적 통찰의 핵심은 인간과 삶을 바라보는 시선의 균형에 있다. 이 시선의 균형은 위화의 표현을 빌면 그의 문학이 현실과의 오랜 갈등 끝에 찾아낸 '부드럽고 따뜻한 길'이다. 위화는 자신의 문학이 이 '길'을 통해 '모든 것을 이해하고 난 뒤의 초연함'과 '고상함'의 진리를 드러낼 수 있기를 희망한다고 말했다.

위화의 장편소설에 관한 두 편의 글에서 필자는 이러한 시선의 균형과 '고상함'이 드러나는 구체적인 모습과 그 의미를 밝혀보고자 했다. 『가랑비 속의 외침』에서 삶을 바라보는 시선의 균형은 기억하는 존재로서의 인간에 대한 발견을 통해 드러난다. 위화는 삶의 너저분함과 존재의 초라함을 넘어서는 인간 정신의 신비를, 기억하는 존재로서의 인간에게서 찾는다. 『살아간다는 것』에서 위화는 삶의 아픔과 모진 고통을 겪고도 그것을 관조적 거리 속에서 낙관적으로 재구성해내는, 이야기하는 존재로서의 인간에 주목한다. 이 관조와 낙관이 파란만장한 비극적 삶에 균형을 제공한다. 『허삼관 매혈기』는 인간과 삶에 대한 위화의 문학적 탐색이 도달한 깊이와 높이를 보여주는 작품이다. 위화는 허삼관의 '자라노릇'과 매혈의 여로를 통해 '자기에게 묶인 존재'로서의 평범한 인간이 타인의 짐을 기꺼이 자신의 짐으로 짊어지는 대속의 주체로 우뚝 서는 '초월'의 '고상함'을 그려내고 있다.

『형제』에서도 그 시선의 균형은 여전히 위화 문학의 중심축으로 존재한다. 위화가 『형제』의 전면에서 드러내고 있는 것은 파괴와 폭력, 광기와 소음으로 채워진 광포한 대낮의 공간이지만 그 다른 한편에서 위화가 숨긴 듯이 감추어 드러내고 있는 공간은 고요와 온기와 대자연의 광활함이 살아있는 내밀한 정신적 공간이다. 이 내밀하게 존재하는 정신의 작은 공간이 기대하고 입도적인 폭력적 공간 안에 균열을 만들어 낸다. 『형제』에서 위화의 '문학의 눈'은 참혹한 인간 현실의 어두운 바닥을 샅샅이 살펴보면서 동시에 광활한 대자연과 드높은 창공을 함께 바라본다. 현실 안에서 초월을 꿈꾸는 것이다.

1990년대 위화[余華] 소설의 휴머니즘과 미학

『가랑비속의 외침[在細雨中呼喚]』, 『살아간다는 것[活著]』, 『허삼관매혈기[許三官賣血記]』에 관하여

1. 머리말

위화의 90년대 장편소설은 좋은 문학작품이 주는 위로와 힘을 동시에 제공해준다. 재미와 감동을 함께 전하면서 그 속에서 삶에 대한 통찰과 삶을 관조할 수 있는 정신의 여유, 그리고 삶이 도달할 수 있는 '고상함'의 가능성을 느끼게 해주는 것이다. 『가랑비 속의 외침』에서 시작되는 위화의 90년대 소설들을 읽으면서 우리는 위화 소설의 새로운 출발점이 삶에 대한 깊은 공감과 연민임을 확인할 수 있다. 공감과 연민에서 출발하는 위화 소설이 궁극적으로 드러내고자하는 것은 고상함과 초월의 진리이다. 위화의 소설은 이것을 '눈물의 넉넉함'과 '절망이 존재하지 않음', '살아간다는 것의 힘'과 '운명과의 우정' 등을 통해 보여준다.

이 글에서는 『가랑비 속의 외침[在細雨中呼喚]』(이하 『가랑비』로 약칭)에서

『살아간다는 것[活著]』, 『허삼관 매혈기[許三官賣血記]』(이하 『허삼관』으로 약칭)로 이어지는 일련의 장편소설들, 그 중에서도 특히 위화의 새로운 문학적 탐색의 결정이라 할 『허삼관』을 통해 위화의 '문학의 눈'[1]이 보아내고 있는 인간과 삶의 구체적인 모습은 어떠한 것이며, 그의 인간과 삶에 대한 문학적 탐색이 일구어 내는 문학적 진실은 무엇인가, 위화 소설의 미적 감동은 어디에서 오는 것인가, 위화 소설이 가지는 당대적 의미는 무엇인가에 대해 살펴보고자한다.

2. 『가랑비 속의 외침』—존재에의 연민, 시간과 기억

위화의 90년대 소설이 이전 소설과의 관계에서 보여주는 근본적인 전환은 위화 자신의 고백처럼 작가가 자기소설 속의 인물들을 새롭게 만나게 된 데서 시작한다. 작가는 이전처럼 소설 속의 인물들을 지배하고 명령하는 자리에 서지 않고, "점점 더 그들의 삶 속으로 깊이 들어가" "그들

1) 위화가 말하는 '문학의 눈'이란 "곡절 많은 사건들과 깜짝 놀랄만한 기막힌 현실 속에서 더 깊고 지속적인 어떤 것을 볼 수 있게 하는 것"이다. 『許三官賣血記』의 「英文版 自序」(2002)에서 위화는 피를 파는 것에 얽힌 두 가지 사연을 소개하면서, '문학의 눈'에 대한 설명을 덧붙인다. 그 사연은 궁벽한 산골마을에서 평생 피를 팔아 도시로 나간 아들을 뒷바라지하던 아버지가, 어느 날 문득 종적을 감추어버리고 더 이상 전화도 통하지 않게 된 아들에게, 아무도 받지 않는 전화를 걸기 위해 매일처럼 세 시간이나 걸리는 먼 길을 가서 전화를 걸었다는 이야기와 사천(四川)의 한 농민이 30년 동안이나 피를 팔아 살다가 에이즈에 감염되자 세 번씩이나 수의를 입고 대나무 침대 위에 누웠다가 네 번째는 마침내 다시 일어나지 못했다는 이야기이다. 위화는 이런 이야기 속에서 '문학의 눈'은 바로 매번 세 시간 이상을 걸어가서 존재하지 않는 전화번호를 돌리는 아버지와 세 번씩이나 수의를 입고 누웠던 농민을 바라보는 것이며, 그것 때문에 축축하게 젖는 것이라고 말한다.

요컨대 위화가 말하는 '문학의 눈'이란 시간 속에서 사라지고 흩어지는 삶의 표면을 넘어서서 변함없이 그 밑을 흐르는 어떤 것을 보아내는 통찰과 또한 그러한 삶을 그렁그렁한 눈물 속에서 보아낼 수 있는 깊은 공감과 연민의 눈을 말하는 것으로 생각된다.

의 내면의 소리와 탄식과 함성, 울음과 미소를" 들으며, 그들이 마땅히 얻어야만 하는 권리를 새롭게 이해하게 된다.[2] 위화 소설의 새로운 출발점인 삶에 대한 깊은 공감과 연민은 바로 이러한 만남에서 비롯된다. 이 만남을 통해 위화는 80년대 작품들에서 보여주던 긴장과 갈등, 저항과 대립의 좁고 긴 터널을 벗어나 마침내 밝은 출구에서 인간에 대한 탐색을 새롭게 시작할 수 있게 되어주는 것이다.

위화 문학의 새로운 세계를 여는 첫 장편인 『가랑비』에는 이후 『살아간다는 것』, 『허삼관』으로 이어지는 문학적 탐구에서 지속적으로 중심에 놓이게 되는, 인간의 실존에 관한 몇 가지 중심 주제들이 내포되어 있다. 그것은 곧 '자기에게 묶인 존재',[3] 시간을 사는 존재, 기억하는 존재로서의 인간의 상황이다. 살펴보면 『가랑비』 속에서 인물들은 저마다 자신에게 갇혀 있고 자신에게 짓눌려 있다. 그들은 모두 자신의 기질과 환경과 생존의 책임 속에 갇힌 채 안간힘으로 발버둥치지만 어느 누구도 서로의 간절한 부름에 대한 응답이 되지 못한다.[4] 『가랑비』의 첫 장은 이런 '자기에게 묶인 존재'로서의 인간 실존을 강렬하게 환기시키는 메타포로 시작된다.

---

2) 余華, 「中文版自序」, 『在細雨中呼喚』, 上海 : 上海文藝出版社, 2004.

3) '자기에게 묶인 존재'란 개념은 필자가 엠마누엘 레비나스의 『시간과 타자』에서 빌려온 것이다. 레비나스는 주체의 성립을 익명의 존재 속에서 존재자가 출현하는 사건으로 설명하며, 이 존재자의 출현을 '홀로서기'라 부른다. '홀로서기'는 존재의 익명성에 대해 말한다면 그것에 대해 지배권을 확립하고 존재의 주인이 되는 일종의 독립이고 자유이다. 그러나 홀로 선 존재자는 홀로 섬과 동시에 자기에게 몰두하는 자기 동일성에 갇히게 된다. 홀로 선 존재자가 자기 동일성에 갇히고, 자기생존에 대한 책임으로 인해 짓눌리는 상황을 레비나스는 '존재의 물질성'과 '자기에게 얽매임'으로 설명한다. (엠마누엘 레비나스, 강영안 역, 『시간과 타자』, 서울 : 문예출판사, 2001, 46~55면) 필자는 레비나스의 '자기에게 얽매임'이라는 개념을 『가랑비』에 나타난 인간의 존재조건을 설명하는데 사용하였다.

4) 졸고, 「위화[余華] 소설에서의 시간, 죽음, 기억에 관하여—『가랑비 속의 외침[在細雨中呼喚]을 중심으로」, 『인문과학논총』, 성결대, 2005 참조.

1965년 한 아이가 어두운 밤에 대해 느끼는 형용할 수 없는 공포가 시작된다. 나는 그날의 가랑비가 흩날리던 저녁을 회상한다. (…중략…) 한 여인이 흐느끼듯이 누군가를 부르는 소리가 멀리서 전해져 온다. 목이 잠긴 목소리가 더할 나위 없이 고요하던 어두운 밤 속에서 갑자기 울려 퍼지고, 그것이 지금 어린 시절의 나를 회상하는 나를 심한 전율에 떨게 한다.

나는 자신을 본다. 한 놀란 아이가 공포의 눈을 부릅뜨고 있다. 그의 얼굴은 어둠 속에서 흐릿하여 알아볼 수가 없다. 그 여인의 부르는 소리는 오래도록 계속되었다. 나는 너무나 절박하고 두려운 마음으로 또 다른 소리가 나타나기를 기다렸다. 또 다른 소리가 나타나서 그녀의 부름에 응답해주고, 그녀의 울음소리를 그치게 해 줄 수 있기를, 그러나 그런 소리는 나타나지 않았다. 지금 나는 당시 내가 두려움에 떨었던 이유를 알 수 있다. 그것은 바로 내가 끝내 그 부름에 대답하는 소리를 들을 수 없었기 때문이다. 고독하고 의지할 데 없는 함성보다 더 사람을 전율하게 하는 것은 없다. 비 내리는 광활한 어두운 밤에.[5)]

가랑비 내리는 광활한 어두운 밤에 '홀로 누군가를 부르는 고독하고 의지할 데 없는 외침[孤獨的無依無靠的呼喚聲]'. 『가랑비』의 첫 장에서 모든 것을 적당히 삼켜버리고 모든 것들의 윤곽을 적당히 지우면서 대기를 무겁게 가라앉히는 가랑비는 인물들의 삶을 에워싸고 있는 무겁고 음습한 삶의 조건을 환기시킨다. 흐느끼듯 간절히 누군가를 부르지만 끝내 대답을 얻지 못하는 여인의 처지는 『가랑비』의 이야기 안에서 펼쳐지는, 자기에게 묶인 존재로서의 인물들의 공통된 운명이다.

자기에게 묶인 존재로서의 인간 상황이 첫 장의 암시를 통해 작품 전체

5) 余華, 『在細雨中呼喚』, 2~3면.

를 어우르는 아우라를 형성해내고 있다면, 시간을 사는 존재로서의 인간의 삶은 『가랑비』에서 보다 직접적으로 드러나 있는 주제이다. 『가랑비』에서 어린 동생의 죽음을 회상하는 '나'는 "우리는 결코 대지 위에서 살아가는 것이 아니다, 사실은 시간 속에서 살아가는 것이다. (…중략…) 시간은 우리를 앞으로 혹은 뒤로 밀어가며 우리의 모양을 변화시킨다"[6] 라고 말한다. 『가랑비』에서 인간은 어떤 공간에 붙박고 사는 존재가 아니라 시간의 흐름 속에서 끊임없이 앞으로 떠밀려가면서, 그 물리적 · 경험적 시간의 절대적 규정 속에서 빚어지고 파괴되고 소멸되는 존재로 그려진다. 시간에 떠밀려가면서 애초에 주어져 있던 생명의 빛나는 재화들을 하나씩 잃어가며, 보이지 않는 시간이 만들어내는 무참한 파괴와 상실을 무방비로 겪다가, 어느 순간 문득 다가온 시간의 문턱을 넘어서면서 마침내 그 시간의 흐름 밖으로 벗어져 나가게 되는 것이 『가랑비』가 보여주고 있는, 탄생에서 죽음까지의 삶의 모습이다.

시간 속에서 풍화되어 가면서 모든 혈기와 꿈과 아름다움을 잃어가는 인간의 모습을 가장 선명하게 보여주는 것은 형 손광평(孫光平)과 동네 처녀 풍옥청(馮玉青)의 삶이다. 난봉꾼인 아버지 손광재(孫廣才)의 지지와 후원 하에 어린 시절엔 누구보다 당당하고 오만하게 골목대장 노릇을 했던 형 손광평은 철이 들어가면서 점차 도시 아이들과 자신의 처지를 비교하게 되고, 우연히 바라보게 된 "주름이 가득한 얼굴에 온몸이 흙투성이인 채 피로에 지친 모습으로 논두렁에 서 있는 노인의 모습" 속에서 자기 앞에 서있는, 자신의 '움직일 수 없는 최후의 모습'을 발견하고는 공허와 절망에 빠져들게 된다. 또한 어린 시절 눈부신 미모와 풍만한 육체의 아름

6) 余華, 앞의 책, 31면.

다움으로 동네 총각들과 '나'의 선망을 한 몸에 받았던 풍옥청을 십여 년이 지난 후 우연히 다시 만나게 되었을 때, 그녀의 모습에 새겨진 엄청난 변화 속에서 '나'는 "시간의 잔혹함 속에서 처참하게 시들어 버린 아름다움"을 목격한다.

그러나 『가랑비』에서 위화가 그려내는 인간의 모습이 이렇게 물리적이고 경험적인 시간 속에서 파괴되고 소멸되어 가는 존재인 것만은 아니다. 『가랑비』는 한편으로 인간이 물리적 경험의 차원에서는 시간의 규정에서 벗어날 수 없는 무력한 존재지만, 다른 한편에서는 그런 시간의 규정을 훌쩍 뛰어넘는 다른 차원의 시간을 살아가는 존재라는 것을 보여준다. 그 시간은 내적이고 정신적인 시간이며, 그런 시간의 경험을 가능하게 하는 것은 기억이다.[7] 『가랑비』에서 위화의 '문학의 눈'이 바라보는 인간의 또 다른 모습은 기억하는 존재, 기억을 통해 물리적 삶의 한계를 넘어서서 살아가는 존재이다.

『가랑비』에서 할아버지 손유원(孫有元)과 나 손광림(孫光林)은 기억이 창조해내는 내적인 시간경험을 통해 현실에서의 상처를 치유 받고 그 속에서 정신의 쉼을 얻는다. 젊었을 때는 누구보다도 당당하고 혈기왕성했던 할아버지가 만년에는 난폭한 아들 손광재에게 아무짝에도 쓸모없는 애물단지로 취급을 받으며 온갖 구박 속에서 근근이 목숨을 유지하며 살아갈 때, 기억은 그가 현실에서 겪는 온갖 박대와 조롱의 시간을 뒤로 하

7) 인간을 근본적으로 '시간을 사는 존재', 시간 속에서 모든 것들이 잊혀지고 사라지는 상실과 허무를 겪을 수밖에 없는 존재로 바라보면서, 다른 한편으로는 그러한 상실과 허무가 기억을 통해 치유되고, 잃어버린 시간들이 기억을 통해 되찾아질 수 있다고 보는 관점은 마르셀 프루스트의 『잃어버린 시간을 찾아서』와 상통한다. 『가랑비』의 한국어판 서문에서 위화는 기억이 삶에 부여하는 '생기(生氣)'에 관해 이야기하면서 프루스트 작품의 한 장면을 소개한 바 있다.

고 홀로 미소 지을 수 있는 내밀한 공간을 형성해낸다. 할아버지와 마찬가지로 집안에서 구박덩어리로 살면서 가족에게도 마을 사람들에게도 인정받지 못하고 늘 홀로 떠도는 존재인 내게도 기억은 삶의 한기와 공허를 채워주는 또 다른 공간이 된다. 유일한 친구였던 소우(蘇宇)가 일찍 세상을 떠나고 난 뒤 그 빈자리를 어루만지며 상실의 아픔을 달래주는 것도, 내 안에 뚜렷하게 남아 늘 나와 함께 존재하는 소우와의 기억이다. 물리적으로 경험하는 현실 속에서 소우는 더 이상 존재하지 않지만 기억 속에서 되살아나는 순간 소우는 늘 나와 함께 있다. 『가랑비』에서 기억은 인물들이 물리적 현실의 한복판에서 겪는 상실로부터 비켜설 수 있게 해주는 정신의 피난처가 된다.

『가랑비』에서 기억은 또한 묻혀 있던 과거를 현재 속에서 다시 생생하게 되살아나게 하는 '과거의 기표'이기도 하다. 주인공인 '나'는 고향을 떠난 지 십여 년이 흐른 후, 어두운 밤에 문득 다시 고향의 남문(南門)으로 돌아와 지난 날 소우와의 추억이 짙게 드리워 있는, 그러나 이제는 공장터가 되어 과거의 모습은 흔적도 없이 사라져버린 남문의 연못 앞에 선다. 이미 사라져버린 옛 연못 터를 망연히 바라보던 내 앞에서 문득 너무나 또렷하게 되살아나 펼쳐지는 옛 연못의 정경은 내 안에 남아 있던 연못의 존재를 단번에 환기시키며, 과거라는 것이 사라지지 않고 현재 속에 영원히 살아있는 것임을 깨닫게 한다.

> 비록 모든 것이 완전히 달라졌지만 나는 과거 집이 있던 자리와 연못의 위치를 정확하게 판단해낼 수 있었다. 내가 그곳으로 갔을 때, 나도 모르게 가슴이 뛰었고, 달빛은 나로 하여금 과거의 그 연못이 여전히 존재하고 있다는 것을 볼

수 있게 해주었다. 연못의 돌연한 출현은 나로 하여금 또 다른 감정의 습격에 직면하게 했다. 기억 속의 연못은 언제나 내게 따뜻한 위로를 주었는데, 이번에 정말로 나타난 연못은 오히려 내 과거의 현실을 환기시켜주었다. 물 위에서 떠다니는 더러운 것들을 보면서 나는 연못이 결코 나를 위로하기 위해 존재하는 것이 아니라는 것, 더 정확히 말하면 그것은 과거의 기표로서 내 기억 속에서 사라지지 않았을 뿐만 아니라, 언제나 나를 일깨우기 위해 여전히 남문의 땅 위에서 굳건하게 지키고 서 있다는 것을 깨달았다.[8)]

과거의 어떤 순간들은 "소멸되거나 상실되는 것이 아니라, 우리 안에 숨어 있다가 갑작스런 빛에 의해 조명되는 것이고", "그것이 자연스럽게 의식에 떠올랐다는 사실은 그것의 진실성의 증거가 된다."[9)] 기억은 모든 흘러가버리는 것들, 유한하고 순간적인 것들을 온전히 보존하고 복원하여 영원히 현재 속에서 함께 살아갈 수 있게 하는 위대한 정신의 능력으로 나타난다.[10)] 이 위대한 정신의 능력을 경험하고 난 뒤, 이제 『가랑

---

8) 余華, 앞의 책, 20면.

9) 오영환, 『화이트헤드와 인간의 시간경험』, 서울 : 통나무, 1997, 72면.

10) 이 '남문'의 삽화는 프루스트의 『잃어버린 시간을 찾아서』에서 아득한 과거 속으로 사라져버린 줄 알았던 방울 소리가 돌연 옛날의 그 방울 소리인 채로 생생하게 되살아나는 것을 묘사하는 다음 대목과 무척 유사하다.

"내가 내 작품 속에서 두드러지게 나타내고자 한 것은 (…중략…) 우리에게서 분리되지 않은 지나간 세월의 관념이었다. (…중략…) 그 소리를 나는 다시 들었다. 아득히 먼 과거에 있었던 소리건만 나는 옛 소리 그대로 들었다. (…중략…) 지금도 내 마음에 울리는 것이 틀림없는 그 작은 방울이라는 생각을 하자, 나는 등골이 오싹했다. (…중략…) 그 방울 소리를 좀 더 가까이 들으려면, 나는 나 자신 가운데로 다시 내려가야만 했다. (…중략…) 그 방울 소리는 언제나 내 가운데 있었고, 또한 그 방울 소리와 현재의 순간 사이에는, 내가 짊어지고 다니는 줄도 몰랐던 무한히 펼쳐져 온 과거가 있었던 것이다. (…중략…) 그 아득한 순간은 여전히 나 자신과 단단히 연결되어 내 가운데로 깊이 내려가기만 하면, 아직도 그리로 되돌아갈 수 있었던 것이다." (마르셀 프루스트, 김창석 역, 「제7편 되찾은 시간」, 『잃어버린 시간을 찾아서』, 국일미디어, 2005, 732~733면)

비』의 첫 장에서 흐느끼듯이 애처롭게 울리던 가랑비 속의 외침은 점점 거세지는 빗속에서도 꺼지지 않고 더욱 힘차게 타오르는 세찬 불의 외침으로 바뀌어져 나타난다.

> 그때 빗방울이 떨어지기 시작했고, 나는 서둘러 앞으로 달려갔다. 나는 먼 곳에서 갑자기 불꽃이 일어나는 것을 보았다. 갈수록 거세지는 빗방울과 그 불꽃은 한데 뒤섞였지만 타오르는 불은 꺼지지 않았을 뿐만 아니라 오히려 점점 더 거세어졌다. 그것은 마치 가로막을 수 없는 함성이 빗속에서 솟아 나와 활활 타오르는 것 같았다.[11)]

『가랑비』의 이 마지막 장면은 작품의 첫 장과 시간적으로 맞물려 있다. 1장에서 나의 회상이 시작되었던 곳이 바로 마지막 장에서 나의 회상이 끝나는 자리이다. 시작과 끝이 맞물린 고리 구조가 나타내주는 것은 물리적 · 계량적 차원이 아니라 정신적 · 실존적 차원의 시간 경험이다. 『가랑비』는 시간에 묶인 존재에 대한 뼈아픈 기억 속에서 출발하지만, 회상의 긴 과정을 통과한 후에 그 회상의 과정이 가져다 준 치유와 조화

프루스트의 『잃어버린 시간을 찾아서』는 베르그송 철학을 문학화한 것이라고 불릴 만큼 베르그송의 철학적 관점을 그대로 반영하고 있는 작품이다. 『가랑비』에서 나타나는 시간과 기억에 관한 위화의 관점 역시 프루스트의 작품만큼 이나 베르그송의 시간, 기억, 직관에 관한 이론과 기본적으로 상통하는 관점을 보여주고 있다. 기억을 통해, 지나가버린 과거가 사라지지 않고 내 안에 영원히 존재하는 현실로 살아있음을 말하는 '남문'의 삽화는, 정신의 '유기적 전체성'을 이야기하면서 흘러가버린 것처럼 보이는 모든 과거가 사실은 언제나 현재와 함께 있으면서 어느 것 하나 사라지지 않고 현재에 끊임없는 울림을 보내고 있는 것이라는 베르그송의 관점과 일치한다. (김형효, 『베르그송의 철학』, 민음사, 1995, 51면)

11) 余華, 앞의 책, 294면.

의 힘을 경험하면서 마침내 도달한 자리는 삶 자체에 대한 힘찬 긍정이다. 이 사실은 위의 마지막 장면을 첫 장면과의 비교 속에서 바라 볼 때 더욱 선명하게 드러난다. 『가랑비』의 첫 장에서 '가랑비 속의 외침'은 칠흑같이 어두운 밤에 의지할 데 없는 고독한 영혼이 홀로 흐느낌처럼 외치는 함성이며, 그 함성은 누구의 응답도 얻지 못하는 처절하게 고독한 존재의 탄식 같은 외침이었다. 그러나 그 모든 삶을 기억 속에서 다시 한 번 살고 난 후, '나'는 그 외침을 더 이상 힘없이 스러지는 고독한 존재의 흐느낌 같은 외침이 아니라 점점 더 거세지는 비바람 속에서도 더욱 더 커져 막을 수 없는 불꽃같은 함성으로 경험하게 되는 것이다. 가랑비의 이 마지막 장면은 자기에게 갇힌 인간, 물리적인 시간에 묶인 인간이 삶의 조건 속에서 경험하는 어쩔 수 없음에도 불구하고, 정신의 위대한 능력인 기억을 통해 맛보는 자기 구원의 환희와 감격을 표현해내고 있다.

3. 『**살아간다는 것**』—이야기, 허허로운 낙관의 노래

기억하는 존재로서의 인간에 대한 『가랑비』에서의 탐구는 『살아간다는 것』에 이르면 이야기하는 존재, 드넓은 생명의 세계 안에서 살아가는 존재로서의 인간에 대한 발견으로 이어진다. 『살아간다는 것』의 주인공 복귀(福貴)는 온갖 세상 풍파 안에서도 그러한 창조적 자유와 내적 기쁨을 향유하는 기억하는 존재의 모습을 보다 적극적으로 보여주고 있다. 『가랑비』에서 혈기롭던 젊은 시절을 뒤로 하고 초라한 만년을 보내는 손유원에게 기억한다는 것은 그의 고단한 삶이 누리는 일시적인 위로와 휴식에 불과했지만, 『살아간다는 것』에서 복귀에게 기억한다는 것은 이야기로 새롭게 엮어진 삶을 다시 한 번 살 수 있는 것이 된다.

『살아간다는 것』에서 복귀는 민요채집가인 내가 만났던 숱한 사람들 중에서 유일하게 "자신의 지난 온 삶을 환히 꿰뚫어 알고, 자기가 젊었을 때 걸어온 길의 모습을 확실하게 알고 있으며, 자신이 어떻게 늙어왔는지를 분명하게 알면서 그것을 너무나 잘 말할 수 있는 사람"이다. 지나온 삶을 낱낱이 기억하면서 그것을 "다른 시간의 순서로 짜여 진 또 하나의 삶"으로 바꾸어 내고 그 창조적 거리 속에서 다시 한 번 삶을 살아볼 수 있는 복귀는 그가 걸어온 파란만장한 삶의 과정들을 시종 너털웃음으로 전할 수 있다. 지나 온 현실 속에서는 산전수전을 다 겪었지만 그럼에도 불구하고 기억이라는 정신의 보금자리 안에 있는 복귀는 행복한 존재인 것이다. 젊은 시절 철모르는 도련님으로 살다가 도박으로 어이없이 가산을 다 탕진하고 길거리에 거렁뱅이로 나앉았을 때를 기억하면서도, 영문도 모르는 전쟁터로 끌려 가 죽을 고비를 넘기고, 가난하고 척박한 시절을 겪으며 자식 둘을 모두 어이없이 잃게 되는 처참한 비극을 겪고 난 뒤에도 이야기 속에서 복귀가 누리는 행복은 사라지지 않는다.

복귀가 삶의 과정에서 겪은 상실과 아픔을 전적으로 수용하고 긍정할 수 있는 것은 앞서 말한 것처럼 복귀가 기억을 통해 사는 또 하나의 삶, '이야기의 신기함'으로 구축된 자신만의 영역을 살 수 있는 존재이기 때문이다. 복귀는 광활한 정신의 세계 속에서 물리적 현실 속에서 잃어버린 것들을 어느 것 하나도 잃지 않고 살아갈 수 있다. 기억은 『살아간다는 것』에서도 물리적 현실이 가져다 준 상실을 넘어서고, 순간성과 유한함을 넘어서는 정신의 위대한 힘으로 그려져 있다.

기억 속에서 누리는 삶의 풍요 외에, 『살아간다는 것』에서 또 한 가지 부각되어 그려지고 있는 것은 복귀가 자기 삶의 상처와 상실의 아픔을 통해 더 넓은 생명의 세계로 나아가고 있다는 점이다. 복귀의 만년의 모습은 삶에 대한 허허로움과 더불어 생명에 대한 깊은 사랑을 보여주고 있다. 삶의 모든 재화들을 잃고 홀로 남겨진 노년의 복귀는 마찬가지로 모든 것을 잃고 강제로 도살장으로 끌려가게 된 늙은 소에게 깊은 연민을 느낀다. 다른 사람의 눈에는 이제 쓸모없는 고깃덩어리로 밖에는 보이지 않는 늙은 소의 모습이 복귀에게는 죽을 운명 앞에서 눈물을 흘리는 가련한 얼굴로 압도해온다. 그 '얼굴의 호소'를 애써 뿌리치려 하지만 복귀는 결국 가진 돈을 모두 털어 소를 사고 주변의 조롱에도 불구하고 그 소를 가족 삼아 함께 지낸다. 복귀의 이런 모습은 그가 가혹한 상실로 점철된 자기 삶의 과정을 통해 생명에 대한 더 깊은 연민에로 나아가게 되었음을 말해준다. 자신의 이름과 먼저 세상을 떠난 가족들의 이름을 늙은 소에게 하나하나 붙여 부르며 소와 대화를 주고받는 복귀의 모습은 복귀의 정신이 경계를 초월한, 광활한 생명의 세계 속에서 살아가고 있음을 느끼게 해준다.

만년의 복귀가 햇살 가득한 나무 아래 앉아 넘치는 웃음과 일렁이는 기쁨으로 자신의 삶을 이야기로 풀어낼 때, 그 모습은 자기 몫으로 부여된 삶의 모든 시간들을 통과하고 난 뒤, 그 시간이 만들어낸 "탄생과 죽음, 행복과 고통, 고요함과 떠들썩함, 기억과 느낌, 이해와 상상, 그리고 이야기의 신기함"[12] 속에서, 복귀와 자연 사이의 경계가 이제는 더 이상 존재

12) "我相信是時間創造了誕生和死亡, 創造了幸福和痛苦, 創造了平靜和動蕩, 創造了記憶和'感受, 創造了理解和想象, 最後創造了故事和神奇。" (余華, 「日文版自序」, 『活著』, 上海文藝出版社,

하지 않게 되었음을 보여주는 듯하다.

> 쏟아져 내리는 햇살 속에서 노인의 새카만 얼굴은 웃음으로 생기가 넘쳤고, 얼굴의 주름은 기쁨으로 일렁거렸다. 주름 속에 가득 찬 진흙은 마치 들판 사이에 가득 펼쳐진 작은 이랑들 같았다.[13]

처음 나에게 이야기를 들려주기 시작할 때의 복귀의 이러한 모습은, 이야기를 모두 마치고 엉덩이에 붙은 먼지들을 툴툴 털어내며, 다시 소와 함께 집으로 돌아가는 복귀의 마지막 모습과 고요하게 조응하면서, 마치 복귀가 풀어내는 한편의 인생 이야기가 끝나면서 삶이라는 무대의 막도 내리고, 살아온 모든 시간들이 저녁 무렵 농가의 굴뚝 위로 피어오르는 안개처럼 공기 속에서 사방으로 흩어지는 노을처럼 서서히 검은 밤을 부르는 대지의 저편으로 사라져 가는 모습을 눈앞에 펼쳐놓는 듯하다.

> 노인과 소는 천천히 멀어져간다. 나는 사람을 감동시키는 노인의 거칠게 쉰 목소리가 멀리서 전해져 오는 것을 듣는다. 그의 노래는 광활한 저녁 무렵 바람처럼 나부낀다. (…중략…)
>
> 밥 짓는 연기가 농가의 굴뚝 위로 아물아물 피어올라, 노을빛이 사방으로 비추는 공기 속에서 흩어져버린다. 여인이 아이를 부르는 소리가 간간히 들리고, 한 남자가 똥통을 메고 줄곧 멜대가 삐걱거리는 소리를 내며 내 앞으로 지나간다. 천천히 온 들판이 고요 속으로 들어가고, 사방은 희미해지고, 석양빛

2004, 6~7면)

13) 위의 책, 6면.

은 점점 사라져간다.

나는 황혼이 바야흐로 막 사라져버리고 나면 검은 밤이 하늘에서 내려오리라는 걸 안다. 나는 광활한 대지가 튼실한 가슴을 드러내고 있는 것을 본다. 그것은 부르는 모습이다. 마치 여인이 그들의 아이들 부르듯이 대지는 검은 밤의 도래를 재촉하고 있는 것이다.[14]

대지만큼 광활하게 펼쳐진 복귀의 삶과 복귀의 마음이 광활한 저녁 들판 위에 노래가 되어 나부낀다. 늙은 소와 더불어 집으로 돌아가는 복귀의 마지막 뒷모습은 무한에로 열려 있는 시간과 공간을 향해 나아가고 있다.

위화는 『살아간다는 것』을 통해서, "한평생 고난을 겪고 가족들이 모두 먼저 떠나가 버렸지만 여전히 세상을 우호적으로 대하고 한 마디 원망의 말도 하지 않았던", 미국 민요 「올드 블랙 조우」가 보여준, 모든 고난을 받아들이고도 세상을 낙관할 수 있는 삶의 태도를 그리고 싶었다고 말했다. 그것은 곧 위화가 세상에서 가장 감동적인 우정이라고 했던 "운명과의 우정"을 그려내려는 것이기도 하다. 운명과의 우정이란 삶이 어떠해야 한다는 당위적 아집을 내려놓고, 삶이 부여하는 모든 것들을 생명의 책임으로 기꺼이 품고 끌어안는 겸허하고 허허로운 삶의 태도를 말하는 것이다. 모든 것을 겪고 난 뒤에 부르는 삶에 대한 보다 넉넉한 긍정과 낙관의 노래, 삶의 모든 내용들을 통째로 끌어안고 모든 아픔을 아름다운 서정으로 승화시켜 부르는 노래. 위화가 『살아간다는 것』에서 복귀를 통해 마침내 그려냈다고 말한 올드 블랙 조우의 '고상함'이 바로 이것일 것이다.

14) 위의 책, 194면.

4. 『허삼관 매혈기』

1) 매혈과 '자라 노릇'

『살아간다는 것』이 『가랑비』에서 제시된 기억하는 존재로서의 인간에 대한 보다 전면적인 긍정을 드러내주고 있다고 한다면, 『허삼관』은 『가랑비』에서 보여 진 또 하나의 모습, 즉 자기에게 묶인 존재로서의 인간에 대한 보다 진전된 탐색을 보여주고 있는 작품이라고 말할 수 있다. 『허삼관』은 농촌의 한 생사공장에서 일하는 건실하고 우직하고 가난한 노동자 허삼관이, 같은 생사공장에서 꽈배기를 파는 미모의 허옥란(許玉蘭)과 결혼해서 아들 셋을 기르며 살아가면서 겪는 갖가지 희비애환의 이야기로 이루어져 있다. 제목에서도 나타나듯이 피를 파는 일은 전체 이야기의 전개 과정에서 중요한 매듭이고 또 중심 고리가 된다. 건장한 청년 허삼관이 이가 다 빠지고 백발이 성성한 노인이 될 때까지의 삶의 여정은 곧 피를 팔아 살아가는 과정이기도 하다.

피를 파는 일이란 위화도 언급하고 있듯이 당대 중국의 문맥 속에서는 목숨을 부지하기 위해 죽음을 무릅쓰고 생명을 팔아야 하는 가난한 사람들의 비참한 생활방식을 드러내주는 것이다. 허삼관이 살아가는 공동체 안에서도 피를 파는 일은 한편으로 이런 가난한 삶의 비참함을 드러내준다. 허삼관이 처음으로 함께 따라나서서 피를 팔고 황주와 돼지 간볶음을 먹었던 근룡(根龍)이는 피를 파는 일 때문에 결국 뇌일혈로 죽음을 맞게 되고, 작품의 후반부에서 허삼관 역시 일락(一樂)이의 병원비를 마련하기 위해 과도하게 피를 팔다가 몇 번씩이나 죽을 고비를 넘긴다. 그러나 피를 파는 일이 『허삼관』에서 그런 비참함으로만 그려져 있는 것은 아니다. 허삼관이 살아가는 작은 마을 안에서 피를 파는 일은 오히려 그가 건장한 남자인지 아닌지를 판가름하는 중요한 기준이기도 하며, 가난한 사람들이 남들처럼 장가가고 자식 낳고 대소사를 치르며 살아갈 수 있게 해주는 요긴한 "돈 나무[一棵搖錢樹]"이기도 하다. 허삼관 역시 피를 판돈으로 허옥란과 결혼을 하고, 피를 팔아 큰 아들 일락이가 사고를 쳐서 병원에 입원하게 한 방(方)씨 아들의 병원비를 대기도 하고, 피를 팔아 기근으로 굶주린 가족에게 국수를 사 먹이기도 하면서 삶의 고비 고비를 넘어간다.

그런데 이야기가 전개되어 가면서 허삼관이 피를 파는 일이 건강의 징표와 생존의 수단이라는 의미 외에 그것을 넘어서는 또 다른 의미를 나타내주고 있음이 발견된다. 그것은 허삼관이 피를 파는 일이 점점 "자라노릇[做烏龜的事]"과 연결되면서 더 명료해진다. 허삼관 매혈기는 어떤 의미에서는 허삼관의 자라노릇 이야기라고 바꿔 부를 수도 있을 만큼 허삼관의 자라노릇은 이야기의 중심에 놓여져 있다. 동네 사람이 허삼관의 바보노릇을 조롱하며 붙여준 자라라는 별명은 본래 바람을 피운 아내를 둔 남자를 놀릴 때 쓰는 말이지만, 허삼관에게는 그가 한평생 추구했던 평등한 삶과는 달리 그의 몫으로 주어졌던 불평등한 삶을 총체적으로 지칭하는 이름이기도 하다. 허삼관이 추구한 평등은 자기가 속한 공동체 안에서, "이웃들과 똑같으면 되고, 그가 아는 사람들과 똑같으면 되는 그런 평등이다"15) 남들이 잘되면 나도 잘돼야 하지만, 남들이 못되면 내가 못되는

15) 『許三觀賣血記』의 한국어판 서문에서 위화는 『허삼관』을 평등에 관한 소설이라고 설명하면서, 두 가지 종류의 평등에 관해 이야기한다. 하나는, 장미의 아름다움이나 아리스토텔레스의 박학다식함을 감히 넘볼 수 없는 평범한 한 백성이 그들과 더불어 유일하게 누릴 수 있는 평등, 즉 죽음의 평등이다. 위화는 죽음을 상쾌한 저녁이라고 찬미한 시인 하이네가 고통의 대낮같은

것도 괜찮다. 그것은 자신도 남들만큼 일하고 남들만큼 누리며 손해 보지 않고 살아보겠다는 소박한 기대와 삶에 대한 성실성을 말해주는 것이기도 하다. 허삼관이 처음으로 피를 판 후, 땀이 아니라 피를 팔아 번 돈이니 다른데 쓰지 말고 마누라를 얻는데 써야한다고 생각할 때나, 일락이가 자기 자식이 아니니 피를 판돈으로 만큼은 일락이에게 국수를 사줄 수 없다고 주장할 때, 아내 허옥란이 바람을 피우고 자식까지 낳아온 것이 억울해 자기도 임분방(林芬芳)을 찾아가 맞바람을 피울 때, 자기 마누라를 강간한 하소용(何小勇)에 대한 삭지 않는 미움 때문에 자기의 세 아들을 불러놓고 이다음에 크면 하소용의 딸들을 강간해버리라고 가르칠 때, 허삼관이 가지고 있는 소박한 평등의식이 드러난다.

그러나 허삼관의 이런 기대나 의지와는 상관없이, 허삼관에게 주어진 삶의 몫은 시종 불평등한 것들이다. 『허삼관』의 마지막에서 허삼관이 투덜거리듯 내뱉는 말은 한평생 평등을 추구하며 살았지만 자기 삶의 결론으로 깨달은 것은 삶이 불평등하다는 사실임을 말해준다. 자라노릇은 이런 허삼관 인생의 불평등을 집약적으로 나타내주는 말이다. 허삼관의 자라노릇은 9년이나 자기 자식인 줄 알고 키운 일락이가 허옥란의 외도로 생긴 하소용의 자식이라는 소문이 돌고, 그런 일락이가 방씨네 아들들과 싸우다가 방씨 아들의 머리를 깨서 병원비를 마련하기 위해 다시 피를 팔기로 할 때부터 본격적으로 시작되어, 그 후 점차 "왕자라[烏龜王] 노릇"으

삶에서 유일하게 존재하는 평등이라고 말한 죽음의 평등을 소개한다. 그러나 이것과는 다른 또 하나 평등이 있는데, 그것은 남들처럼 아내와 자식을 거느리고 살고, 남들 앞에서는 비록 초라하게 보일 지라도 자기 처자 앞에서는 큰소리치며 살아갈 수 있는 모두에게 가능한 평등이다. 이것이 바로 허삼관이 추구하는 평등이다. (「韓文版自序」, 『許三觀賣血記』, 上海文藝出版社, 2004, 4~5면)

로 발전해간다.

그런데 여기에서 허삼관의 자라노릇이 환기하는 의미가 조금씩 달라진다는 점이 주의를 끈다. 허삼관이 가장 아끼던 일락이가 허옥란이 결혼 전에 하소용과의 관계에서 낳은 아들이라는 소문이 파다하게 퍼진 터에, 일락이가 방씨네 아들들과 혈투를 벌이다가 방씨 아들의 머리를 찍어 눕힌 사건이 나서, 이 때문에 방씨가 병원비 대신 허옥란이 애지중지하는 가구들을 모두 실어가 버렸을 때 낙심해서 엉엉 우는 허옥란을 보며 그 옆에 앉아 덩달아 엉엉 울던 허삼관이 결국 피를 팔아 가구를 찾아오기로 결심할 때만 해도, 허삼관의 마음은 견딜 수 없는 억울함과 수치심으로 가득 차 있었다. 하소용의 아들을 자기 자식인 줄 알고 공짜로 먹여 키운 것 만해도 한심하기 짝이 없는 자라노릇인데 거기다가 그 일락이가 저지른 일을 수습하기 위해서 땀도 아닌 피를 팔아야 한다는 일은 자라 중에도 왕 자라노릇이 아니냐고 허삼관은 항변한다. 턱없이 손해 봐야 하는 것이 너무 억울해서 그 보상을 위해 자기 자식들에게 하소용의 딸을 강간하라는 다짐까지 받고서야 허삼관은 비로소 병원비를 마련하기 위해 피를 팔러 나선 것이다.

그런데 허삼관이 수치심과 억울함을 감수하며 마지못해 하던 자라노릇이 작품의 후반으로 가면 완전히 다른 모습을 보여주게 된다. 그 결정적인 계기는 국수사건이다. 기근이 오랜 기간 계속되어 가족들이 멀건 옥수수죽만 마셔댄 날이 무려 57일이나 되었을 때 허삼관은 피를 팔아 식구들에게 푸짐하게 국수 한 그릇을 사주기로 결심한다. 하지만 목숨을 바꿔 얻은 거나 마찬가지인 피를 팔아 만든 돈으로 하소용의 아들인 일락이에게 국수를 사준다는 것이 해도 너무한 일이라고 생각한 허삼관은 일락이를 타일러 국수 대신 고구마를 사먹으러 가도록 한다. 오랜만에 일락이를 뺀 가족들과 함께 승리반점에 가서 국수를 먹고 돌아온 허삼관은 일락이가 밤이 되도록 아직 집에 돌아오지 않은 것을 보고 걱정을 하며 찾아 나섰다가 동네 모퉁이에 쪼그리고 앉아 훌쩍이는 일락이를 발견한다. 허삼관은 그런 일락이를 얼른 들쳐 업고는 반가움과 안도의 마음으로 한바탕 욕설을 쏟아놓지만, 욕설은 아랑곳하지도 않고 국수 먹으러 가는 거냐고 좋아라 묻는 일락이에게 갑자기 누그러진 어조로 "그렇다"고 대답하고 승리반점으로 향한다.

이 사건을 계기로 허삼관의 자라노릇은 억울하지만 할 수 없이 짊어지는 짐이 아니라, 스스로 짊어지는 짐으로 바뀌어 진다. 그리고 허삼관이 보여주는 이런 모습은 『살아간다는 것』에서 복귀가 당초에 외면하고 돌아서려 했지만 끝내 외면하지 못하고 비싼 값을 치르고 생명을 살린 늙은 소와의 만남을 연상케 한다. 복귀의 모질지 못한 마음이 죽음을 눈 앞에 둔 늙은 소의 불쌍한 처지에 압도당했던 것처럼, 허삼관의 여린 마음도 일락이의 가여운 "얼굴의 호소"에 압도당한다. 일락이의 곤궁과 궁핍, 그의 저항할 수 없는 상처받은 얼굴의 호소가 허삼관의 마음을 깊은 연민으로 이끌고 그 연민 속에서 허삼관은 일락이의 우는 얼굴의 호소를 자신에 대한 거부할 수 없는 요청으로 수용하게 된 것이다.[16] 이후 허삼관은 일락이에게 사고를 당해 목숨이 위태로워진 하소용을 위해 지붕에 올라가

16) 타인에 대한 연민을 타자와의 만남이나 타인의 얼굴의 호소로 해석하는 것은 레비나스의 관점이다. 레비나스는 "타자의 얼굴은 우리 '밖에서' 우리의 유한성의 테두리를 깨뜨리고 우리 삶에 개입한다." "타자의 곤궁과 궁핍은 하나의 명령으로 나에게 다가온다"는 말로 타인의 얼굴의 도덕적 호소를 이야기한다. (강영안, 『타인의 얼굴－레비나스의 철학』, 문학과지성사, 2005, 147～149면)

그를 위해 그의 영혼을 불러주라고 부탁하며 "사람에게는 양심이 있어야 한다"고 가르친다. 허삼관의 밝은 양식(良識)의 빛이 발하기 시작한다.[17]

허삼관은 착한 인물이다. 허삼관의 착함은 흔히 착한 인물이 가지는 평면적 단순함이나 몰개성화를 훌쩍 벗어나서 생생하게 살아있는 현실감과 결합되어 있기에 더욱 돋보인다. 나름대로의 계산과 엉뚱한 어리석음, 미움과 원망, 자기 손해 본 것을 억울해하고 남이 잘못된 것을 고소해하기도 하는 소소하고 평범한 감정들이, 남의 잘못을 용서하고 그래도 양심대로 살아야 한다고 다독이고 감싸 안고 함께 나아가는 착함과 한데 뒤섞여 있으면서, 늘 인간을 인간답게 하는 인간미의 핵심으로, 삶의 추동하는 근원적 동기로 살아 움직이고 있다. 허삼관의 생동하는 개성과 처신의 자연스러움이 어쩌면 고리타분할 수도 있는 메시지들을 마음을 열고 받아들일 수 있게 해준다. "사람은 양심이 있어야 한다", "사람은 착하게 살아야 한다"는 『허삼관』의 교훈적인 메시지들이 신선하게 전달되는 것이다.

허삼관이 보여주는 착함은 또한 비범한 인물에게서 보여지는 탁월함이 아니라 평범하고 낮은 자리에서 살아가는 보통 사람들에게서 우러나오는 미덕이고, 누구라도 선택할 수 있는 고상함이기 때문에 오히려 인간이 특별히 가진 것 없이도 선을 선택하며 살아갈 수 있음을 강력하게 호소 할 수 있다.

17) "비록 양식조차 구하기 어려운 궁민의 처지지만, 허삼관은 그럴수록 삶의 양식으로서의 양심만큼은 가난해져서는 안 된다고 생각하는 인물이다. (…중략…) 그늘-존재인 허삼관의 그늘에서 우리는 밝은 양식의 빛을 발견하는 기쁨을 누린다." (우찬제, 「삶, 그 연민의 서사체」, 『허삼관매혈기』, 푸른숲, 2003, 334면)

2) 대속의 책임과 초월

자라노릇을 해도 너무 하는 것 아니냐고 항변하던 허삼관이 결국 우는 일락이를 들쳐 업고 가서 국수를 사주더니, 그 후 누구의 말도 듣지 않으려 하던 일락이는 자기의 부탁을 듣고 하소용을 위해 지붕 위에서 이름을 부르고 내려오자 자기 얼굴과 팔에 칼로 피를 내고 동네사람들이 모두 모인 앞에서 일락이가 지금부터는 자기 친자식이라고 선언한다. 허삼관의 친자 선언은 이 후 시골의 생산대로 보내진 일락이가 급성간염으로 목숨이 위독하게 되자 그 치료비를 위해 자신의 목숨을 아랑곳하지 않고 계속해서 피를 파는 희생의 행위로 이어진다. 죽음을 무릅쓰고 피를 팔며 일락이에게로 향해 가는 허삼관의 매혈의 여로를 묘사하는 장면에서는 마치 「마태수난곡」이 울려 퍼지는 듯 비장한 느낌이 울려 퍼진다.[18)]

작품의 후반에서 『허삼관』이 일락이의 생명을 구하기 위해 자신의 목숨을 내놓고 강행하는 매혈의 행위는, 허삼관의 삶의 태도가 소박하게 남들처럼 성실하게 일하고 남들만큼 자신을 위해 누리며 살아가겠다는 이전의 평등의 추구와는 완전히 다른 차원으로 옮겨가 있음을 말해준다. 허삼관은 이제 양자였던 일락이를 친자 삼고, 그 일락이에 대한 사랑으로 그에게 부과된 삶의 짐을 스스로의 짐으로 떠맡는 대속의 행위를 보여주고 있는 것이다. 『가랑비』에서 위화의 "문학의 눈"에 비친 인간은 자기에게 묶인 존재, 자신의 생존을 위해 자기에게 몰두해 있는 존재, 존재의 물질성을 원죄처럼 지고 있는 존재였다. 그러나 『살아간다는 것』을 거쳐

---

18) 『가랑비』의 한국어판 「옮긴이의 말」에는 위화가 『허삼관』을 쓰는 동안 몇 번씩이나 바하의 「마태수난곡」을 들었다는 이야기가 소개되어 있다.

『허삼관』에 이르면 위화 소설의 주인공은 자기 자신에 대한 책임에 묶인 존재의 틀을 벗어나 공동체 안에서 타자에 의해 부여된 대속의 책임을 자기 책임으로 짊어지고 나아가는 책임의 주체로 세워지는 모습을 보여주게 된다. 허삼관의 매혈은 여기에서 "자신의 존재를 짊어져야 하는 '홀로서기'의 책임"과는 다른 "타인에 대한 책임"을 자기 책임으로 감당하는 대속의 행위로 승화되어 있다.[19]

초월은 위화 문학의 키워드이다. 위화가 문학이 도달해야 한다고 생각한, 그의 문학이 일관되게 추구해 온 '고상함'이라는 것도 바로 이 초월과 다르지 않다. 『허삼관』에서 이 초월은 존재의 자기 유지 본능과 그것으로 형성되고 유지되는 세속적 질서를 뛰어넘어서 존재의 보다 높은 가능성을 탐색하는 것을 통해 그려진다. 허삼관의 자라노릇은 이해관계의 타산이 지배하는 합리적인 세상의 질서 안에서는 타산이 맞지 않는 "결손이고 시듦이며 어리석음"이지만 자기 생존의 요청에 사로잡혀 사는 존재인 인간이 자기 존재의 결박을 넘어서서 드넓은 가치 지향에로 나아가는 가능성을 보여준다는 점에서는 "탁월이며 높음"이다.[20] 허삼관의 자라노릇이 곧 허삼관의 영웅성과 하나로 연결되어 있는 것이다. 허삼관의 삶은 자기 보존의 노력과 합리적 계산으로 이루어진, 주고받음의 대차대조표가 제대로 맞아떨어지는 평등의 추구에서 출발하지만, 허삼관이 넘어서서 도달한 자리는 무력하고 비참한 타인의 호소 앞에서 그 호소를 자신에 대한 거부할 수 없는 요청으로 수용함으로써 자기 자신을 초월하여 타인의 짐을 자기 짐으로 짊어지고 가는 책임주체로 세워져가는 다른 차원의 세계인 것이다.[21]

19) 강영안, 앞의 책, 182면.
20) 위의 책, 190면.

5. 위화 소설의 미학

1) '낙관적 어조'와 '가벼움의 힘[輕的力量]'

『허삼관』의 첫 장은 아버지가 일찍 죽고 어머니는 다른 남자와 눈이 맞아 달아나 갈 데 없이 버려졌다가 작은 아버지 손에 자란 허삼관의 불우한 성장 환경이, 노망이 들어 아들과 손자도 구분하지 못하는 할아버지와의 우스꽝스러운 대화를 통해 그 모든 축축함과 무게를 내려놓고 엷게 붓질된 구름처럼 가볍게 나부끼는 바람처럼 스케치되어 있다. 우찬제의 해설처럼 『허삼관 매혈기』는 슬픔을 농담처럼 이야기하고, 연민과 격정을 자아내는 비극적 삶의 내용을 종종 희극적인 말놀음으로 마무리함으로써 독특한 카타르시스와 여운의 심미적 경험을 제공해준다.[22)]

심각하고 무거운 상황을 가벼움과 웃음으로 받아들일 수 있게 하는 것은 위화 소설의 힘이고 아름다움이다. 위화의 소설은 현실에 밀착해있고 그 현실은 어둡고 무겁지만 위화는 그 어둡고 무거운 현실을 우스꽝스럽고 익살스러운 어조에 담아 그 사이에 "낙관적인 여유가 개입할 틈"을 제공한다. 위화의 "장난기 가득한 눈"으로 바라보면, 현실에는 언제나 우스

21) 이것은 한편으로 『허삼관』의 인간에 대한 탐구가 깊은 종교성에로까지 나아가고 있음을 보여주는 것이기도 하다. 양자였던 일락이를 피로 값 주고 친자로 삼고, 그 친자 삼은 남의 아들을 위해 기꺼이 자기 목숨을 내어 놓는 허삼관의 희생은 위화의 마태수난곡에 대한 언급과도 어우러져 기독교적 휴머니즘의 관점에서 『허삼관』을 읽어볼 여지를 제공한다. 문화대혁명 시기 허옥란의 과거 행적이 공개 비판을 받고 바야흐로 가정 안에서도 비판대회를 열게 되었을 때, 허옥란이 자식들 앞에서 낯 뜨거운 자아비판을 하고 그것을 듣고 자식들이 킥킥대는 우스꽝스러운 상황 속에서 허삼관이 돌연 자신도 허옥란과 똑같이 죄 지은 자라고 고백하는 장면 역시 성경에서 창녀였던 마리아를 유대의 율법에 따라 돌로 쳐 죽이려 하는 군중들 앞에서 예수가 "죄 없는 자가 먼저 돌을 던지라"고 한 장면을 떠올리게 한다.

22) 우찬제, 「삶, 그 연민의 서사체」, 앞의 책, 330면.

꽝스러운 일들이 있고 그런 우스꽝스러운 일들을 배꼽을 잡고 웃다보면 현실은 그럭저럭 살아갈 만 한 것이 되기도 하는 것이다. 위화의 소설에는 이런 "낙관적인 어조의 힘"이 있다.[23)]

위화가 서양의 고전음악에 매료되어 자신이 받은 감동을 전달하기 위해 사용한 "음악의 서술[音樂的敍述]"이라는 용어도 위화 소설이 가지는 이러한 미학적 효과와 관련이 있다. 위화는 바하의 「마태수난곡」을 들을 때, 장장 세 시간 동안이나 연주되어야 하는 내용을 단지 한 두곡의 단순한 선율과 리듬의 반복을 통해 완벽하게 전달해내는 음악의 표현 기법에 깊은 감동을 받고, 이것을 음악의 서술, "세상에서 가장 아름다운[美妙] 서술"이라고 찬탄한다.[24)] 이 음악의 서술의 미학적인 핵심은 "가벼움의 힘"에 있다.

이후 얼마 안 되어서, 나는 또 쇼스타코비치의 「제 칠교향곡」 제 일악장의 서술 속에서 '가벼움'의 힘을 들었다. 그 유명한 침략삽입부에서, 침략자의 발걸음이 작은 북 속에서 175번이나 중복되어 나의 마음을 압박하고 있었다. 음악은 공포와 반항, 절망과 전쟁, 억압과 해방 속에서 갈수록 더 무겁게 가라앉았고, 갈수록 더 거대한 소리로 사람들의 감관을 두렵게 했다. 그것을 처음 들었을 때, 나는 부단히 스스로에게 물었다. 어떻게 마무리될 것인가? 어떻게 이 무한히 무거운 음악의 삽입부를 마무리할 것인가를. 마지막 순간이 나를 전율하게 했다. 쇼스타코비치는 날카롭고 서정적인 짧은 곡조로 이 거대하고 누려운 삽입부를 마무리했다. 그 짤막한 서정적 현악이 광활함 속에서 가볍게 나

23) 김기택, 「낙관적인 어조의 힘」, 『창작과비평』 132호, 창비, 2006년 여름.
24) 余華, 『音樂影響了我的寫作』, 上海 : 上海文藝出版社, 2004, 9면.

부겼다. 이것은 내가 들은 것 중 가장 힘 있는 서술이었다.[25)]

여기에서 위화는 거대한 선율과 격앙된 리듬을 서정적 현악의 짤막한 곡조로 가볍게 마무리함으로써 리듬과 선율이 살아있고, 절제된 여운이 감동을 증폭시키는 '가벼움의 힘'에 주목한다. 위화는 『허삼관』을 "박자는 기억의 속도이고, 선율은 부드럽게 약동하며, 휴지부(쉼표)는 음각(韻脚)에 의해 감추어져 있는" "한 수의 민가"로 묘사한다.[26)] 『허삼관』의 각 장의 끝부분은 간결하고 함축적인 대사로 마무리 되면서 긴 울림을 남기고, 장과 장의 연결은 전체적으로 점점 풍부해지고 장엄해지는 주제를 감동적으로 전달한다. 『허삼관』 안에서 우리는 위화가 감동했던 음악의 서술과 가벼움의 힘을 느낄 수 있다.

2) '길이' 속에서 바라보기

그러나 위화 소설이 주는 감동이 이런 서술기법에만 의존하는 것은 아니다. 그것은 인간과 삶을 바라보는 작가의 관점과 보다 더 근본적으로 연관되어 있다. 위화는 『허삼관』을 "길이를 가지는 것들에 대한 연민"을 나타내주는 작품이라고 소개한다.

이 책(『허삼관 매혈기』)은 길이를 가지는 것들에 대한 작가의 연민을 나타내준다. 한 줄기 길, 한 줄기 강물, 한 자락의 무지개, 끊임없이 면면히 이어지

25) 위의 책, 10면.
26) 余華, 「中文版自序」, 『許三官賣血記』, 上海 : 上海文藝出版社, 2004, 3면.

는 한 줄기 기억, 시작은 있지만 끝은 없는 한 수의 민가, 한 사람의 일생 같은 것들, 이 모든 것들이 마치 둘둘 말린 한 타래의 실처럼 이야기에 의해 천천히 풀려져 나오는 것이다.[27)]

위화의 문학이 주는 감동은 길이를 가지는 것들에 대한 위화의 깊은 연민과 맞닿아 있다. 길이로서 바라본다는 것은 한편으로는 삶을 시작과 끝을 가지는 유한성 속에서 바라본다는 것이며, 다른 한편으로는 그런 유한성을 초월하여 과거와 현재와 미래가 하나로 연결되어 끝없이 펼쳐져 나가고 끝없이 이어지는 영원의 관점에서 바라본다는 것이다. 그것은 모든 것들을 다 겪고 난 뒤에, 지나온 삶들을 전체로서 바라볼 수 있는 자리로 물러서서 지나 온 삶의 긴 끈을 실타래의 실을 풀듯이 풀어보는 것이기도 하다. 『살아간다는 것』에서 복귀가 민요 수집가인 '나'에게 지나 온 삶의 긴 실타래를 풀어 낼 때, 그 속에서 풀려 나오는 삶의 실타래 속에는 과거와 현재와 미래가 모두 하나로 감겨 있다.

길이로서 바라본다는 것은 또한 현미경이 아니라 망원경으로 바라본다는 것을 말해준다. 삶을 현미경으로 바라볼 때 그것은 흔히 '더럽고 짐승스럽고 짧은 것'[28)]을 벗어날 수 없지만 현미경이 아니라 망원경으로 바라볼 때 삶은 윤곽을 갖고 흐름을 갖게 되며 희비애환 속에서도 그 속에 빠져 허우적거리지 않을 수 있는 여유와 관조가 가능해지는 것이다. 삶은 그것이 '길이' 속에서 되돌아보아질 때 비로소 총체적으로 의미화 되고 부침(浮沈)을 갖는 리듬이 되고 슬픔과 웃음이 한데 어우러져 흐르는 가락이

---

27) 위의 글, 2면.
28) 김우창, 『심미적 이성의 탐구』, 솔, 1998, 70면.

될 수 있다. 그것이 곧 위화가 말하는 리듬과 가락과 쉼표가 어우러진 한 자락의 노래일 것이고, 한 사람의 삶이 다른 사람의 삶과 만나서 겪게 되는 희비애환이 녹아 든 민요일 것이다.

위화에게서 삶을 길이로써 바라본다는 것은 또한 그가 지나 온 삶의 아픔과 회한을 "눈물의 넉넉함"으로 씻어내고 그 눈물의 넉넉함 속에서 "살아간다는 것"의 힘을 이야기하고 절망이 존재하지 않음을 이야기할 수 있게 되었음을 말하는 것이기도 하다.[29] 삶을 운명과 더불어 누리는 진한 우정으로 바라보는 관점에 서면 삶은 어둠과 슬픔과 고통의 이야기만이 아니라 아픔과 웃음과 희망의 이야기이기도 한 것이다. 『살아간다는 것』의 복귀에게, 『허삼관』의 허삼관에게 삶은 '살아간다는 것 자체를 위해서' 살아갈만한 가치가 있는 것이다. 모든 것을 잃고 홀로 남겨진 복귀에 대해서 위화는 "방관자의 눈으로 보면 복귀의 일생은 고난을 겪어낸 일생이지만 복귀 자신에 대해서 말한다면 나는 그가 행복을 느꼈을 때가 더 많았을 것"이라고[30] 말한다. 『허삼관』 안에는 눈물 흘리는 허삼관의 모습이 수없이 등장한다. 그러나 그 눈물은 수시로 터져 나오는 우스꽝스러운 모습들과 한데 어우러져 더욱 맛갈나는 삶의 무늬를 만들어낸다. 오랜 굶주림으로 모두의 얼굴이 누렇게 뜨고 죽 한 사발 제대로 얻어먹기 힘든 고통스러운 상황 속에서도, 허삼관이 말로 아이들 하나하나에게 침이 줄줄 흐를 만큼 맛있는 요리들을 한 접시씩 차려주며, 아이들은 아버지가 말로 차려준 푸짐한 생일잔치에 서로 앞 다투어 참여하면서 배고픔의 고통을 잊는다. 『허삼관』의 백미로 꼽힐만한 이 장면을 통해서도 우

29) 余華, 「韓文版自序」, 『活著』, 上海藝出版社, 2004, 5면.
30) 余華, 「日文版自序」, 『活著』, 6면.

리는 이야기의 창조를 통해, 삶의 허기와 주림을 풍요로운 정신의 향연으로 바꾸는 인간 정신의 넉넉한 힘을 발견하게 된다.

위화가 말하는 살아간다는 것의 힘은 안간힘의 오기로 버텨냄이 아니라 넉넉하게 넘어서서 바라보며, 모든 사람에게 각별한 우정의 대상으로 주어진 운명과 어깨동무하며, 운명이 그에게 부여한 삶의 책임을 기꺼이 받아 누릴 수 있는 힘이다. 복귀와 허삼관이 보여준 것처럼 삶을 통째로 우정의 대상으로 끌어안고 받아 누리는 넉넉한 정신의 힘 속에서는 삶의 모든 행복과 불행, 기쁨과 슬픔은 그대로 일종의 향유(享有)일 수 있음을 위화의 소설은 말해준다. 위화 소설이 주는 감동과 힘은 바로 삶을 바라보는 위화의 이 균형 잡힌 시선 속에서 발휘되는 감동과 힘일 것이다.

6. 맺음말 ― 위화 소설의 당대적 의미

지금까지 살펴본 『가랑비 속의 외침』에서 『살아간다는 것』, 『허삼관 매혈기』로 이어지는 위화 소설의 중심적 주제를 시간과 기억에 관한 것, 그리고 자기에게 묶인 존재와 타인의 짐을 대신 짊어지는 대속의 주체로 정리해놓고 보면, 위화의 소설들에 나타난 인간과 삶에 대한 근본적인 관점은 시간과 기억에 관한 베르그송의 철학이나, 주체의 자기 정립과 자기 초월에 관한 레비나스 철학과 깊은 관련성을 드러내 준다. 그리고 이 점에서 위화의 소설은 인간 정신의 위대한 능력과 인간 경험의 주관성을 새롭게 조망함으로써 근대 사유 속에서 부정된 '인간'을 복원시키려 한 베르그송의 철학이나, 의식과 세계를 분리시키고 세계를 대상화하는 방식을 통해 의식의 주체성을 확립하고 그 결과로 자기 동일성에 갇히게 된 근대적 주체 개념에 대한 비판을 담고 있는 레비나스 철학이 가지는 근대비판의 의미를 공유하고 있다.

베르그송은 인간의 삶을 시간 경험 속에서 바라보면서, 과거라는 것이 우리의 정신 안에서는 소멸되거나 상실되는 것이 아니라 영원히 남아있으면서 특정한 계기를 통해 의식의 표면으로 떠올라 자신의 실재를 드러내는 것이라고 보았다. 우리의 정신 안에서 과거와 현재는 분리될 수 없는 지속으로서 공존하고 있는 것이며, 그것의 실재성(혹은 진실성)은 객관적인 앎이 아니라 직관의 통찰을 통해 파악되고 확인될 수 있다는 것이다. 베르그송의 철학은, 시간을 동질적이고 객관적이며 분할 가능한 것으로 보는 근대 과학의 대전제를 비판하면서 우리의 삶 속에서 실제로 경험되는 시간이란 오히려 주관적이고 다양한 질적 계기와 지속으로서 경험되는 것임을 이야기하려 한다. 그리고 이러한 경험적 시간의 본질은 객관적 지식의 대상이 아니라 우리의 내면에 대한 깊은 통찰을 가능하게 하는 직관이라는 정신의 능력을 통해 파악되는 것이라는 점을 아울러 강조하고 있다. 베르그송의 철학은 이점에서 근대의 물리적 · 계량적 시간관에 대한 비판을 넘어서서 진화론과 과학주의, 계산적 합리주의, 기계론적 심리학 등으로 대표되는 근대적 사유 전반에 관한 근본적인 비판의 성격을 지니고 있다.

위화의 소설 역시 물질적 · 계량적 현실관과 계산적 합리주의로 인간과 삶을 해석하고 기획하고 재단하는 근대적 관점에 대한 반문과 비판을 담고 있다. 그리고 이것은 곧 삶의 조건의 기계적인 평등과 인위적 합리성을 추구하고 인간성의 보편적 본질과 인간에 내재한 종교적 · 초월적 지향을 부정하며 인간성을 물질적 · 사회적 · 계급적 속성으로 환원하려 했던 사회주의 중국의 역사와 근대기획으로서의 극단적인 사회주의적 실험의 역사에 대한 반문과 비판이기도 하다. 위화의 소설은 억울함을 감수하는 넉넉한 인내와 눈물과 해학의 관용이 삶을 살아갈 만한 것으로 만들어 주는 윤활유임을 보여주려 한다. 삶은 본질적으로 불평등한 것이지만 이 불평등을 기꺼이 끌어안는 태도가 바로 현실의 냉혹함을 녹이면서 삶의 고상함을 일구어내는 삶의 가능성임을 보여주려는 것이다. 그것은 곧 인간적인 삶의 가치나 원리가 기계적 타산적 합리성만으로 설명되고 재단될 수 있는 것이 아니라는 점을 말하는 것이기도 하다. 허삼관을 통해 드러내 보이는 삶의 고상함과 초월의 가능성은 사회주의 내에서는 부정되었던, 인간 안에 내재되어 있는 초월적 지향에 대한 새로운 긍정의 시도로도 해석될 수 있다.

『허삼관』의 또 다른 중심주제인 자기에게 묶인 존재에서 대속의 주체로 나아감은 인간이 주체의 물질성에 짓눌리며 자신에게 몰두하는 자기에게 묶인 존재에서 출발하지만 마침내 타인의 얼굴의 호소를 자신에 대한 거부할 수 없는 요청으로 수용함으로써 자기에게 갇히지 않고 열린 세계로 나아갈 수 있게 된다는 것을 보여준다. 타인의 짐을 자신의 짐으로 짊어지는 대속의 선택을 통해 인간은 자신에의 얽매임을 벗어나 온전한 책임의 주체로 세워지는 "초월을 실현할 수 있는 존재"인 것이다. 이 점은 레비나스의 철학과 긴밀한 상관성을 보여준다. 레비나스는 개체를 전체의 부분으로 보는 존재론적 전체주의와 정치적 전체주의에 대해 반대하며, 고유한 인격의 절대적 가치를 중시하고 무엇보다도 개체성과 내면성을 존중한다. 이 점은 위화의 90년대 소설에서도 공유된다. 위화의 소설에서는 개성과 인격을 갖추고 삶속에서 만나는 갖가지 계기들을 누리고 감수하며, 삶을 선택하고 결단하는 구체적인 인간의 모습이 늘 역사나 사회와 같은 전체보다 더 전면에 놓여 있다. 개개의 인간은 역사의 한 계기나 전체의 한 구성부분으로서 주목되는 것이 아니라 저마다 자기에게 주어진 운명을 끌어안고 자기 삶의 책임을 감당하는 개별 주체로서 그려진다. 이러한 위화의 소설을 당대 중국의 문맥 속에서 바라보면, 극단화된 정치적 전체주의로서의 문혁시기에 대한 비판과, 동시에 문혁을 비판하면서도 역시 인간을 일차적으로 집단과 역사의 관점에서 바라보면서 역사의 주체로서의 재정립을 꿈꾸었던 80년대의 인간관에 대해서도 일정한 비판적 거리를 가지고 있는 것으로 읽을 수 있다.

그러나 다른 한편에서 개체성과 내면성, 고유한 인격성에 대한 레비나스의 존중이 폐쇄적이고 고립된 자아에 대한 옹호가 아니라 자아의 좁은 굴레를 벗고 공동체를 품어 안을 수 있는 든든한 주체성의 정립에 대한 탐문으로 나아간 것처럼 위화의 소설에서도 인간 한 사람 한 사람의 개체성에 대한 중시는 배타적이고 고립적인 자기 정체성 확립의 주장에로 나아가지 않고, 오히려 타자와의 만남과 타자에 대한 전적인 수용과 타자의 삶의 짐을 자신의 짐으로 떠안는 성숙한 책임성을 통해 보다 인간적인 공동체 수립의 가능성을 탐문하는 방향으로 나아간다. 이 점은 위화가 허삼관을 통해 보여주는 아버지상을 통해서 잘 나타난다. 위화의 소설은 문혁시대에 철저하게 부정되었던 가정과 가정 안에서의 아버지의 자리를 새롭게 조망하고,[31] 군림하는 아버지가 아니라 헌신하는 아버지의 모습을

31) 王世誠은 복귀와 허삼관을 통해 세워지는 '아버지'상이 90년대 중국문단에서 차지하는 의미를 높게 평가하면서, 그것이 위화에게 있어서는 80년대 소설의 주조였던 '부친 살해'의 심리적

제시하고 있다. 여기에서 이 새로운 아버지를 통해 이루어지는 가정의 회복은 단순히 배타적이고 방어적인 혈연공동체로서의 가정의 회복을 넘어선다. 『허삼관』에서 허삼관이 외도한 아내 허옥란과 그 상대인 하소용의 잘못을 기꺼이 용서하며, 허옥란이 하소용과의 관계에서 낳은 아들 일락이를 친자로 삼고, 그 아들을 위해 목숨까지 내어 놓는 희생과 헌신을 통해 회복되는 것은 단지 혈연공동체로서의 가정만이 아니다. 작품에서 허삼관이 기꺼이 선택하는 헌신적 삶은 저마다 상처와 결핍을 안고 있는 한 사람 한 사람의 삶을 회복시킬 뿐만 아니라 그가 속한 공동체 전체를 끌어안고 회복시키는 힘을 발휘한다.

80년대 이후의 중국 문학의 흐름 속에서 볼 때, 위화의 소설들은 개인과 인격을 부정하며, 개체를 전체와 역사의 부분으로만 보던 문혁 이전까지의 사회주의 문학이나, 역사를 이끌어가는 주체로서의 위대한 인간 회복을 꿈꾸었던 80년대 문학, 그리고 사회주의시장경제의 본격적인 운영 속에서 왜소화되고 무력화된 개체의 모습이나, 본능적 · 욕망적 존재의 적나라한 모습, 소외된 개인의 내면으로의 도피, 주체의 방향 상실 등만을 주로 보여주던 90년대 문학의 일반적 경향과도 구별되는, 인간에 대한 새로운 관점과 주체 수립의 가능성을 탐문하고 있는 것으로 보인다. 한편으로는 사회주의 시대의 존재론적 전체주의 속에서 부정되었던 개인과 내면과 인격의 회복을 시도하면서, 그런 고유한 인격을 갖춘 개인을 책임주체로 제시하지만, 그러나 그 개인의 내면과 고유한 인격은 자신에게만 몰두하며 자기 동일성 안에 갇힌 존재가 아니라, 타인을 수용하고 타인의

경험을 거치고 난후 이것을 완전히 극복하게 되었음을 말해주는 것이라고 해석하고 있다. (王世誠, 『向死而生』, 上海人民出版社, 2005, 198~204면)

잘못과 타인으로 인해 받은 상처들을 용서하고 더 나아가 타인의 짐을 자기 짐으로 기꺼이 떠맡아 지는 '대속의 주체'로 세워져 그들을 통한 진정한 공동체적 연대의 형성을 꿈꾸는 것이다. 이것이 위화소설이 90년대 중국 소설 안에서 차지하는 독특한 의의이다.

위화의 90년대 장편소설은 혼란과 어둠의 좁고 긴 터널을 통과하고 난 뒤 비로소 도달한 탁 트인 빛의 환한 출구에서 시작된다. 그 새로운 출구에서 시작되는 위화소설의 여정은 자기에게 묶인 존재요, 시간 속에서 소멸되는 존재인 인간의 유한성에 대한 깊은 연민과 공감(『가랑비 속의 외침』)에서 출발해서, 기억을 통해 창조하고 초월하는 인간 정신의 위대함과, 주어진 모든 운명을 끌어안고 생명의 세계와 하나 되기까지 넓혀지고 넉넉해질 수 있는 인간 정신의 광활함에 대한 발견(『살아간다는 것』)에로 나아가고, 다시 자기에게 묶인 존재의 굴레를 훌쩍 벗고 타인의 짐을 자기 위에 짊어지는 대속적 주체로까지 나아가는(『허삼관매혈기』) 승화와 초월의 과정을 보여준다. 이러한 탐색의 과정이 우리에게 전해주는 것은 인간과 삶에 대한 힘찬 긍정과 삶의 초월성에 대한 희망이다. 이것이 곧 위화가 자신의 문학이 써내고자 했고 마침내 써냈다고 자부하는 진리와 고상함일 것이다. 위화의 작품이 주는 감동의 근원에는, "범속한 인간의 생존이 던져져 있는 좁은 테두리를 넘어서"려는, 인간과 삶을 향한 초월에의 의지가 있고, 그 배후에는 문학의 진실은 고상함과 진리, 영원과 희망을 길어내는 것이어야 한다는 작가의 믿음이 있다.[32] 그 결과로 우리에게 전

32) "예술작품이 우리에게 주는 감동의 근원에는 이러한 초월에의 의지가 있다. (…중략…) 예술의 기쁨은 있는 것을 확인하는 '알아봄의 기쁨' 못지않게 있는 것을 넘어설 수 있는 힘에 대한

해지는 것은 인간과 삶에 대한 보다 깊은 공감과 그 가능성에 대한 신뢰일 것이다.

공감을 불러일으키는데서 온다. (…중략…) 예술은 초월의 방법이다."(김우창, 『심미적 이성의 연구』, 솔, 1998, 52면)

위화[余華]의 『형제(兄弟)』와 '두 공간'의 공존

1. 『형제』 열풍

『허삼관 매혈기[許三觀賣血記]』 이후 10년 만에 발표된 위화의 『형제』는 출간 전부터 독자들과 비평계의 비상한 관심과 기대를 모으다가, 출간과 더불어 중국의 도서시장과 문단을 한차례 열풍으로 몰아넣었다. 도서시장에서 『형제』는 출간 직후부터 줄곧 베스트셀러의 반열에 오르고, 출간된 지 일 년 여 만에 110만 권이 넘는 판매 기록을 세우는 "문학시장에서의 기적"을 만들어내었고,[1] 『문예쟁명(文藝爭鳴)』, 『당대작가평론(當代作家評論)』 등 주요문예지들에서는 『형제』에 관한 논평들을 앞 다투어 게재하였다.

1) 俞敏華, 「迷亂的在場與希望的缺失－解讀余華「『兄弟』」的精神價值取向」, 『理論與創作』 第4期, 2007.

그러나 『형제』에 대한 대중의 반응이 열렬한 호응일색이었던 것과는 대조적으로 비평계의 초기 반응은 예상과는 달리 실망과 비판의 목소리가 압도적이었다.[2] 위화와 『형제』에 쏟아진 비판은 대체로 이른 바 순수문학계에서 비중 있는 작가로 활동하던 위화가 대중적 취향에 영합하여 통속적이고 상업적인 베스트셀러[暢銷書]를 써냈다는 것, 『형제』의 소설적 기교나 문학적 완성도, 현실에 대한 통찰이 모두 이전 작품에 미치지 못한다는 것,[3] 세속적 욕망을 상징하는 이광두(李光頭)라는 인물을 성공한 인사의 전형으로 그려냄으로써 가치관의 혼란을 야기하고, 비극적 현실을 희극으로 만들어버림으로써 독자의 역사와 현실에 대한 냉정한 반성을 불가능하게 하였다는 것 등이다. 그 중에는 『형제』를 시장경제 하에서 새롭게 형성된 자본주의적 문학생산 및 유통 기제를 보여주는 대표적인 사례로 간주하면서 『형제』의 상업적 성공을 작가 · 출판사 · 시장의 새로운 유착관계의 결과로 비판하는 시각[4]도 있다.

『형제』에 대한 부정 일변도의 평가를 비판과 찬사가 엇갈리는 새로운 구도로 바꾸어 놓은 것은 푸단대[復旦大] 중국당대문학창작연구센터[中國當代文學創作研究中心]와 『문예쟁명』이 연합으로 개최한 『형제』 좌담회이다.[5] 이 좌담에서 논자들은 기존의 『형제』에 대해 퍼부어진 비판이 형제

2) 당시 『형제』를 둘러싸고 쏟아진 비판과 성토의 목소리가 얼마나 거세었던 지 당시 『남방인물주간(南方人物周刊)』에는 표지 사진으로 위화와 『형제』가 실리고, 그 아래 "『형제』 살아남을 것인가, 죽게 될 것인가?[「余華「『兄弟』」活著, 還是死去?]"라는 제목이 달려 있기도 했다. 周立民, 「跨過時間的"窄門"—談余華的長篇小說『兄弟』」, 『上海文學』, 2006.6.

3) 過橋, 「虛假的史詩劇—兄弟的陰影只能是虛幻的剪影」, 「當代最新作品點平」(趙暉 等), 『中文自學指導』 第4期(總188期), 2006.

4) 董麗敏, 「當代文學產生中的『兄弟』」, 『文學評論』 2期, 2007.

5) 潘盛, 「李光頭是一個民間英雄, 余華—『兄弟』座談會紀要」, 『文藝爭鳴』, 2006. 이 좌담회에 대해 언론에서는 "복단대 교수들이 『형제』를 힘껏 떠받쳐 올렸다[複旦教授力挺『兄弟』]"라고 평가하였다. 俞敏華, 『理論與創作』 第4期, 2007.

의 새로운 미학적 시도에 대한 몰이해에서 비롯된 것이라고 맞받아 비판하면서, 『형제』에 대한 비판의 초점이 되어 온 사항들에 대해 조목조목 반론을 개진한다. 그 주된 내용은 『형제』가 90년대 소설의 탈역사화 경향을 극복하고, 역사에 대한 새로운 총체화를 시도한 작품이며, "신세기(新世紀)" 인간의 존재양식의 본질을 탁월하게 형상화해낸 작품이라는 것[張未民, 文藝爭鳴主編], 이광두라는 복합적이고 창조적인 인물형상을 통해 민간영웅의 새로운 상을 제시하고, 부조리 리얼리즘의 새로운 미학적 시도를 통해 당대 사회의 모습과 당대의 시대정신을 탁월하게 포착해내고 있다는 것[陳思和], 『형제』가 문혁과 그 이후의 현실 속에서 공통적으로 나타나는 대중문화 속의 광적인 집단무의식을 포착해내고 이것을 통해 복잡한 두 시대를 탁월하게 농축해낸 작품이라는 것[潘盛] 등이다. 좌담회 이후에도 폭력성, 욕망, 광환(狂歡), 생존의식 등의 주제를 둘러싸고 『형제』에 대한 여러 각도에서의 분석과 비평들이 계속 이어지고 있다.[6)]

한편, 위화는 자신의 작품을 둘러싸고 진행된 비평계에서의 뜨거운 논란에 대해 비교적 초연한 입장에서, 시종 작가로서 『형제』에 대해 느끼는 만족감과 자신감을 피력해왔다. 위화는 이 작품에서 "비로소 현실을 정면으로 쓸 수 있게 되었다"고 말한다. 이전 장편들에서처럼 역사적 사실들을 인물의 운명서사를 위한 배경으로만 다루지 않고, 역사와 시대 자

---

6) 龍其林, 「苦難夢魔中的人性光澤－余華長篇小說『兄弟』解讀」, 『理論與創作』, 2006.1; 王金城, 「『兄弟』: 曆史敘事與話語狂歡」, 『閩江學院學報』 第27卷 第1期, 2006.2; 張學昕 劉江凱, 「壓抑的, 或自由的－評余華的長篇小說『兄弟』」, 『文學評論』, 2006.6; 錢春藝, 「成長小說與余華的『兄弟』」, 『文藝爭鳴』, 2007.1; 趙華, 「欲望張力下生命的撕裂－評余華『兄弟』」, 『棗莊學院學報』, 2007.2; 陳思和, 「新世紀以來長篇小說創作的兩種現實主義趨向」, 『渤海大學學報』 第3期, 2007; 譚輝, 「現時代的生存隱喻 － 談余華『兄弟』的文化意義」, 『魅力中國』, 2007.6; 朱大喜, 「消費社會的縮影－試析余華『兄弟』(下)的欲望敘事」, 『沈陽大學學報』 第19卷 第4期, 2007.8 등 참조.

체를 주인공으로 하여 그것에 대한 전면적인 서술을 시도해볼 수 있었다는 것이다.[7] 위화는 이러한 시도를 통해 분열과 간극으로 점철된 중국당대사를 의미 있게 총체화해내면서, 다른 한편으로는 상호 모순되고 충돌하는 복잡한 현실의 생생한 힘을 있는 그대로 살려내려 했다. 이광두와 송강(宋鋼)이라는 두 인물의 성장소설 형식은 위화가 오랜 모색 끝에 발견해낸 이 상호 모순적 요구의 해결책인 셈이다.[8]

2.『형제』 안의 두 공간

『형제』는 이광두와 송강이라는 두 인물의 성장사를 통해, 문혁(文革) 이전부터 현재까지 이어지는 장장 40여 년의 당대사에 대한 생생하고도 총체적인 조망의 시도로 쓰여 졌다.『형제』의 상편과 하편은 문혁시기와 개혁개방(改革開放) 이후로 의도적으로 안배되어 있다. 분량으로 보면 하편은 상편의 두 배 가량을 차지하는데, 하변의 절반은 개혁개방 초기를, 나머지 절반은 개혁개방이 전면화 되고 난 이후의 시기를 주된 대상으로 삼고 있다. 상편은 이광두와 송강의 부모인 송범평과 이란의 만남에서 그들의 죽음까지를 다루고, 하편에서 이야기의 중심은 개혁개방 시대에 청년기와 장년기를 보내게 되는 이광두와 송강에게로 옮겨가게 된다.

『형제』「후기」에서 위화는『형제』가 문혁시기와 개혁개방 이후의 "두 시기의 만남 이후 탄생한 소설"이라고 설명하며, 문혁시기에 대해서는

7) 余華 · 張英,「余華 :『兄弟』這十年」,『作家』, 2005.11.

8) 위의 글.

"정신의 광기와 본능의 억압과 운명의 참담함"이 지배했던 시대로, 개혁개방 이후에서 현재까지는 "윤리가 무너지고 경박하고 성급한 욕망들이 제멋대로 분출되어 천태만상의 기이한 일들을 빚어내는" 시대로 그 특징을 개괄했다. 위화의 설명대로 『형제』 안에 그려진 중국 당대사의 모습은 광기와 욕망, 참담함과 황당함으로 채워져 있다. 『형제』를 처음 읽을 때 압도적으로 다가오는 느낌은 끔찍함과 참담함이다. 『형제』는 인간이 인간에 대해 절망할 이유들을 숨김없이 보여주고 있다. 그러나 『형제』를 세심하게 살펴보면 그런 어둡고 황당한 삶의 공간 사이에서 언뜻 언뜻 비치는, 그런 삶의 비극성과 추악성에 압도당하지 않고 포섭되지 않는 이질적인 공간이 살아 숨 쉬고 있음을 발견하게 된다. 그것은 삶의 너저분함과 추악함, 대낮 거리의 떠들썩한 소요와 광기의 다른 한편에 고요하게 존재하는, 대자연의 광활함과 청량함이 숨 쉬는 공간이며, 현실의 극심한 억압 속에서도 인간정신의 존엄과 온기가 보존되어 있는 공간이다.

이 글은 『형제』 안에 존재하는 이러한 이질적인 공간들의 공존에 주목한다. 상편에서 그것은 문혁의 거센 폭력성을 둘러싸고 드러나는, 맹목적인 군중들의 파괴와 폭력으로 가열되어 있는 대낮의 공간과, 다른 한편에 숨은 듯 존재하는 저녁 달빛과 대자연의 광활함, 송범평(宋凡平)이라는 인물의 영웅성이 대립하는 두 공간을 통해 드러나고, 하편에서는 욕망의 지배와 성공신화를 구현하는 이광두의 세계와, 시대의 변화 속에 적응하지 못하고 몰락해가는 송강의 삶 속에 감추어져 있던 또 하나의 세계의 대립을 통해 드러난다. 『형제』에서 문혁의 폭력성(상편의 세계)과 이광두에 의해 대표되는 욕망(하편의 세계)의 파괴적 잠식력은 가히 압도적인 것이지만 위화는 그 지배적인 현실의 비인간성을 적나라하게 그리면서도 그것을 온통 회칠된 어둠으로만 그리지 않고 그 사이에 작은 틈을 만들고, 그 사이로 새어나오는 작지만 강렬한 빛을 함께 그려낸다. 그 빛은 대낮의 고달픈 삶 속에서 시달린 몸과 영혼에 대해 대자연이 안겨 주는 쉼과 위로이며, 환멸과 절망의 현실 속에서도 그것을 살아낼 힘과 새로운 삶을 꿈꿀 수 있는 가능성의 터전이 된다. 『형제』 안에 내밀하게 존재하는 이 공간은 양적으로는 압도적인 열세에 있지만 질적으로는 마치 작은 빛 하나가 전체의 어둠에 균열을 만들어 내는 것처럼 강렬하다. 『형제』 안에 존재하는 이 서로 다른 두 공간의 구체적인 모습을 드러내 보임으로써, 당대 중국의 역사와 현실에 대한 총체적 조망을 통해 위화가 포착해낸 인간과 삶의 본질에 대해 살펴보려 한다.

3. 문혁의 공간

1) 폭력의 광포한 대낮

『형제』의 상편 전체를 압도하는 것은 삶의 폭력성이다. 『형제』는 문혁 시기에 벌어진 무수한 희비극을 통해 인간의 본성 안에 깊숙하게 자리한 폭력성의 본질과 제도적 · 이념적 삶의 구석구석에 배어 있는 구조적이고 문화적인 폭력의 모습들을 적나라하게 보여준다. 문혁 시기에 성장하여 폭력에 대한 기억이 뿌리 깊은 80년대 전위작가들에게서 폭력과 죽음은 늘 그들의 상상력과 언어에 따라붙는 지배적인 요소 중의 하나가 되어왔고,[9] 위화의 80년대 소설에서도 폭력과 죽음은 그 중심에 놓여 있었다.

그러나 위화의 90년대 장편에서 폭력은, 위화가 그 시기에 새롭게 발견하게 된, 인간 생명의 강인함과 "눈물의 넉넉함", "운명과의 우정"에 자리를 양보하고 한편으로 물러난 것처럼 보였다. 그런 폭력이 『형제』에서는 다시 전면에 등장하는 것이다. 위화의 창작여정 속에서 보면, 『형제』는 80년대 소설에서 추상적인 이미지로 등장했던 피와 죽음이 구체적인 역사성의 옷을 입고 다시 출현한 것처럼 보이기도 한다. 『형제』에서 인간의 삶은 여전히 피가 뚝뚝 흐르는 "도살장으로 그려져 있다."[10] 그 도살장의 구석구석을 샅샅이 파헤쳐 보이면서 위화는 독자로 하여금 중국당대사의 참담한 현실을 통해 드러난 인간 실존의 어두운 심연과 광기를 직시하게 한다.

문혁 시기의 폭력은 계급과 혁명의 명분하에서 정치권력의 비호와 조종을 받으며 공공연하게 행해지는 제도적・이념적 폭력의 형태를 띠고 있다. 그러나 이른 바 "계급의 적"에 대해 가해지는 이 합법화된 폭력은 이내 "내키는 대로 얼굴을 후려치고, 배를 걷어차기도 하며 심지어는 똥물을 끼얹거나 몸에다 오줌을 싸기도 하는"(上, 9장, 78면) 야만성의 전시장으로 인간을 내몬다. 『형제』의 무대가 된 류진(劉鎭)은 시간이 지나면서 점점 "왜 싸우는 지조차 알 수 없는 일들로 도끼와 칼을 들고 서로 죽고 죽이는 피비린내 나는 폭력의 연쇄" 속에서 "길과 벽들이 온통 얼룩덜룩한 핏자국으로 범벅이 된" 아수라장으로 변한다.(上, 23장, 207면) 인간 안의 사악하고 어두운 본성과 그것을 정당화하고 부추기는 체제와 이념의 결

9) 阮素丹, 「血腥, 金錢, 緊張－試評余華『兄弟』中的暴力敘事」, 『黑龍江教育學院學報』 Vol.26 No.4, 2007.4.

10) "余華的小說世界把人間寫成了一座屠宰場。"(王彬彬) 阮素丹, 위의 글에서 재인용.

합이 인간을 얼마나 잔인하고 추악하게 만들 수 있는가를 가장 적나라하게 보여주는 예는 송범평과 손위(孫偉)에 대한 구타와 고문의 장면이다. 그것은 가히 도살장에서의 도륙을 연상케 할 만큼 끔찍하다. 위화는 그 끔찍한 폭력의 장면을 몸서리쳐지도록 상세하게 묘사하면서 독자들을 곤혹으로 몰아넣는다.

송범평과 손위를 죽음으로 몰아가는 가혹한 구타와 고문 속에서 드러나는 폭력의 또 다른 얼굴은 "잔혹한 폭력에의 광적인 몰입"[11]이다. 마치 신들린 듯, 해석할 수 없는 어두운 힘에 사로잡혀 무자비하게 생명을 파괴하면서도 그 파괴되어 가는 삶에 대한 어떠한 동정과 죄의식도 느끼지 못하는 모습 속에서, 인간은 더 이상 폭력적 행위의 주체가 아니라 그것의 맹목적인 힘에 사로잡혀 폭력의 제단에 바쳐진 희생제물처럼 보인다. 제동장치가 부서져버린 기계처럼 기괴한 형상으로 주체할 수 없이 폭력의 엑스타시 속으로 빨려 들어가는 인간의 모습 속에서 인간은 철저하게 자신으로부터 소외된 존재가 된다.

『형제』에는 이처럼 정치와 이념의 옷을 입고 무자비하게 드러나는 폭력과 그것을 떠받치는 공기처럼, 그 공간을 살아가는 사람들의 일상적인 삶 속에서 수시로 터져 나오는 만연된 폭력이 함께 그려져 있다. 『형제』에서 인간이 인간의 신체에 가하는 직접적인 폭력은 사적인 공간에서도 언제나 아무런 제한 없이 가장 먼저 선택되는 문제해결 방식이다. 이러한 일상 속에 만연되어 있는 폭력은 문혁기만이 아니라 개혁개방 이후 삶 속에도 여전히 존재하고 있음이 주목된다. 폭력의 문화가 사회 전체를 뒤덮고 있는 공기처럼 이들의 삶의 구석구석을 채우고 그들의 내면 깊숙

11) 阮素丹, 앞의 글.

한 곳에 스며들어 나날의 양식처럼 소비되고 배설된다. 그것은 이념에 물든 어른들의 세계에서 뿐만 아니라 "문혁이 무엇인지 전혀 알지 못하는" 아이들의 세계에서도 마찬가지이다.

분리와 적대감과 파괴를 부추기며 그것을 동력으로 삼는 이데올로기의 조정하는 힘과, 이것과 은밀하게 결탁하는 인간 내면의 가학적이고 파괴적인 본성이 걸핏하면 터져 나오는 이러한 크고 작은 폭력의 근원에 숨어 있다. 문혁기의 삶을 둘러싸고 있는 극도의 억압과 불안정성 속에서 이 잠재된 불씨들은 늘 일촉즉발의 위험에 노출되어 있는 것처럼 보인다. 어제의 계급의 영웅이 오늘의 계급의 적으로 바뀌고, 언제 어떠한 이유로 가혹한 처형의 희생양이 될지 모르는 불안정한 상황이 가져다주는 불안과 긴장, 사람들의 머리를 무겁게 짓누르는 이념과 체제의 억압, 그들의 어깨 위에 과도하게 지워진 심판자의 무거운 짐은 인간을 쉽게 폭력으로 몰아가는 요인이 된다.[12] 『형제』는 인간이 인간에 대한 심판자가 되는 본질적으로 감당할 수 없는 짐이, 특정한 이념과 체제 하에서 인간에게 강요될 때, 그것이 얼마나 쉽게 인간 안에 내밀하게 존재하는 악마적인 지배욕과 결탁하게 되는지를 보여준다. 이 지배욕이 개인적인 차원에서나 집단적인 차원에서 극단적인 폭력을 가능하게 하고 그것을 부단히 재생산해내는 또 다른 근원이 된다. 타인의 신체에 직접적으로 가하는 가혹

12) 불안, 억압과 폭력, 폭력의 엑스타시와 힘의 과시 등 폭력에 관한 정신심리학적 해석에 관해서는 Rollo May, *Power and Innocence—A Search for the Sources of Violence*, W · W · Norton & Company, 1972, pp.166~167 참조. 롤로 메이는 여기에서 우리의 마음 안에 은밀하게 존재하는 "폭력에 대한 사랑(the secret love of violence)"에 관해 이야기하면서 그 폭력의 중심에 있는 것이 스스로를 하나의 의지로 과시하려는 바람임을 지적하고 있다. 롤로 메이에 의하면 엑스타시에서와 마찬가지로 폭력 안에도 자기 초월과(self—transcendence), 완전한 몰입(total absorption), 힘에의 사로잡힘(possessed by power)의 속성이 존재한다.

한 폭력의 과정에서 인간이 느끼는 어두운 환희는 그러한 폭력이 바로 이러한 힘(지배력)의 과시이며 이러한 욕망(지배욕)에 출구가 되고 있음을 말해준다. 억압적인 체제 하에서 억눌린 본성들은 흔히 사회적 약자에 대한 가혹행위 속에서 대리적인 힘의 과시와 배설의 통로를 찾는 것이다.

2) 정신의 영웅성과 달빛

『형제』의 상편에는 이처럼 문혁의 폭력성과 인간의 잔혹성 그리고 그 속에서 처참하게 파괴되는 인간의 삶이 적나라하게 그려져 있다. 그러나 『형제』 안에는 그러한 현실과는 뚜렷하게 구별되는 이질적인 공간이 함께 존재한다. 그것은 송범평의 영웅적인 정신과 그것이 만들어내는 인간적인 공간이다.

위화는 『살아간다는 것[活著]』과 『허삼관매혈기』에서와 마찬가지로 『형제』에서도 가정을 문혁 시기에 유일하게 희망적인 공간으로 그려내고 있으며, 아버지는 그 공간을 지키는 파수꾼으로 등장한다. 송범평은 이전 장편의 주인공인 허삼관(許三觀)이나 복귀(福貴)와 닮은 점이 많지만 그들보다 훨씬 더 전인적이고 영웅적인 면모로 등장한다. 송범평의 그러한 면모는 어떠한 고난 속에서도 자기 삶의 책임을 끝까지 감당해내는 강한 정신과 가족을 향한 식지 않는 사랑을 통해 드러난다. 심한 구타로 부러져 퉁퉁 부은 왼팔이 어깨 아래서 덜렁거리는 처지가 되어서도 그 왼팔을 일부러 과장되게 흔들며 아이들을 웃게 만들고, 온종일 수난을 당하고 돌아와서 정신없이 쓰러져 있다가도 다시 벌떡 일어나 마치 아무 일도 없었다는 듯이 아이들에게 장난을 치며 따뜻한 저녁을 지어 먹이는 자상하고 강한 아버지의 모습, 전남편이 남긴 수치로 얼굴을 들고 다니지 못하던 이란(李蘭)을 사람들이 다 보는 대낮에 번쩍 안아 올리고 그녀의 머리를 감겨주고 마지막에는 목숨까지 희생하며 이란과의 약속을 지키기 위해 끝까지 안간힘을 다하는 남편의 모습이 그것이다.

그런 송범평을 이광두는 영웅의 모습으로 기억한다. 어린 시절 이광두가 동생 송강과 함께 창고에 갇혀 있는 송범평을 위해 애써 마련해간 새우부침과 황주를 간수들이 대신 다 먹어버리고는 송범평을 닦달하며 몰아세울 때, 그 앞에서 눈물을 흘리던 이광두와 송강의 눈물을 닦아주다 자신도 돌연 울음을 터뜨리던 송범평이 다시 일어나 창고로 돌아가던 길의 모습을 회상하며, 이광두는 그때 송범평의 위용에 찬 모습이 마치 천안문 성루에서 백만 군중을 향해 손을 흔들어 보이던 때의 모(毛)주석의 모습 같았다고 말한다.

> 송범평은 일어났다. 일어난 송범평의 얼굴에는 눈물이 없었다. 그는 행복하게 그 붉은 완장을 찬 사람들에게 웃어 보이더니 영웅처럼 창고의 문 쪽으로 걸어갔다. 비록 그의 왼쪽 팔은 덜렁거렸지만 문의 입구까지 갔을 때 그는 이광두와 송강을 향해 오른 팔을 흔들어보였다. 송범평이 오른 팔을 흔들어 보이는 모습이 얼마나 의기충천했는지 마치 모주석이 천안문 성루에서 백만명의 시위하는 군중을 향해 손을 흔들어 보이는 것 같았다.13)
>
> —『兄弟』(上), 14장, 137면

이란을 마중하러 가기 위해 창고를 탈출한 송범평이 먼저 아이들을 안

13) 余華,『兄弟』(上部), 上海文藝出版社, 2005.8.

심시키고 난 뒤, 구타와 고문으로 망가진 다리를 이끌고, 부러져 덜렁거리는 팔을 들어 올려 한쪽 주머니 안에 넣은 채 태양을 향해 걸어갈 때, 그 뒤에 드리워진 "커다란 그림자"를 이광두는 다시 한번 "마치 영화 속의 영웅"(上, 15장, 142면) 같았다고 회상한다.

송범평의 죽음을 둘러싼 묘사들은 삶의 처참함과 더불어 모든 것을 벗어버린 자의 후련함과 자유로움을 함께 느끼게 한다. 이란을 마중하러 가기 위해 몰래 창고를 탈출해 나왔다가 터미널로 들이닥친 홍위병들에게 몰매를 맞고 피범벅이 되어 길거리 한복판에 버려진 송범평의 시체는 한나절이 지나도록 버려져 온통 파리들로 뒤덮인다. 그의 죽음의 처참함이 불러일으키는 비애는 살아있을 때 그가 보여주었던 영웅적인 면모로 인해 더욱 증폭된다. 하지만 송범평의 시신은 마침내 그의 곁으로 돌아온 이란에 의해 말갛게 씻겨 지고, 송범평의 영혼은 그 앞에 뿌려진 통한의 눈물에 둘러싸여 광활한 대지의 품으로 돌아간다.

> 들판은 너무나 광활했고 하늘은 너무나 높고 멀었다. 그들은 함께 울었다. 그들은 한 가족이었다. 이란은 마치 하늘을 바라보듯이 얼굴을 들고 방성대곡을 했다. 송범평의 늙은 아버지는 허리를 굽히고 고개를 숙인 채 울었다. 그의 눈물은 방울방울이 땅 속으로 심겨지는 것 같았다. 이광두와 송강의 눈물은 그들이 훔칠 때마다 송범평의 관 위로 뿌려졌다. 그들은 가슴이 시원해지도록 큰 소리로 울었고, 그 소리는 마치 한 차례 한 차례 폭발음이 터지듯 길가의 나무위에 앉아 있던 참새들을 놀라서 달아나게 했다. 그 날아오르는 모습이 마치 가볍게 튀어 오르는 물방울들 같았다.
>
> —『兄弟』(上), 21장, 186면

송범평의 죽음 앞에서 가족들이 흘리는 통한의 눈물에 대한 위의 묘사는 『살아간다는 것』에서 얼굴에 흙빛 골이 깊게 패인 만년의 복귀가 마지막에 노을 지는 대지를 향해 걸어가는 모습이 그러했던 것처럼, 위화의 소설에서 대자연이 인간에 대해 가지는 각별한 의미를 다시 한 번 환기시킨다. 그것은 마치 삶의 모든 수난과 우여곡절들 속에서 자기 삶의 책임을 다 마치고 마침내 돌아갈 곳으로 돌아가는 귀향길의 평온함과 후련함, 장쾌함 같은 것이다. 위의 장면에서 "눈물"에 대한 묘사는 특히 세심한 의도를 담고 있는 것처럼 보인다. 이란의 곡성은 하늘을 향하고, 늙은 아버지의 눈물은 대지에 심겨지고, 아이들의 눈물은 송범평의 관위로 꽃처럼 뿌려진다. 억눌러온 한들이 토해져 나오듯 "폭발음처럼" 터져 나온 울음이 다시 가벼운 물방울처럼 하늘로 날아오른다. 세상 안에서 처참하게 부서진 송범평의 삶과 시신이 광활한 들판과 고원(高遠)의 하늘 아래서 마치 부활의 의식을 치르듯 황홀하고 화려하게 대 자연의 품으로 돌아간다.

살펴보면 『형제』의 곳곳에서 대자연의 고요와 광활함과 청량함은 인간의 광기, 혼란, 어둠과 대비되는 다른 공간을 만들어 내고 있다. 『형제』에서 위화는 자신의 고백처럼 "삶을 피하지 않고 맞이한다." 그 안에는 삶의 너저분함과 추악함, 가공할 폭력과 억압, 조롱과 학대, 무지와 광기들이 남김없이 폭로되어 있다. 그러나 그런 것들로 채워진 대낮의 다른 한편에 달빛과 고요, 청신한 바람과 광활한 들판, 바다와 파도의 장려함과 아름다움이 출렁이는 다른 공간이 존재한다. 이 고요하고 청량한 밤의 공간은 대낮의 시달림을 위로하고 고단한 마음에 쉼을 허락하면서 『형제』의 안에서 균형을 만들어낸다. 이 균형이 『형제』 안에 때로는 고요히 때로는 소용돌이치며 흐르다가 드넓은 생명의 바다로 나아가고, 결국은 끝없이 펼쳐진 대지와 창공으로 흩어져가는 삶의 리듬을 만들어낸다.

『형제』에서 위화는 이런 삶의 리듬의 역동성을 강물과 바다의 이미지를 통해 그려낸다. 이광두를 낳은 지 일 년이 넘도록 사람들의 조롱의 시선을 피하느라 대낮의 외출을 삼가다가 오랜 망설임 끝에 도망치듯 고개를 숙이고 몰래 나서서 도달한 강가에서 이란은 어린 이광두를 업고 다리 위에 서서 달빛 아래 일망무제로 펼쳐져 있는 광활한 들판의 신비한 장려함에 매혹된다.

> 그녀는 텅 빈 다리 위에 서서 강물이 달빛 아래 반짝이며 넘실넘실 쉼 없이 흘러가는 모습을 보는 것을 좋아했다. 그녀가 고개를 들었을 때 강가의 나무는 마치 잠을 자고 있는 듯 고요했고, 공중을 향해 뻗어 오른 가지들은 달빛에 가득히 걸린 채 마치 강물에 파문을 일으키고 있는 것 같았다. 그리고 또, 춤을 추며 날아다니는 반딧불들이 어두운 밤에 쉬지 않고 아래 위로 튀어 오르고 앞뒤로 날아오르기를 반복하고 있었다. 그것은 마치 노래의 오르내림 같았다.
>
> —『兄弟』(上), 4장, 34면

어두움과 달빛, 고요와 파문, 멈춤 없이 흘러감, 뻗어 오른 가지들이 흩뿌리는 파문, 그 밤에 쉬지 않고 오르내리며 춤추는 반딧불의 가녀린 빛, 그 반딧불이 추는 노래의 리듬같은 생명의 춤. 이란의 눈에 비춰진 강물의 풍경은 관조적 고요 속에서 바라보아진 삶의 모습이다.

고질적인 두통 치료를 위해 송범평이 이란을 상해로 보내고 난 뒤 때마침 류진(劉鎭)에도 들이닥친 문혁의 바람 속에서 지주의 아들이라는 딱지를 뒤집어쓰고 수난을 당하던 송범평이, 홍위병의 또 한 차례의 급습으로 엉망이 된 집안을 수습하느라 밝은 대낮에 바다로 데려 나가겠다던 약속을 지킬 수 없게 되었을 때, 자상한 아버지의 모습으로 풀이 죽은 아이들을 달래서 찾아 나선 곳도 달빛이 비치는 밤바다의 풍경이다.

> 송강이 상심하여 말했다. "오늘은 바닷가에 못 가게 됐네요."
>
> 송범평이 웃으며 말했다. "누가 오늘 안 간다고 하든?"
>
> 이광두가 말했다 "해가 벌써 졌잖아요."
>
> 송범평이 말했다. "해는 졌지만 달이 있잖니."
>
> (…중략…)
>
> 그들이 바닷가에 당도했을 때는 마침 물이 잔뜩 불어난 때였다. 그들은 제방 위로 올라갔다. 사방에는 아무도 없었고 차가운 바람만 불어오고, 파도 소리만 철썩거렸다. 흉용한 파도가 부딪쳐 오면 포말들이 일었다가 망망대해의 한 줄기 새하얀 선으로 물러나고, 끝없이 펼쳐진 흰 바다는 간혹 회색으로 변했다가 다시 캄캄해지기도 했다. 먼 곳이 밝았다 어두웠다 했고, 하늘의 달도 구름 속으로 숨었다 나타났다 했다. 이것이 두 아이가 처음으로 본 밤바다의 풍경이었다.
>
> —『兄弟』(上), 10장, 97~98면

해는 졌지만 달이 있다는 송범평의 말이 의미심장하게 들린다. 달빛이 비치는 밤바다는 날마다 폭동과 시위가 그치지 않고 구타와 피비린내나는 폭력의 아수라장이 되어 있는 대낮의 공간 다른 한편에 존재하는 문혁의 다른 공간인 것이다. 이러한 삶의 공간, 대자연의 광활함 속에서 그것과 하나 되는 황홀한 교감을 가능하게 하는 공간, 그것을 통해 모든 고통과 절망을 넘어서서 다른 차원으로의 진입을 가능하게 하는 이런 공간에 대한 묘사는 하편에서 송강의 죽음을 둘러싸고 다시 한 번 등장한다.

4. 개혁개방 이후

1) 욕망의 '이광두 읍'

『형제』의 하편은 송범평에 이어 이란도 떠나가고 달랑 둘만 남겨진 이광두와 송강이 춥고 외로운 삶 속에서도 어느덧 어엿한 청년이 되어 취직을 하고 월급을 타고 승진을 하는 기쁨을 맛보며 지내는 소박한 생활의 이야기로 시작된다. 이광두와 송강은 피를 나눈 형제는 아니지만 송범평과 이란의 결합으로 만들어진 가정 안에서 동고동락하는 운명공동체의 경험을 공유함으로써 깊은 형제애를 가진 관계이다. 이 둘을 하나로 연결하는 것은 함께 지내온 시간들과 그 시간들에 대한 기억들이다. 어린 시절 송범평이 사주었던 녹두빙수의 달콤한 맛, 몰래 훔쳐 먹던 흰토끼표 캐러멜, 온 가족이 함께 가족 사진을 찍던 일, 서늘한 달밤 함께 나가 보았던 바닷가, 아버지가 지어준 따뜻한 밥, 웃음, 갇혀 있는 아버지 송범평에게 가져다주려고 만든 새우튀김요리와 황주를 간수에게 모두 다 빼앗기고 눈물을 흘리며 송범평을 바라보았던 기억, 이란과의 약속을 지키기 위해 상해(上海)행 버스를 타려다가 무자비한 구타를 겪고 처참한 시체가 된 송범평의 죽음 앞에서 절망으로 함께 외치던 고통의 기억, 어머니 이란을 수레에 싣고 아버지의 무덤에 성묘 가던 일, 어머니 이란을 저세상으로 떠나보내던 일, 이란이 송강에게 남긴 마지막 당부 등 아픔과 기쁨을 같이 해온 운명공동체요, 기억의 공동체로서 그들은 "천지가 개벽을 해도 우리는 형제"라는 끊을래야 끊을 수 없는 강한 형제애를 나누는 관계이다.

그러나 이 둘의 행복한 생활은 이광두가 전력을 다해 쫓아다니던 임홍이 오히려 송강과 사랑에 빠지는 관계가 되고 그 속에서 고민하던 송강이 결국 임홍과의 결혼을 결심하면서 새로운 국면을 맞게 된다. 임홍과의 사랑을 위해 이광두와의 분가를 결행한 송강은 임홍과 결혼하여 그의 생애의 가장 행복한 시간을 보내게 되고, 반면 이광두는 한동안 고독과 실패와 고전의 시간을 보내게 된다. 그러나 다시 시간이 흐르고, 개혁개방이 중국사회에 전면화 되면서 류진에 불어 닥친 격렬한 변화의 바람 속에서 이광두는 점점 승승장구의 길을 걷게 되고 송강은 점차 몰락의 길을 걷게 된다. 국영회사의 공장장 자리를 그만두고 새로운 사업구상을 안고 야심만만하게 상해로 떠났던 이광두는 그 계획이 실패하여 알거지가 되어 돌아오지만 버려진 폐품을 파는 새로운 사업 아이디어로 자본을 마련하고 그 후 일본을 오가며 헌옷 장사를 하면서 일약 류진의 손꼽히는 부자로 변신한다. 이제 그 돈으로 "현(縣)지도부의 총아로 부상"하고, "현인민대표대회의 대표"가 되고 다시 "인민대표대회의 상임의원"이 된 이광두는 현장(縣長) 도청(陶青)과 손을 잡고 완전히 새로운 류진 건설에 나선다. 이광두의 자본에 의해 점점 장악되어 가고 이광두가 주도하는 변화 속에서 류진의 사람들은 재빠르게 시대의 변화를 읽고 전업을 해서 살아남는 사람과 여전히 종전의 방식으로 살아가다가 생계를 잃게 되는 사람의 두 부류로 나누어진다. 문혁 기간 동안 계급의 적과 계급의 동지로 나뉘어 잔인하고 맹목적인 계급투쟁의 회오리 속에 휩싸여 있던 류진이 이제는 개혁개방을 맞아 돈이 만들어내는 새로운 사회질서와 문화의 한 가운데 놓이게 된 것이다. 류진에는 이제 이광두가 벌어오는 돈과 이광두가 뿌리는 돈에 의해 백화점과 레스토랑이 들어서고 아파트가 지어지고 큰 길이 만들어진다. 류진 사람들은 밥을 먹을 때도 옷을 입을 때도 잠을 잘 때도 심지어는 죽어서 화장장이나 묘지에 갈 때도 이광두에게 돈을 줘야 하는 처지가 되었다고 투덜거린다. 류진은 이제 명실상부한 '이광두진'이 된 것이다.

『형제』의 하편에서 중심인물인 이광두는 급격한 체제전환과 사회변화의 틈 속에서 새로운 권력구조의 중심으로 진입하고, 성공한 인사의 새로운 우상으로 등장하여 새로운 생활의 모델과 새로운 가치관과 시대의 유행을 만들어낸다. 그는 새로운 이데올로기로 당대 사회를 포위하는, 당대 중국문화의 중심에 서 있는 신흥부자[14]를 대표하는 인물로 그려진다. 하편의 후반부에는 이광두가 만들어내는 여러 가지 스캔들 속에서 신문과 방송이 모두 성공한 기업가 이광두의 이야기를 소개하느라 정신이 없고, 그런 선전 속에서 점점 더 유명해진 이광두와 그의 회사가 전국 각지로부터 밀려오는 투자자와 정부의 각별한 후원 속에서 점점 더 거부가 되고 유명인사가 되어가는 과정이 상세하게 서술되어 있다.(下, 31장)

갑부가 된 이광두가 엄청난 돈을 주고 러시아의 유명화가에게 그리도록 한 자신의 초상화가 천안문 성루에 걸린 모주석의 초상화만큼 크다는 이야기(下, 42장, 387면)는 각별한 의미로 다가온다. 혁명과 이념이 지배하던 시대의 영웅인 모주석의 위상과 권력이 이제는 돈과 욕망이 지배하는

14) 왕샤오밍[王曉明], 「'대시대'가 임박한 중국－문화연구 선언」, 『고뇌하는 중국－현대 중국 지식인의 담론과 중국현실』(왕후이 외, 장영석 · 안치영 역), 길, 2006, 393~394면.

시대의 상징인 이광두에게로 넘겨진 것이다. 이러한 변화는 상편에서 이광두의 기억을 통해 문혁 시기의 송범평의 영웅적인 면모가 모주석에 맞먹는 것으로 그려졌던 것과도 흥미로운 대비를 이룬다. 문혁의 시대에 모주석의 권력에 맞서는 영웅성이 송범평의 위대한 인격에 부여되었었다면 이제 그것은 다시 돈과 욕망의 정점에 선 이광두에게로 넘어가고, 이것은 문혁시기와 개혁개방 이후 사이에 놓인 거대한 간극을 드러내준다.

돈의 위력으로 새로운 위계질서의 중심에 놓이게 된 이광두를 통해 그려지는 당대 사회의 또 다른 풍속도는 성적 욕망의 무제한적인 발산과 돈의 위력 앞에 굴복하는 성의 상품화, 그리고 그 속에서 겪는 인간정신의 파괴와 인간 소외의 풍속도이다. 이광두가 벌이는 제1회 전국 처녀 미인대회 소동은, 이광두가 욕망의 충족이 최상의 가치가 된 시대에 그 핵심에 놓인 "욕망 발동기"가 되어 천태만상의 전기(傳奇)적 현실들을 연출해내고 "인간성 내부의 광기와 사회의 광기가 여러 가지 기이한 방식으로 결합되면서 기존의 모든 윤리적 가치들을 전복시켜버리는 모습을 보여준다."[15)]

한편 개혁개방이 전면화되면서 이광두의 삶이 승승장구의 길을 걷게 된 것과는 대조적으로 송강의 삶은 점점 몰락으로 치닫게 된다. 송강의 삶을 점차 실패와 좌절로 몰아가는 것이 이광두에 의해 형성되는 새로운 구조와 문화라는 것이 주목된다. 이광두의 거대 자본이 류진에 몰고 온 바람으로 송강이 다니던 금속공장이 문을 닫게 되고 그로 인해 하루아침에 실업자가 된 송강은 남편으로서의 책임을 다하기 위해 목숨을 걸고 부두에서 하역 일을 하다 허리를 다치고 나중에는 폐까지 망가지는 곤경에 처하게 된다. 송강은 이후 이광두가 류진에 몰고 온 처녀미인대회 바람

15) 洪治綱, 「在裂變中裂變－論余華的長篇小說「『兄弟』」, 『當代作家評論』 第4期, 2006.

속에서 사기꾼 주유(周遊)의 꼬임에 빠져 인공 처녀막을 팔러 다니다가 나중에는 주유를 따라 타지로 돈벌이를 하러 나섰다가 강제로 인공 유방부착수술까지 받는 기막힌 일들을 겪게 된다. 송강은 그 후 수술의 후유증으로 온갖 고통을 겪으며 온몸이 기이하게 망가진 상태로 자살의 길을 선택하게 된다.

인공유방의 무게 때문에 등이 굽어지고 수술부위가 곪아 가슴이 옥죄어 오는 고통 속에서 결국 죽음의 길로 가게 되는 송강의 몸이 겪는 수난과 파괴는 문혁 시기에 송범평과 손위에 대해 가해졌던 고문처럼 끔찍하고 처참한 느낌을 불러일으킨다. 이광두가 앞장서서 건설한 새로운 류진 안에서 송강이 당하는 육체적 정신적 고통은, 새로운 사회에 적응하여 살아남기 위해 안간힘을 다하지만 끝내 그 사회의 흐름 속에 합류하지 못하고 그 속에서 기형화되고 파괴되는, 개혁개방 시대의 그늘진 삶의 모습을 보여준다. 송강은 그 속에서 자신의 삶의 유일한 희망이었던 임홍(林紅) 마저 잃게 되고 그것은 송강이 자살을 결행하게 되는 결정적인 이유가 된다.

문혁의 공간이 전면적인 폭력이 지배하는 공간과 이와는 완전히 이질적인 송범평이 중심에 선 공간으로 대별되어 있었다면, 개혁개방 이후의 공간은 이광두와 송강에 의해 대변되는 두 공간으로 나뉘어져 있다. 이광두의 세계는 돈과 욕망에 의해 지배되는 시대의 흐름을 대변하는 공간이고, 송강의 세계는 끝내 그 속으로 편입되지 못하고 기형화되고 파괴당한 채 남아 있는 다른 공간이다. 그러나 상편에서 송범평의 정신과 인격이 그 비범한 영웅성으로 우뚝 서서 문혁 시기의 폭력과 혼란의 현실에 저항하는 강력한 대칭축을 형성했었던 것과 비교할 때, 하편에서 송강의 삶은 이광두에 의해 주도되는 사회와 문화 안에서 그에 맞서는 또 하나의 축이 되기에는 너무나 취약한 것으로 그려져 있다. 송강의 삶은 이광두적 삶에 대한 힘 있는 저항이나 대안으로 제시되지 않는다. 송강은 전시대의 유산을 그대로 이어 받은 채 새로운 시대적 조류 속에서 살아남으려는 안간힘의 노력에도 불구하고 그 속에서 변질되고 파괴당하는 모습으로 그려진다.

그러나 『형제』를 세심하게 읽어보면 송강이 살아있는 동안에는 너무나 미미하게만 존재해서 그 흔적을 거의 발견할 수 없었지만, 그의 죽음과 함께 선명하게 살아나는 다른 한 공간이 있음을 발견하게 된다. 그것은 때론 소리 없는 환영처럼, 때론 모습이 감추어진 환청처럼 줄곧 결핍된 모습으로만 자신을 드러내며 송강의 고독하고 힘겨운 삶을 따라다니다가 죽음의 순간에야 비로소 환히 날개를 펴고 온전히 그 모습을 회복하는 자유로운 비상의 공간이다. 이 자유의 꿈, 창공을 향한 비상의 공간은 갈매기를 통해 형상화된다. 송강의 정신은 죽음의 순간에 비로소 이광두적 공간에서는 벗어버릴 수 없었던 삶의 굴레를 벗어버리고 마음껏 자신의 소리를 내며 창공을 날수 있게 된다. 그리고 그의 죽음을 통해 이광두의 공간과 송강의 공간 사이에 존재하던 불균형은 단번에 역전된다.

2) 송강의 갈매기와 비상(飛翔)

갈매기에 관한 이야기는 상편에서는 한번 슬쩍 스치듯이 언급되고 지나갈 뿐이다. 송범평이 수난을 당하는 가운데 아이들에게 약속했던 것은 날이 좋으면 바다로 나가서 하늘과 바다 사이를 날아다니는 갈매기를 보자는 것이었다.(下, 9장, 89면) 그러나 그날 밝은 대낮에 갈매기를 보려던 계획은 갑자기 들이닥친 홍위병들의 난동으로 무산되고 대신 이광두와 송강은 밤바다의 흉용한 파도를 보다가 잠이 든 채 돌아온다.

이 갈매기가 『형제』 안에 다시 등장하는 것은 하편에서 송강이 사기꾼 주유를 따라 남쪽 지방을 하릴 없이 떠돌다 결국 주유의 꼬임으로 유방확대수술이라는 기막힌 수술을 받기로 결심했을 때이다. 막막한 심정으로 성형수술을 받으러 가는 길에서 송강은 처음으로 갈매기의 울음소리를 듣는다. 그러나 그때 갈매기의 모습은 보이지 않았고, 송강이 수술대 위에 누워 전신마취를 했을 때 갈매기는 다시 나타난다. 그러나 이때는 갈매기의 모습만 보일 뿐 소리는 들리지 않는다. 소리를 잃고 나타나는 외로운 갈매기의 환영과, 모습은 보이지 않은 채 소리만 들리는 갈매기의 형상은 이후에도 송강의 몸과 마음이 점점 더 황폐해져 가는 길을 따라 줄곧 송강을 따라다닌다.

그러다가 수술을 받고 난 뒤 가짜 유방의 무게로 무게중심을 잃고 뒤뚱거리며, 점점 몸이 앞으로 기울어 곱사등이가 되어가는 송강이 미래에 대한 두려움과 절망의 심정으로 바라보는 바다 위로 갈매기가 다시 나타난다.

> 가슴에 두 개의 가짜 유방을 달고 나서 송강은 길을 걸을 때 무게 중심을 잃었고 그의 몸은 자기도 모르게 앞으로 기울어져 몇 달 후에 송강은 곱사등이가 되었다. 송강이 몸을 앞으로 기울인 채 배 위로 올라가 손으로 난간을 붙잡고 갑판 위에 섰다. 가슴에 단 가짜 유방의 무게를 느끼며 멀리 광동의 해안을 바라보는 송강의 마음은 텅 빈 것 같았다. 그는 자신의 앞날에 무슨 일이 일어날지 알 수 없었다. 파도 소리와 반짝이는 햇살과 푸른 하늘과 바다 사이에서 그는 갈매기의 진짜 나는 모습을 보았고, 갈매기의 진짜 울음소리를 들었다. 송강은 전화 속에서 임홍이 부르던 소리, 당장 그에게 돌아오라고 외치던 소리를

떠올렸다. 배는 파도 속에서 기우뚱 거렸고 바닷바람이 그의 머리카락을 어지럽혔다. 임홍의 부르는 소리가 갈매기의 울음소리처럼 점점 멀어져 갔다.[16)]

—『兄弟』(下) 41장, 379면

갈매기의 울음소리와 모습은 송강이 힘겹게 귀향을 결심하고 난 뒤 몇 차례나 다시 번갈아가며 나타났다가 사라지곤 한다. 갈매기는 사라져도 갈매기의 그림자는 송강의 머리 속에 내내 사라지지 않고 남아 있다.

송강이 오랜 방황 끝에 마침내 춥고 쓸쓸한 타지에서의 삶을 청산하고 지친 심신으로 돌아왔을 때 송강을 맞이해준 것은 텅 빈 집과 임홍과 이광두에 관한 무성한 소문뿐이다. 송강은 절망 속에서 자살을 결심한다. 그러나 그 결심을 통해 송강은 뜻밖에도 "마음속에 있던 돌덩이를 내려놓은 듯 홀가분해짐을 느낀다." 그것은 마치 임홍과 사랑에 빠졌을 때 그를 무겁게 짓누르던 형제간의 신의라는 짐이 "나라면 형제라도 도륙을 내버리겠다"는 이광두의 험한 말에 일순간 벗겨져 나갔던 때 맛보았던 것과 같은 해방감이다. 송강은 가벼워진 마음으로 임홍과 이광두에게 감사의 마음을 담은 유서를 쓰고, 벌겋게 곪아서 점점 더 가슴을 옥죄어오는 실밥을 스스로 잘라 풀어내고, 집안을 깨끗이 정리하고 거리로 나선다. 송강은 지금까지 한 번도 먹어보지 못한 빨대만두를 시켜 입이 데이는 것도 느끼지 못한 채 맛있게 먹고 상점의 쇼윈도들을 찬찬히 들여다보고 거리에서 들려오는 음악에도 감탄을 하며 귀를 기울이고, 지나가며 만나는 사람들에게도 손을 흔들어 인사한다.

마치 세상과 작별의 인사를 나누듯 계획했던 일들을 마치고 난 뒤, 송강

16) 余華, 『兄弟』(下), 上海文藝出版社, 2006.3.

은 석양을 따라 류진을 나선다. 철로변에 도달했을 때, 송강은 그때까지 다른 사람들에게 폐병을 옮길까봐 벗지 않았던 마스크를 처음으로 벗고 저녁 무렵의 신선한 공기를 한껏 들이마신다. 강물에 비친 노을빛을 바라보다 고개 들어 해지는 하늘을 바라보며 송강은 "하늘이 땅보다 더 아름답다"고 생각한다.(『兄弟』(下) 48장, 432면) 송강은 이광두가 공장장이 되었을 때 맞춰준 안경을 벗어 가지런히 접어놓은 웃옷 위에 얹어 놓고 깊숙이 다시 한 번 사람 사는 세상의 공기를 들이마신 후, 다시 마스크를 쓰고 철로 위에 눕는다. 그때 그의 앞에 놀랍게도 다시 갈매기가 나타난다.

> 이때 그는 멀리서 열차의 기적소리를 들었다. (…중략…) 달려오는 열차가 그의 몸 아래 있는 철로를 흔들었고 그의 몸도 흔들렸다. 그는 다시 하늘의 빛깔을 보고 싶었다. 그는 고개를 들어 먼 하늘을 한번 바라보았다. (…중략…) 이때 갑자기 놀랍게도 갈매기 한 마리가 나타났다. 갈매기는 바야흐로 울면서 날개를 펄럭이며 먼 곳에서 날아오고 있었다. 열차가 덜컹거리며 그의 허리 위를 굴러갈 때 그의 임종의 눈 안에 마지막으로 남은 정경은 한 마리 외로운 갈매기가 꽃밭 위를 나는 것이었다.
>
> —『兄弟』(下) 48장, 433면

송강의 죽음을 둘러싸고 펼쳐지는 것과 같은 서정적인 묘사는 하편에서는 거의 찾아 볼 수 없는 부분이다. 죽음을 결심하고 류진을 빗어나와 송강이 바라본 하늘과 논밭, 천상과 지상의 광경은 너무나 아름다운 저녁노을과 그 저녁노을에 물든 하늘, 노을 속에서 반짝이는 구름들 속에서 바라 본 바다, 그리고 붉은 장미처럼 펼쳐진 논의 영상으로 채워져 있다.

춥고 쓸쓸했던 송강의 삶이 마침내 돌아가는 길은 송범평에게서도 그러했듯이 노을로 물든 빛나는 하늘과 들판 가득 펼쳐진 장미꽃들과 마음껏 소리치며 창공을 나는 갈매기의 황홀한 비상이 있는 대자연의 품이다.

개혁개방이 몰고 온 새로운 삶의 공간 속에서 완전히 다른 길을 걷게 되었던 이광두와 송강은 송강의 죽음을 통해 다시 한 곳에서 만나게 된다. 그런데 그 만남의 공간은 송강이 살아 있는 동안 끝까지 벗어날 수 없었던 이광두의 공간이 아니라 오히려 송강의 갈매기가 마음껏 날아오르던 창공이다. 이광두가 송강의 유해를 들고 떠나가려고 하는 곳은 욕망으로 얼룩진 이광두진이 아니라 송강이 임종의 순간에 모든 삶의 굴레를 벗고 자유로운 비상을 꿈꾸며 바라보았던 "아름다운 땅보다 더 아름다운 하늘"인 것이다. 그런데 그것은 또한 어둡고 쓸쓸했던 어린 시절 두 살 박이 이광두가 엄마 품에 안긴 채 황홀하게 바라보았던 그 대자연의 영상이기도 하다는 점이 다시 한 번 주목된다. 송강의 죽음으로 회복된 것은 이광두의 삶 속에서 오랫동안 묻혀 있었던, 그러나 그의 마음 속 깊은 곳에 사라지지 않고 남아 있다가 마침내 회복된 원초적인 고향이기도 한 것이다.

> 오랜 시간이 흐른 뒤 이광두가 우리 류진의 거부가 되어 우주 유람을 결정하고, 눈을 감은 채 창공 높은 곳에서 아래로 지구를 내려다보는 자신의 모습을 상상할 때, 그가 아기였던 시절의 기억은 신기하게도 되살아났다. 그가 상상 속에서 바라본 지구의 장려한 광경은 바로 그가 엄마 품에 안겨 처음으로 남문 밖에 서서 바라 본, 들판이 달빛 아래 무한히 펼쳐져 있는 그 정경이었다. 아기 이광두의 눈빛이 러시아연맹호처럼 빠르게 날아갔다.
>
> —『兄弟』(上), 4장, 34면

5. '남은 이야기'와 초월의 꿈

송강의 장례식을 치르는 것으로 『형제』의 이야기는 일단락되고, 마지막에 꼬리처럼 달린 '남은 이야기[尾聲]'는 『형제』에 묘한 울림을 남긴다. '남은 이야기'에서 시점은 송강의 장례를 치르고 난 지 3년 뒤로 이동해 있다. 이야기는 송강의 죽음 이후 임홍과 이광두에게 일어난 변화를 대조적으로 보여준다.

송강의 장례 이후 한동안 슬픔에 잠겨 있던 임홍은 그 후 송강이 남긴 돈으로 호화롭게 장식된 미용실을 차리고 전국 각지에서 여자들을 불러 모아 사업을 벌인다. 순진하고 부끄러움 잘 타던 꽃다운 처녀였던 임홍이 임 언니가 되고, 임 사장이 된 것은 역시 "시대의 산물"이라고 『형제』는 설명한다. 이광두라는 개인에게 한정되어 있던 욕망과 돈의 문화가 임홍과 임홍의 고객들과 류진 전체로 퍼져나가고, 송강의 죽음은 이러한 현실에 대해 아무런 제동을 걸지 못한다.

그러나 정작 그런 시대의 흐름의 한복판에 있던 이광두에게 송강의 죽음은 그의 삶의 방향을 완전히 바꾸는 계기가 된다. "낮에는 돈을 벌고 밤에는 여자를 버는" 생활 속에서 한동안 잊고 지냈던 송강에 대한 기억들이 송강이 사라지고 난 뒤 송두리째 되살아난다. 지금까지 이광두의 삶을 채우고 있던 욕망과 돈의 자리가 이제는 송강과 함께 했던 시절의 기억들과 송강에 대한 그리움으로 채워진다. 부모님이 돌아가시고 난 뒤 송강이 손수 해주었던 밥과, 송강이 감격으로 베껴 써준 자신의 공장장 임명장, 공장장 임명을 축하하며 송강이 짜준 전도양양선 문양이 새겨진 털스웨터, 그 모든 것들에 대한 간절한 그리움에 둘러싸인 채, 이광두는 마침내 송강의 유해를 안고 우주로 날아갈 계획을 세운다. 송강의 죽음 이후 이광두와 임홍이 보여주는 판연히 다른 두 길은 위화가 현실을 낭만화하지도 않고, 그렇다고 그 현실 속에서의 다른 삶의 가능성을 완전히 부정하지도 않음을 보여준다.

『형제』에 관한 한 대담에서 위화는 "좁은 문을 통해서 광활한 데로 나아가는" 것의 의미를 묻는 질문에 대해 "삶에 대한 감사[感謝生活]"와 "사람은 누구나 자신의 삶 속에 무한한 보화를 가지고 있다"는 이야기로 대답을 대신했다.[17] 위화는 자신이 한때는 부정되어야 할 부끄러운 과거로만 이해했던 당대 중국의 파란만장한 역사가 어느 순간 오히려 자신으로 하여금 『형제』를 쓸 수 있게 해준 가장 근본적인 자산이었다는 점을 깨달았으며, 자신은 이제 "좁은 문을 통과해" 나왔다고 말한다.

『형제』는 위화가 그 "좁은 문으로 들어가서" 발견해낸 삶의 보화들을 보여주고 있다. 그것은 어둡고 숨 막히는 절망의 현실 한 복판에서도 인생을 살만한 것으로 느끼게 하는 아름답고 찬란한 공간을 발견해내는 위화의 문학의 눈이 길어낸 삶의 보화들이다. 『형제』의 눈은 칠흑 같은 어둠의 현실을 미화하지 않으면서도 그 좁은 틈으로 새어나오는 밝은 빛을 놓치지 않으려 한다. 위화의 문학의 눈은 삶을 균형 잡힌 시선 속에서 바라보려고 노력한다. 이 시선의 균형이 의도하는 것은 삶이 하나의 선택된 시각을 통해 재단되지 않고 그 복잡성과 풍부함이 서로 자기의 생생한 목소리를 낼 수 있도록 하려는 것이다. 그리고 그것이 필자에게는 희망 없는 절망도, 절망 없는 희망도 아닌, 분리될 수 없는 이 둘의 공존과 상호

---

17) "每個人都在自己的生活裏擁有著無盡的財富." 洪治綱 · 余華, 「回到現實, 回到存在－關於長篇小說『兄弟』的對話」, 『南方文壇』, 2006.3.

침투를 보여주려는 것처럼 보인다. 삶의 추함과 선함, 인간에 대한 절망과 경외, 역사의 깊이 속에서 느끼는 아찔함과 그 넓이 속에서 느끼는 피로감을 모두 느끼면서, 그 속에서도 삶의 높이를 꿈꾸게 하려는 것이다. 위화의 문학의 눈은 참혹한 인간 현실의 어두운 바닥을 샅샅이 살펴보면서 광활한 대자연과 드높은 창공을 함께 바라본다. 인간 삶의 넓이와, 인간 정신의 깊이와 높이를 함께 추구한다. 현실에 굳건히 발을 딛고, 그 안에서 초월을 꿈꾸는 것이다.

『형제』의 첫 장면과 마지막 장면은 이어져 있다. 『형제』의 이야기는 "서로 목숨처럼 의지하며 지냈던 사이[相依爲命]"인 형 송강이 죽어 처량하게 홀로 남겨진 이광두가, "한그루 나무의 재보다도 더 적은 한줌의 뼛가루만으로 남겨진" 송강의 유해를 손에 든 채 우주선 러시아연맹호[俄羅斯聯盟號]를 타고 창공을 유람하는 상상에 빠져드는 모습으로 시작된다. 『형제』의 마지막 장면은 바로 이광두가 송강의 유해를 든 채 창밖으로 멀리 밤하늘을 바라보며 "매일 열여섯 번씩의 일출과 일몰을 볼 수 있는 창공"에, "달과 별들 사이"에 송강의 유해를 가져갈 원대한 꿈을 꾸며 낭만적 감회에 흠뻑 젖어 있는 모습이다. 처음과 끝이 맞물리는 원환적 구조는 이야기꾼의 기억의 구조와 상통한다. '나'와 '복귀'의 회상으로 풀어가는 『가랑비 속의 외침[在細雨中呼喚]』과 『살아간다는 것』에도 이런 기억의 원환구조가 등장했었다. 기억을 좇아 풀려 나오는 이야기의 실타래가 강물처럼 감돌아 흐르다가 다시 제자리로 되돌아온다.

위화에게 이야기한다는 것은 기억하는 것이고, 기억한다는 것은 지나간 시절을 다시 한 번 사는 것이다. 문화대혁명에 대한 학문적 역사적 조명과 반성이 정치적인 이유로 금기시되고, 새로운 대중소비사회의 일상 속에서 "역사의 피 냄새가 점점 더 묽어져 가는" 당대(當代)의 중국 현실 속에서,[18] 당대사에 대한 문학적 총체화를 시도하고 있는 위화의 『형제』는 그 현실에 저항하여 피 냄새가 생생하게 살아있는 역사의 조명을 시도하려는 것처럼 보인다. 지나간 세월 속에 담긴 땀과 눈물, 피와 웃음, 절망과 환희를 다시 한 번 살아보게 함으로써 "망각이 강요되는 현실"에 맞서 과거에 대한 진정한 반성과 감사, 그리고 그것의 초월을 가능하게 하려는 것이다.

중국의 한 지식인은 "(현재의) 중국은 20세기 역사가 우리에게 던져 준 해답 없는 난제이자 당대 지식인의 이해력과 상상력에 거만하게 도전하는 거대한 사회적 괴물 같다"[19]고 중국의 고뇌를 표현했다. 위화의 『형제』는 어쩌면 '거대한 괴물'처럼 보이는 '해답 없는 난제'같은 중국의 병증에 대한 문학적 진단의 하나 일 수 있을 것이다. 위화는 자신이 『형제』가 쓴 이유를 병든 사회 안에 사는 병자의 한 사람으로 그 병든 사회에 대한 "일말의 책임"을 다하기 위해서라고 말한 바 있다.[20] 위화가 자신의 소설이 지식인들 안에서만 읽히고 회자되는 소설이 아니라 대중들에게 재미있게 읽히는 소설일 수 있기를 바라는 이유도 이 책임의식과 무관하지 않을 것이다. 사람들에게 읽히는 소설만이 병든 사회와 그 속에서 병든 채 살아가는 자신들의 모습을 보게 하고 깨닫게 하고 그것을 넘어설 수 있게

18) 첸리췬[錢理群], 「망각을 거부하라」, 『고뇌하는 중국-현대 중국 지식인의 담론과 중국현실』(왕후이 외, 장영석 · 안치영 역), 도서출판 길, 2006, 408~411면.

19) 왕샤오밍[王曉明], 「'대시대'가 임박한 중국-문화연구 선언」, 위의 책

20) "이십여 년 전 이제 막 이야기를 하는 직업에 종사하기 시작했을 때 읽었던 노르웨이 작가 입센이 "모든 이는 자신이 속한 사회에 책임이 있고, 그 사회의 온갖 폐해에 대해 일말의 책임이 있다"라고 했던 말이 생각납니다. 그의 말에 전적으로 동의하면서 내가 왜 『형제』를 쓰게 되었는 지 답을 얻었습니다. 그것은 바로 제가 병자이기 때문입니다." 위화, 최용만 역, 「한국어판 서문」, 『형제』 1 · 2 · 3, 휴머니스트, 2007.

할 수 있을 것이기 때문이다. 사람들은 위화의 소설을 깔깔거리고 읽어 나가는 가운데 그 속에 담겨져 있는 당대 현실에 대한 날카로운 폭로와 통찰을 함께 읽어낼 수 있게[21] 될 런지 모른다. 그것이 바로 위화가 『형제』를 통해 기대하는 문학의 사회적 책임일 것이다.

21) 陳思和, 「新世紀以來長篇小說創作的兩種現實主義趨向」, 『渤海大學學報』 第3期, 2007.

III. 인문정신, 인문학, 휴머니즘과 소외

서문

여기에 수록된 네 편의 글은 1990년대 초중반 중국에서 전개되었던 인문정신 논의와, 비슷한 시기에 시작되어 2000년대 초반까지 계속되었던 국내에서의 인문학 위기론, 그리고 1980년대 중국의 사상계와 문예계에서 쟁점이 되었던 휴머니즘과 소외의 문제를 다룬 것이다. 대상이 된 주제들은 모두 당시 지식계의 광범위한 호응을 불러 일으켰던 것으로, 인문학과 휴머니즘의 문제를 둘러싼 중국과 한국의 지적풍경을 보여주는 대표적인 논의들에 속한다. 각 논의들에 대해 그 배경과 주요 쟁점을 소개하고, 논의를 둘러싼 문맥과 이데올로기적 함의를 규명하고자 하였다.

「중국의 1990년대 인문정신 논의」에서 다루고 있는 '인문정신 논쟁'은 1990년대 이후 본격화된 시장경제로의 체제전환이 중국인들의 삶과 문화에 가져온 급격한 변화와 그로 인해 정부와 시장, 이데올로기와 대중 사이에서 중국의 인문지식인들이 겪어야 했던 정체성의 혼란을 주된 배경으로 한다. 논의는 대중문화의 통속성과 문인 작가들의 시장영합성에 대한 비판으로 시작되었지만, 점차 인문지식인의 정체성과 생존조건 및 지식인의 역할에 대한 전반적인 반성으로 확대되고, 인문정신 논쟁을 둘러싼 복잡한 역사적 이데올로기적 문맥의 발견에로까지 심화되면서 1990년대 중국 지식인들의 고뇌와 새로운 탐색의 방향을 가늠할 수 있게 해주는 대표적인 논쟁 중의 하나로 발전하였다.

중국에서 인문정신 논쟁이 한창이던 90년대 중반에 국내에서도 이른바 인문학 위기론이 학계와 비평계의 광범위한 관심을 불러 모으면서 전개되었다. 「'인문학 위기론'과 중국어문학 교육의 현실」은 이 인문학 위기론에서 제기된 인문학연구와 인문교육에 관한 논의의 중심적인 내용들을 검토하고, 이를 토대로 인문학으로서의 중국어문학연구와 교육에 관한 몇 가지 생각들을 정리해 본 것이다. 인문학 위기론의 발단은 대학의 인문학과가 겪게 된 생존의 위기에서 비롯된 것이었지만 논의가 진행되면서 인문학 위기의 본질과 원인, 인문학의 정체성과 역할, 인문교육의 이념과 현실 등 보다 근본적인 문제들에 관해 다양하고 깊이 있는 성찰들이 이루어졌다. 논의를 통해 학계에서는 인문학연구와 교육의 근본적인 문제들에 대한 총체적이고 깊이 있는 문제의식을 공유할 수 있게 되었으며, 논의의 내용들은 이후의 인문학 정책에 대해서도 적지 않은 영향을 미친 것으로 생각된다.

1970년대 후반부터 80년대 초기까지 중국의 사상계 · 문예계에서 휴머니즘과 소외의 문제는 가장 중심적인 쟁점 중의 하나였다. 논의의 핵심은 문화대혁명의 종결과 이어 일시적으로 허용된 '사상해방'의 정치적 분위기 속에서, 수십 년 간 금기시 되어 왔던 휴머니즘과 사회주의 사회에서의 소외라는 주제가 과연 그 금기를 뚫고 마르크스주의의 틀 안에서 담론의 합법성을 인정받을 수 있을 것인가 하는 것이었다. 「중국의 1980년대 초기 휴머니즘론」과 「1980년대 초기 중국에서의 '소외' 개념 연구」 두 편의 글에서 논의의 구체적인 내용과 이론적 · 사상적 배경 및 이데올로기적인 함의를 밝혀보았다.

1990년대 중국현실과 인문정신(人文精神) 논의

1. 머리말 – 지식인의 소외와 자기 성찰

사회주의와 자본주의가 공존하는 90년대에 중국의 지식인들은 심각한 정신적 혼란과 정체성의 위기를 경험하고 있는 것으로 보인다. 한편으로 그들은 치유되지 않은 문혁의 상처 속에서 충분히 실현되지 않은 자유와 해방의 확대를 여전히 갈망하고 있지만, 다른 한편으로 시장경제의 현실화와 그것이 초래한 개인주의, 극단화된 이기주의 속에서 공동체적 가치의 붕괴를 우려하고 있다. 새로운 사회 속에서 중국인들은 볼 수 있고 만질 수 있는 물질적인 여유와 부강한 신중국 건설의 화려한 꿈을 가지게 되었지만, 그 대가로 삶의 의미와 가치에 대한 확신을 상실하게 되었고, 공동체의 이상을 위해 헌신하는 위대한 인간에서 분절된 삶의 협소한 영역 안을 맴돌며 개체의 생존에만 충실한 왜소한 개체로의 추락을 감수하게 되었다. 새로운 사회 속에서 개인들은 자신들의 정체성을 확인해줄 새로운 가치의 준거를 찾지 못하고 있고 개인과 사회, 개체와 공동체는 새로운 조화와 결합의 방식을 확립하지 못하고 있다.

90년대 지성계의 가장 뜨거운 쟁점 중 하나가 되었던 인문정신에 관한 논의는 이러한 90년대의 사회적 · 정신적 상황과 불가분의 관계가 있다. 인문정신에 관한 논의는 처음에 90년대 대중문화에 대한 비판으로 시작되어 곧 지식인의 자기성찰로 이어졌고, 다시 지식인의 역할과 위상, 보편적인 규범 확립의 필요성과 그에 내재한 위험성, 개인의 자유와 공동체적 이상의 충돌과 조화, 시장경제와 민주화, 대중문화와 엘리트문화 등 90년대의 문화 전반에 관한 광범위한 토론으로 확대되었다.

필자는 이 글을 통해 위와 같은 인문정신 논의의 경과와 쟁점들을 소개하고 아울러 그것이 사회주의 정치체제 속에서 자본주의적 경제성장을 추구함으로써 여러 가지 복합적이고 다층적인 모순을 낳고 있는 중국의 90년대 현실 속에서 가지는 의미를 밝혀 보고자 한다.

90년대 중국의 지식인들이 바라보는 80년대는 대개의 경우 무척 행복한 시기이다. 지식인들의 "계몽적 역할과 이데올로기가 사회의 정치 · 경제의 개혁과 발전을 이끌고 추동"[1]하는 힘으로 인정받았던 80년대에 지식인들 한편으로는 "덩샤오핑의 사회주의 개혁운동에 이론적 근거를 제공하면서"[2] 새로운 국가 권력과의 행복한 결합을 누릴 수 있었고, 다른 한편으로는 대중들의 충실한 대변인으로서, 개혁 이념을 선전하며 대중

---

1) 許紀霖 · 陳思和 · 蔡翔 · 郜元寶, 「道統, 學統與政統」, 『人文精神尋思錄』(王曉明 編), 上海 : 文匯出版社, 1996.2, 48면.

2) 汪暉, 「중국의 사회주의와 근대성 문제」, 『창작과비평』 1994년 겨울, 61면.

들을 이끄는 정신적 전위로서 대중들로부터 사랑과 존중을 받았다. 지식인들에게 80년대는 낭만적 열정과 새로운 공동체의 이상과 유토피아적 비전이 모든 것들을 하나로 감싸 안았던 행복한 일치의 시대였다.

그러나 1989년 6월의 천안문 사건으로 그런 행복한 일치의 시대는 마감되었다. 정치적 민주화와 경제적 근대화를 동시에 요구했던 지식인들의 개혁 프로그램은 위험한 것으로 부정되었고 정치적 안정을 볼모로 하는 경제 발전 일변도의 프로그램이 "중국식 특색을 갖춘 사회주의"의 근대화 방향으로 굳어지면서 지식인들의 참여는 제한되거나 배제되었다. 89년 이후 수 년 동안 중국의 지식인들은 정치권력으로부터의 배신과 소외의 상처 속에서 외부를 향해 "말하려고 하지 않거나 감히 말하지 못하거나 혹은 고의로 말하기를 회피"해 왔다.[3)]

지식인들로 하여금 오랜 침묵을 깨고 말문을 열게 한 계기는 또 하나의 소외, 즉 대중으로부터의 배신이었다. 현 단계 중국의 주요모순을 "인민의 증가된 물질적 수요와 그것을 따라잡지 못하는 낙후된 경제적 현실"로 규정하면서 정치 민주화의 요구를 억압하는 한편 경제 근대화의 추진에만 집중해 온 국가의 정책이 현실 속에서 가시적인 결과들을 드러내게 되면서 중국의 다수 대중들은 "볼 수 있고, 만질 수 있는" 생활수준의 향상을 통해 물질적인 여유를 누리게 되었고, 다른 한편으로는 국가권력이 제시하는 '부강한 신중국의 비전' 속에서 이념적인 부요감까지도 누릴 수 있게 되었다. 이제 물질적인 여유와 국가권력이 선전하는 중국의 화려한 미래에 현혹된 대중들은 더 이상 지식인들의 추종자가 아니게 된 것이다.[4)]

---

3) 陳思和, 「關於"人文精神"討論的兩封信」, 『人文精神尋思錄』(王曉明 編), 上海 : 文匯出版社, 1996.2, 143면.

시장경제가 가져다 준 물질적 혜택을 적극적으로 누리고 시장경제가 초래한 상업문화와 대중문화에 아무런 저항 없이 포섭되어 가는 대중들의 비속한 삶 앞에서 "지식인들은 일찍이 자신들이 이상적인 격정을 부여했었던 자유, 평등, 정의의 구호들이 도시의 대중들에 의해 세속적으로 해석되고, 가장 원시적인 배금주의와 개인주의의 경향을 부추기는"[5]변질된 결과를 낳게 된 것을 발견하였다. 고상했던 사상해방(思想解放)운동의 이념이 "비속화된 사회적 실천으로 현실화"된 것이다. "개혁개방의 수혜자들은 애초의 사상의 선구자들을 잊거나 방기"했고,[6] 이러한 상황 속에서 지식인들은 자신들의 자화상이 "총체적인 위기"에 직면하게 된 것을 발견한다.

정신적 · 물질적인 '상실'과 '전락'을 동시에 경험하면서 지식인들이 먼저 비판의 대상으로 삼은 것은 대중문화, 상업문화가 범람하는 외적 현실이다. 최초로 인문정신(人文精神)에 대한 논의를 시작한 『상해문학』 93년 6기의 좌담에서 논자들은 90년대의 문학과 문화의 현황을 문학의 위기, 인문정신의 상실로 명명한다. 무게 있는 잡지들이 속속 통속잡지로 전향하고, 고상한 정신의 수호자여야 할 작가들이 돈을 벌기 위해 생활전선으로 뛰어드는 현실 속에서 문학의 엄숙성과 신성성은 더럽혀지고, 인생의 엄숙함과 훼손할 수 없는 가치들은 가차 없이 조롱된다. 조소와 쾌락의 문화를 전파하면서 대중들과의 야합을 통해 생존을 도모하는 타락한 문화의 생산자들은 신념의 대상이었던 모든 정신적 가치들을 부정하고 해체한다. 90년대의 문학은 문학의 특권이었던, 인간과 삶에 대한 고뇌와

4) Jing Wang, *High Culture Fever—Politics, Aesthetics and Ideology in Deng's China*, Berkeley · Los Angeles London : University of California Press, 1996, p.3.

5) 許紀霖 · 陳思和 · 蔡翔 · 郜元寶, 앞의 글, 48～49면.

6) 靳大成 · 陶東風, 「對'人文精神'尋思的尋思」, 『文藝爭鳴』 1기, 1996, 16면.

방황의 진지한 탐색을 포기하고 대신 부정과 파괴와 기만적 도피로 충만한 모습을 보인다. 모든 것이 부정되고 남은 것은, 폐허의 정신으로 폐허의 현실을 부정하는 극단적인 가치허무주의 뿐이다. 이상주의는 후퇴하고 허무주의가 만연되어 있다. 그것은 마치 기존의 모든 가치들이 부정되어 텅 비어 버린 광야 위에 파괴된 가치들의 잔재만이 남아 뒹구는 폐허와 같다.[7] 인문정신에 관한 논의는 이렇게 비감하게 시작된다.

그러나 폐허가 된 세상의 모습을 통탄하며 비감하게 시작된 인문정신 논의는 이내 지식인들의 자기 성찰로 이어진다. 국가권력으로부터의 배제와 대중의 외면이라는 이중적 소외의 현실 앞에서 지식인들은 곧 자신들이 겪게 된 당혹감과 위기의 원인이 타락한 외부현실에만 있지 않다는 것을 발견하게 된다. 자신들을 소외시키는 외적 현실을 비판하다가 그런 외적 현실의 변화 앞에서 너무나 무기력한 자신들의 처지를 돌아보게 되고, 다시 자신들의 내부에 자기 존재의 의미와 가치를 확인해줄 어떤 주체의식도 확립되어 있지 못함을 깨닫게 된 것이다. 이러한 깨달음은 초기의 인문정신 논의에서 인문정신 위기가 지식인의 생존위기와 동일시되고, 인문정신의 상실의 원인에 대한 탐색이 지식인의 자기반성과 역할 찾기로 정향되게 하는데 영향을 미친다.

지식인의 자기정체성 상실과 관련하여 천쓰허[陳思和]는 반성의 실마리를 지식인의 독자적인 자본, 즉 지식의 부재와 사회적 책임감의 상실에서 찾는다.[8] 오사(五四) 이후로 80년대까지 중국의 지식인들은 "지식은 없고 책임감만 있었는데", 경제적인 것이 모든 것을 지배하게 된 90년대의 현

7) 王曉明 等, 「曠野上的廢墟－文學和人文精神的危機」, 『上海文學』 6기, 1993.
8) 陳思和 等, 「當代知識分子的價値規範」, 『上海文學』 7기, 1993.

실 속에서 그 책임감마저도 상실하게 되자 "아무 것도 아닌 존재"로 전락하게 되었다는 것이다. 그러므로 이제 지식인이 다시금 자기 정체성을 확보할 수 있기 위해서는 지식인의 고유한 역할인 사회적 책임감의 회복이 요청된다. 한편 치엔리췬[錢理群] 등은 중국이 경제흥국(經濟興國)의 길을 택한 현실 속에서 자연과학이나 사회과학과는 달리 실용적 가치가 크지 않고 상품적 가치로의 전환이 용이하지 않은 인문학이나 인문학자가 주변화와 소외의 운명에 처하게 된 것은 역사적 필연이라고 해석하면서, 지금까지 중국의 지식인이 사회와 문화 속에서 중심적인 역할을 할 수 있는 것처럼 여겨온 것은 체제가 그들에게 부여한 착각이거나 역사가 그들에게 씌워 놓은 환각에 불과한 것이었다고 말한다.[9] 그러므로 이러한 착각이나 환각으로 자기정체성 확인을 대신해온 지식인의 허위의식이 반성의 출발점이 되어야 하는 것이다. 이제 그들이 선택해야하는 길은 정치에 예속되지 않고 상업에도 예속되지 않은 순수한 학술문화를 확립하는 일이다. 학자가 거리에서 서재로 돌아오고 학문이 현실을 초월한 추상의 영역에서 탐구에 몰두하는 독립된 학술전통을 수립하는 것이 지식인이 자기 정체성을 회복하기 위한 긴요한 과제가 된다.

2. 인문정신 '상실'론과 반격

『상해문학』에서의 좌담이 인문지식인의 자기반성과 새로운 역할 찾기에 초점이 맞추어져 있었던 것에 비해 『독서』에서 논의는 주제가 인문정

9) 陳平原, 錢理群 외, 「人文學者的命運及選擇」, 『上海文學』 7기, 1993.

신에 대한 개념 규정과, 인문정신 상실의 원인에 대한 탐색으로 확대된다. 인문정신에 대한 규정은 논자들에 따라 다양하지만 크게 세 가지 정도로 분류할 수 있다. 하나는 인문정신을 지식인의 행위규범이나 실천원칙으로 파악하는 경우이다. 천쓰허가 이러한 입장을 대표한다. 천쓰허는 「인문정신 가능한가, 어떻게 가능한가」에서 지식인들이 "자기 자신의 학술사상과 학술전통을 가지고 현실정치에 참여하여 통치자가 무엇을 원하는가에 개의치 않고 오직 통치자에게 어떻게 해야만 하는 가를 요구"할 수 있었던, 공맹(孔孟)의 시대를 인문정신이 구현되었던 시대로 간주한다.[10] 「도통, 정통, 학통」에서 천쓰허는 또한 "인문정신이란 처세의 태도이며, 지식인이 세계와 사회에 대해서 가지고 있는 독특한 이해방식과 참여방식"이라고 규정하면서 인문정신의 문제를 지식인의 문제와 동일시하는 자신의 입장을 보다 분명하게 밝힌다. 천쓰허의 이러한 관점은 『독서』에서의 좌담에 참석했던 여러 논자들에게 공통적으로 나타난다.

인문정신에 대한 또 다른 규정은 그것이 "사회공동체가 오랜 기간 동안의 역사와 문화와 전통 속에서 이룩한 가치판단의 기준", 혹은 인간이 인간다운 삶을 살 수 있도록 하는 보편적인 원칙이라는 것이다. 이러한 입장은 장루룬[張汝倫]에 의해 대표되는데 그것은 자발적으로 "자연상태를 벗어난" 인간에게 비로소 가능한 "삶의 형태이며 이상적인 삶의 목표"라고 할 수 있다. 이러한 인문정신은 "살신성인(殺身成仁), 사신취의(舍身取義)"나 "개인적인 이익을 희생하는" "순교자 정신(殉道精神)"을 통해서 구현된다. 여기에서도 인문정신의 실천성은 강조된다. 인간이 인간인 근거가

10) 좌담, 「人文精神 : 是否可能與如何可能」, 『人文精神尋思錄』(王曉明 編), 上海 : 文匯出版社, 1996.2.

"자발적이고 구체적으로 초개인적인 보편원칙을 실천함으로써 자신의 인성을 완성시키고, 승화시킬 수 있는" 데 있다면, 인문정신이란 바로 그러한 목표를 향한 "인간의 지속적인 실천과 노력 속에서만" 구현되는 것이기 때문이다. 인문정신을 지식인의 처세규범으로 규정한 천쓰허 등의 입장과, 인간다운 삶을 위한 보편원칙으로 규정한 장루룬 등의 입장 외에도 웬진[袁進] 같은 이들은 인문정신을 "'인간' '존재'에 대한 사고이며, '인간'의 가치나 '인간' 삶의 의미에 대한 관심" 혹은 "인간의 운명과 고통과 해방에 대한 생각과 모색"으로 규정하면서 그것이 도덕적 가치와 구별되는 "형이상학적이며 인간의 궁극적인 관심에 속하는 것"임을 강조한다.

인문정신에 대한 위와 같은 이해에 기초하여 논자들이 지적하는 인문정신 상실의 원인을 정리해보면 다음과 같다. 우선 오랫동안 수입지식에만 의존해온 학술전통과 그것에서 비롯된 분석능력, 비판능력의 상실이 그 원인으로 꼽힌다.[11] 중국의 지식인들은 근대 이후 모든 전통적인 학술전통을 부정하고 서양의 학문만을 지적 참조체계로 삼아왔다. 이것이 중국 지식인들로 하여금 독자적인 정신의 척도, 즉 지식인들의 "독립적인 서사"를 가지지 못하게 함으로써, 현재의 위기를 초래했다는 것이다.[12] 혹자는 또 "인간의 운명에 대한 관심과 인간의 본질에 대한 사고"로서의 인문정신이 전통문화 속에서는 비주류로나마 명맥을 유지해오다가 만청(晩淸)에 이르러서 "구국의 열정 속에서 현실적이고 공리적인 고려가 모든 것을 압도하면서" "급격한 몰락"을 맞게 되고 그러한 문제가 사회주의 시장경제를 추구하는 당대에 오면서 더욱 심화되었다고 설명한다. 1949년

11) 위의 글.

12) 좌담, 「我們需要怎樣的人文精神」, 『人文精神尋思錄』(王曉明 編), 上海 : 文匯出版社, 1996.2.

이후의 지식인의 생존조건이 인문정신 상실의 원인으로 지적되기도 한다. 차이샹[蔡翔]은 사회주의 중국에서 지식인들은 한편으로는 체제의 수혜자로 다른 한편으로는 사상개조의 대상으로 "체제에 의해 서서히 길들여지면서 점점 체제의존적인 존재로 바뀌게"되었고 그런 조건하에서 체질화된 의존성과 엘리트의식이 지식인들로 하여금 시장경제의 새로운 현실 앞에서 "밖으로 뛰쳐나갈 용기와 능력을 잃게" 하고, 평범한 '대중'의 역할을 받아들일 수 없게 했다고 말한다.[13]

『상해문학』에서 시작되어 『독서』로 이어진 인문정신 논의들이 대체로 인문정신의 위기 혹은 상실이라는 현실 진단에 동의하면서 상실된 인문정신을 재건할 필요성과 당위에로 논의의 초점을 모아가고 있을 때, 90년대의 대중문화를 대표하는 일군의 작가들, 이른 바 시장경제 하에서 성공한 젊은 '하해(下海)'[14]작가들 사이에서 인문정신 상실론에 대한 반박이 터져 나온다.[15] 이들은 선택의 자유와 서로 다른 개성의 평등한 공존을 내세우면서 인문정신 상실론을 "여전히 과거의 기준으로 지금의 문학을 평가"하는 비평의 낙후성이나 "자신들의 생각으로 작가들을 재단하고, 그것을 작가들에게 요구"하는 비평가들의 독단으로 비판한다. 인문정신논자들에게 비판의 초점이 되었던 왕수어[王朔]는 "어떤 이들이 크게 떠들어대는 인문정신 상실이란 사실은 과거처럼 사회의 관심과 주목을 받지 못하게 된 이들이 자신들에 대한 관심의 시선과 숭배의 눈길의 상실을 개탄하는 것"이라고 되받아 비난하였다.

13) 蔡翔, 「道統, 政統, 學統」, 『人文精神尋思錄』(王曉明 編), 上海 : 文匯出版社, 1996.2.
14) 사전적인 의미로는 본래의 업무를 포기하고 상업에 종사하는 것을 의미하는데, 여기에서 '下海作家'란 작가이면서 기업을 경영한다든가 기타 영리 목적의 활동에 종사하는 것을 가리킨다.
15) 王朔 等, 「選擇的自由與文化態勢」, 『上海文學』 4기, 1994.

왕수어에 이어 저명 작가 왕멍[王蒙]이 다시 인문정신상실론에 대해 강력한 반격을 펼친다.[16] 신랄한 논조로 일관한 왕멍의 비판은 인문정신에 관한 토론을 논쟁으로 비화시키면서 문단에 적지 않은 파장을 불러일으키게 되는데 그 내용은 크게 세 가지로 정리할 수 있다. 하나는 인문정신 논자들이 문학의 엄숙성과 신성성을 잣대로 하여 왕수어 등의 통속문학에 대해 행한 비판을 재비판한 것이다. 왕멍은 "문학에서 최소한의 유머 감각조차도 인정되지 않는다면 거기에 무슨 인문정신이 있겠는가?"라고 반문하면서, 루쉰[魯迅]이 비록 위대하지만 문단에 만일 같은 루쉰이 50명이나 있다면 그것은 끔찍한 일이며, "중국인이 모두 공자가 되거나 모두 아큐가 되는 것도 똑같이 무시무시한 일"이라고 말한다. 같은 맥락에서 왕멍은 다양한 작가들에게 모두 같은 잣대를 들이대어 비판하는 것은 "잠재적인 문화전제주의"의 표현이며, "인문정신을 신성화 · 절대화하는 것은 다른 어떤 추상적인 개념이나 교조를 절대화하는 것과 마찬가지로 자승자박이 될 것"이라고 경고한다.

왕멍의 또 다른 비판은 인문정신논자들의 인문정신이 전통사상이나 계획경제의 정신과의 사이에서 드러내는 친연[親緣]성에 대한 것이다. 그것은 무엇보다도 인문정신논의의 전제가 되는 인간에 대한 이해 혹은 규정에서 나타난다. 왕멍에게 인문정신이란 서구에서 발원한 휴머니즘과 다르지 않다. 그것은 인간을 주체로 하고 인간을 대상으로 하는 사상이며 인간에 대한 관심이다. 여기에서 인간에 대한 관심이라고 할 때 거기에는 "인간의 물질적인 생활 조건을 개선하는 일에 대한 관심"도 당연히 포함된다. 그러나 인문정신논자들은 인간의 정신적인 요구와 물질적인 요구

16) 王蒙, 「人文精神偶感」, 『人文精神尋思錄』(王曉明 編), 上海 : 文匯出版社, 1996.2.

를 나누어 대립시키고 정신에 대해서 "눈에 보이는 어떠한 물질적 유혹에 대해서도 거절"할 것을 요구한다는 것이다. 왕멍은 이러한 것은 "인간에게 장기간 허리띠를 졸라매고 서북풍만 마시게 하면서 그런 상황을 억지로 미화시키기 위해 인문정신을 선전"했던 마오[毛] 시대의 정신과 본질적으로 다르지 않다고 비판한다.

왕멍은 이어 중국의 전통사상 속에는 "인문정신이 있어본 적이 없다"는 주장으로 인문정신 상실론 자체를 부정하는 데까지 나아간다. 중국에 있었던 것은 "투쟁정신, 희생정신, 집단을 위해 무조건적으로 개인을 억압하는 이타정신일 뿐 인문정신은 아니"라는 것이다. 인문정신논자들에 대한 왕멍의 비판은 시장경제에 대한 관점과도 연관된다. 왕멍은 "부유는 문명의 굴레가 아니라 열매"이며 시장경제의 발달은 "인간에 대한 관심을 구두선에 미물지 않고 현실로 바꾸어 주는" 물질적 토대라는 견해를 개진한다. 시장경제는 무엇보다도 살아있는 진실한 인간의 욕망과 욕구를 긍정하는데서 출발하고 있으며, 그것은 군자나 영웅처럼 '크게 쓰여진 인간[大寫的人]'이나 '대공무사(大公無私)'의 이념적 인간을 선전하며 살아있는 인간의 욕망과 필요를 부정하는 계획경제의 거짓 인문정신과는 본질적으로 다른 것이라는 것이다.

인문정신론에 대한 비판은 후현대(後現代)주의자들에게서도 나온다. 취웨이꾸어[曲衛國]는 인문정신이란 실체가 아니라 특정한 문맥 하에서 형성된 하나의 '해석'에 불과하다라는 해체론적 입장에서의 문제제기를 통해 인문정신상실론에 대해 근본적인 반론을 제기한다. 취는 "'인문정신의 상실'이니 '은폐'니 하는 것은 사실은 일정한 문맥 하에서 주도적인 위치를 차지하던 해석이 존재의 근거와 권위를 잃게 된 것"에 불과하며17) "어떤 주도적인 해석이 쇠락하게 되는 것은 그 자체가 사회발전의 결과"라고 설명한다. 왕이취엔[王一川]은 90년대의 문화적 현실을 그것의 경제적 토대와 연결시키면서 "경제의 다원화와 사회구성의 다층화는, 80년대의 심미문화와 계몽정신을 지탱해주던 경제형태의 일원화와 사회구성의 평균화가 와해되었음을 선언하는 것"이라고 분석하고 "계몽정신의 쇠락의 필연성"을 역설한다. 대표적인 후신시기(後新時期)론자, 후식민론자로 거론되는 장이우[張頤武]는 "'후신시기'의 문화적 맥락 속에서 '인문정신'은 이미 하나의 거대한 신화요, 최신의 문화적 유행이 되었으며, 또한 윤리적인 판단의 전제와 조건이 되었다"고 비판하면서, 지금 인문정신을 외치는 것은 어떤 초험적(超驗的)이고, 환상적인 현대성의 목표를 슬그머니 환기"시킴으로써 "지식인이 계몽과 대리자의 중심적 위치를 유지하기 위한 합법적인 전제"를 마련하려는 속셈이라고 비난한다.[18] 이와 함께 장은 인문정신과 세속문화를 구분하는 인문정신논자들의 귀족적 우월주의에 맞서 다양하고 복합적인 문화의 공존을 옹호하며, 대중문화와 후현대 · 후식민이론과의 결합 속에서 새로운 문화적 가능성을 모색해야 한다고 주장하기도 한다.

3. '이왕지쟁(二王之爭)'과 그 해석

왕멍과 후현대주의자들의 비판으로, 애초에 지식인의 사회적 책임의식과 비판의식의 회복을 주장하면서 진보의 입장을 자처했던 인문정신논

17) 曲衛國, 「危機? 進步?」, 『讀書』 8기, 生活 · 達弟 · 新知三联弟店出版社, 1993, 101면.
18) 張頤武, 「人文精神 : 最後的神話」, 『人文精神尋思錄』(王曉明 編), 上海 : 文匯出版社, 1996.2.

자들은 졸지에 문화전제주의자, 전통수호주의자, 현실의 발전방향을 역행하는 보수주의자로 몰리게 되었다. 특히 같은 엄숙(嚴肅)문학의 진영에 속해 있다고 믿었던 왕멍으로부터의 비판은 일종의 배신감을 안겨주는 것이었다. 왕멍의 비판 중에서 인문정신논자들이 가장 강력하게 반발한 것은 왕멍이 "룸펜작가", "통속작가"인 왕수어를 두둔하고 나온 점이었다. "「조직부에 젊은이가 오다(組織部來了個年輕人)」를 발표해서 '숭고한 이상주의의 격정'으로 50년대 청년들을 깊이 감동시켰고"[19] "이후에도 줄곧 '작가와 작품의 인격적인 역량과 도덕적인 정조의 중요성'을 강조"하면서 "문학의 신성한 사명을 스스로 짊어졌던" 왕멍이 문학의 엄숙성과 신성성을 주장하는 인문정신 논자들을 비판하고 오히려 문학의 신성성을 조롱하는 통속작가 왕수어를 옹호한 것은 그 주장의 객관적 타당성을 논하기에 앞서 감정적인 반발을 불러일으키기에 족했다. 또한 전통사상과의 친화성이나 시장경제에 대한 소극성 등을 비판한 부분과는 달리 왕멍의 왕수어에 대한 옹호는 상대적으로 명분이 약했다. 왕멍의 지금까지의 행적을 돌아볼 때 그것은 엄숙문학에서 통속문학으로의 '전향'으로 해석될 수 있는 여지가 있었다.

왕빈빈은 왕멍의 왕수어에 대한 옹호를 "너무나 시류에 민감하고 처세술에 밝은 과잉총명"이라고 비난했고,[20] 왕멍은 이에 대해 다시 『상해문학』 등을 통해 왕빈빈을 "글 하나 제대로 발표하지 못하는 문학청년"이라고 인신공격적인 비난을 퍼부었으며[21] 여기에 대해 왕빈빈은 다시 "관용

19) 余開偉, 「王蒙是否轉向」, 『文藝爭鳴』 3기, 1995.
20) 王彬彬, 「過於聰明的中國作家」, 『文藝爭鳴』 6기, 1994.
21) 陶東風, 「從'王蒙現象'談到文化價値的建構」, 『文藝爭鳴』 3기, 1995.

의 가면이 벗겨지고, 유머도 완전히 종적을 감추어 버렸다"라고 왕멍을 비난했다.[22] 이후 적지 않은 논자들이 왕멍과 왕빈빈 간의 설전[二王之爭]에 가세하면서 인문정신에 관한 논쟁은 감정적이고 인신공격적인 비난의 양상으로 격화되었다.

이왕지쟁(二王之爭)의 구도를 형성하면서 서로 간의 감정적인 비난으로 격화되었던 인문정신논자들과 왕멍 사이의 논쟁은 타오동펑[陶東風]의 「'왕멍현상'에서 문화가치의 건설에로」를 통해서 일단락된다. 타오동펑이 이 글에서 특별히 부각시키고 있는 것은 문혁이라는 문맥이다. 타오동펑은 인문정신논자들에 대해서 그들의 왕멍에 대한 비판이 "왕멍이 중국의 정치적 문화적 전제에 대해 가지고 있는 두려움과 경계의 깊이를 알지 못하는데서 비롯된" 것이라고 지적한다.

> 그(왕멍)가 보기에, 현재 시장경제가 야기한 시민문화 · 대중문화 · 평민문화 사조의 흥기는 극좌의 정치문화를 해체하는 유력하고 가장 현실적인 무기이다. 이 때문에 시민문화 · 대중문화 · 평민문화에 대한 옹호와 문화의 시장화, 상품화에 대한 동의[認同]는 그에게는 특수한 전략인 것이다. 왕수어에게는 정치나 관방의 이데올로기를 조롱하는 것이 가벼운 유희로서 전혀 심각할 필요가 없는 것이지만, 왕멍에게 있어서 정치를 조소하는 것은 일장의 전투, 그것도 특별한 전투인 것이다.[23]

타오동펑은 인문정신논자들이 "이점을 이해하지 못하면 왕멍을 진정

22) 王彬彬, 「再談過於聰明的中國作家及其他」, 『文藝爭鳴』 2기, 1995.
23) 陶東風, 「從'王蒙現象'談到文化價值的建構」, 『文藝爭鳴』 3기, 1995, 7면.

으로 읽어낼 수 가 없다"고 말한다. 타오동평은 인문정신논자들에게 왕멍이 개인적인 체험 속에서 가지고 있는 전제주의에 대한 두려움의 깊이를 이해하면서 왕멍의 글 속에서 "아직까지 주목받지 못했지만 정말로 중요한 것"을 읽어낼 수 있는 "방법과 시각의 전환"을 요구한다. 한편 왕멍에게는 인문정신 논자들의 "궁극적인 것에 대한 호소와 초월적인 것에 대한 지향"이 "역사적으로 존재했던 정치실용주의와 현재의 경제실용주의가 야기한 가치 허무주의와 극단적인 상대주의" 속에서 "문화가치가 규범을 잃게 된 당대의 문화적인 문맥에 대한 또 다른 대응"이며 왕멍이 비난한 것처럼 "구름 위의 공담"이 아니라고 설명함으로써 쌍방의 화해를 종용한다. 인문정신논자들과 왕멍 사이에서 서로에 대한 이해를 촉구함으로써 감정적인 공격으로 비화된 논쟁을 종결지은 것 외에도, 타오동평의 이 글에서 각별히 중요하게 생각되는 것은 이 양자간의 대립에 구체적인 문맥을 부여하고 있는 다음과 같은 언급이다.

> 역사의 유물로 남겨진 정치화(政治化)된 문화전제주의와, 사회체제의 변화가 야기한 문화적 가치 규범의 상실이 현재의 중국에 동시에 존재한다. 지식인들의 가치 선택에서의 분기는 대부분 이런 모순된 문화적 상황에 대한 서로 다른 대응 방식이며, 이러한 서로 다른 대응방식이 곧 90년대 인문지식인 엘리트 집단의 분화를 나타내주는 근본적인 표지이다.[24)]

여기에서 "역사의 유물로 남겨진 정치화된 문화전제주의"와 "문화적 가치 규범의 상실"을 초래한 사회체제의 변화란 각각 아직도 명료하게 청

24) 위의 글, 9~10면.

산되지 않은 문화대혁명의 잔재와 본격적인 가동단계에 들어선 시장경제의 현실을 가리킨다. 왕멍의 비판에서 시작되어 격렬한 인신공격으로까지 비화되었던 인문정신논쟁은 타오동펑의 이 글을 계기로 90년대의 현실에 대한 새로운 인식과 결합되면서 새로운 차원으로 옮겨진다.

4. 인문정신 논쟁이 얻은 것 ─ 문맥의 발견

인문정신 논의가 왕멍의 비판을 거치면서 얻게 된 가장 큰 수확은 무엇보다도 감추어져 있던 문맥의 발견에 있다. 그 문맥이란 바로 문화대혁명의 유산과 시장경제의 현실, 그리고 80년대의 계몽담론과의 관련성이 복잡하게 얽혀있는 90년대 중국의 정치·경제적 현실이다.

1) 미완성의 근대화─'인문정신'이 '은폐'하는 것

「'왕멍현상'에서 문화가치의 건설에로」에서 중간자적 입장에 서서 왕멍과 인문정신 논자들 사이의 화해를 주도했던 타오동펑은 「'인문정신'의 사색에 대한 사색」에서는 인문정신론을 비판하고 시장경제를 적극적으로 옹호하는 쪽으로 입장을 선회한다. 타오동펑은 이 글에서 90년대의 현실은 기본적으로 80년대에 계몽지식인들이 요구했던 근대화 실현과정의 연장선상에 있으며, 따라서 90년대의 과제는 아직 불완전하게 실현된 "80년대의 사명을 완성"하는 것이고 말한다. 80년대에 '사상해방'의 구호 아래 그들이 요구했던 것이 정치의 민주화와 경제의 자유화, 문화의 세속화를 핵심적 내용으로 하는 근대화였다고 할 때, 시장경제로의 전환은 바로 경제 자유화가 갓 실현단계에 들어선 표지이며, 문화의 세속화는 그런 경제자유화 과정의 자연스러운 부산물이라는 것이다. 이에 비해 90년대의 현실 속에서 여전히 억압되어 있고 현실화되지 못한 것은 정치의 민주화와 언론의 자유 등이다. 현재 중국사회의 문제는 경제 자유화의 자연스러운 귀결인 "문화의 세속화"에 있는 것이 아니라 "아직도 너무나 많이 남아 있는 전근대적이고, 정치사회적인 속성"에 있으며, "구체제의 권력구조가 여전히 새로운 체제의 수립을 저해함으로써 시장 활동과 세속적인 현실에서 정상적인 규범의 확립을 어렵게 하는" 현실에 있다. 그러므로 경제적인 영역에서 90년대의 과제는 정치적인 규제 속에서 아직 충분히 실현되지 못한 경제의 자유를 마저 실현하는 것이며 정치・사상의 영역에서는 여전히 소멸되지 않고 있는 "80년대의 적"들과 "좌파적인 것들", "문화전제주의"의 위협과 투쟁하는 것이다. 그가 특별히 우려하는 것은 정치와 사상의 영역에서 여전히 잔존해 있는 좌파적인 것들의 영향력이다. 이런 현실인식에 토대해서 타오동펑은 인문정신을 제창하는 사람들이 문제의 본질에 대한 정확한 인식 없이 마치 "중국사회가 이미 충분히 상업화・세속화되었다"는 듯이 "비판의 창끝을 대중화, 상업문화, 문예의 시장화로 돌리고", 도덕의 타락이라는 문제를 소리 높여 외치는 것은 "인문적인 격정이 과학적인 이성을 삼켜버린 결과"이며, 90년대 현실의 근본적인 문제를 은폐하는 행위라고 비판한다. 타오동펑은 이제 시장경제나 상업문화에 대한 태도가 보수와 진보를 가르고, 지식인들 사이의 분화를 나타내는 표지가 되었다고 말한다.[25)]

---

25) 靳大成・陶東風, 앞의 글.

2) 인문정신론의 변화와 문혁에 대한 재반사(再反思)

왕멍과의 논쟁과 이어진 일련의 비판들에서 지적된 것은 인문정신론이 80년대 사상해방운동의 결실로 얻어진 개인의 자유와 문화의 다원화를 부정하며, 전통사상이나 문화전제주의와 친연성의 혐의가 있다는 것, 그리고 무엇보다도 시장경제라는 새로운 현실에 대한 올바른 인식이 결여되어 있다는 것 등이었다. 이러한 비판은 인문정신론자들로 하여금 공동체적 이상과 "신성하고 숭고한 이상주의"를 포기하지 않으면서도 전통사상과의 경계를 분명히 하고 그것에 당대적 의미를 부여하려는 의도적인 노력을 하게 한다. 그러한 노력은 우선 자신들이 제창하는 인문정신이 전통사상의 인문정신과는 분명하게 구별되는 것이라는 점을 부각시키고 시장경제와 개인의 자유에 대한 긍정적인 입장을 표명하는 것을 통해 나타난다. 멍판화[孟繁華]는 "전통적인 도덕가치관이 옹호되거나 견지될 가치가 있는가 여부는 이미 토론할 필요가 없는 문제"이며, '새로운 이상주의'는 "전통적인 이상주의와는 완전히 다른 것"이라고 말한다.[26] 그것은 "일체화의 패권성"에 대해 충분히 경계하면서 가치의 다원성을 적극적으로 긍정하는 전제 위에서 주장되는 새로운 이상주의인 것이다. 치슈위[祁述裕]도 시장경제 하에서도 "전 사회가 공동으로 추구하는 이상"으로서의 인문정신은 여전히 필요하지만 그러한 인문정신이란 개체간의 차별성을 인정하고 개인 행위의 자유를 충분히 존중하면서 시장경제에서도 필요한 사회의 "정화제"나 "경계체제"로서의 비판적 사명을 감당하는 '새로운 인

26) 孟繁華, 「新理想主義與知識分子意識形態」, 『人文精神尋思錄』(王曉明 編), 上海 : 文匯出版社, 1996.2.

문정신'이라는 점을 강조한다.[27] 요컨대, 이러한 인문정신이란 "자유주의의 성과인 개인의 자율성을 결코 포기하지 않으면서도"[28] 다른 한편으로는, "선한 삶에 대한 어떠한 합의도 존재하지 않고 단지 개인적인 욕망만이 지배하는" 사회를 방지할 새로운 공동체적 가치와 질서의 수립을 동시에 목표로 하는 것이다.

왕멍과의 논쟁을 거치면서 인문정신 논자들이 발견한 또 한 가지는 90년대의 현실 속에서 문화대혁명이라는 역사적 체험이 가지는 역작용이다. 타오동펑은 인문정신론자들과 왕멍 사이의 논쟁의 종결을 주도하면서, 인문정신논자들에게 문혁의 체험이 남긴 깊은 상처에 대한 이해를 촉구했었는데 이왕지쟁(二王之爭)의 당사자였던 왕빈빈은 타오동펑이 제기한 문제를 다시, 문혁의 체험이 90년대 중국 현실에서 비판적 담론으로 제기된 인문정신을 어떻게 왜곡시키는가에 관한 성찰로 밀고 간다. 신성과 숭고와 이상을 옹호하는 것이 마치 전제주의적인 발상의 표지인 것처럼 이해되고 금기시되는 것은 문혁에 대한 반사(反思)의 과정에서 '문혁'이라는 '재난'의 발생을 "이상과 격정의 책임으로 돌리고, 신성감과 숭고감의 책임으로 돌린"데서 기인한다는 것이다. "이상 · 격정 · 신성 · 숭고가 '문혁'이라는 재난을 초래했다"고 해석하기 때문에 그런 재난을 방지하기 위해서는 거창한 것들은 이야기하지 말고 사소한 것들만을 작은 목소리로 말하는 저조주의(低調主義)를 처방으로 제시하게 된 것이다. 그러나 과연 이러한 해석과 처방이 타당한가, 왕빈빈은 그것이 80년대에 이루어진 문혁에 대한 역사 · 문화적 차원에서의 반성이 결과적으로 전통문화에 대

27) 祁述裕, 「無法回避的崇高－關於建設新的人文精神的爭論及其評價」, 『文藝爭鳴』 3기, 1995.
28) 서영조, 「공동체주의의 자유주의 비판」, 『사회비평』 16호, 1996, 149면.

한 일체의 부정[全盤否定]으로 극단화된 것과 마찬가지로 "잘못된 처방"이라고 비판한다. "문화대혁명에 대한 90년대적 반사"에 대한 재반사(再反思)라고 부를 수 있는 왕빈빈의 이러한 인식은 일차적으로 신성과 이상과 숭고의 명예를 회복시킴으로써 인문정신론에 씌워진 잘못된 누명을 벗기려는 의도를 띠고 있는 것이지만 그 객관적인 의미는 그러한 의도에서 한 걸음 더 나아간 자리에 있는 것으로 생각된다.

> 지금 사람들이 문혁에 대해 반사할 때는, 의식적이든 무의식적이든 문혁을 하나의 부정적인 사례로 삼아 현실을 판단하는 척도로, 그것도 거의 유일한 척도로 삼는다. 현재를 문혁시기와 비교해서 문혁시기보다 낫기만 하면 그런 현재의 모든 것은 충분히 긍정할 이유가 있다고 생각하는 것이다. 그리고 또 바로 이러한 이유 때문에 현재의 상황에 대한 어떤 불만이나 비판도 제기해서는 안 되는 것으로 여긴다.[29]

여기에서 특별히 중요하게 생각되는 것은 90년대의 현실에서도 문화대혁명은 아직 명료하게 해석되지 않은 역사적 사건으로 남아있다는 사실이며, 또한 그러한 정리되지 않은 문혁이 개별적인 역사적 체험을 통해 90년대 현실에서 현실에 대한 올바른 인식을 방해하는 하나의 질곡으로 작용하고 있다는 사실이다. 왕멍을 비롯한 인문정신 반대론자들의 관심은 90년대적 현실 속에서 어떻게 하면 아직도 완전히 사라지지 않고 있는 문화대혁명의 잔재들이 소생하는 것을 막을 것인가에 집중되어 있다. 그 때문에 그들은 '좌파적인 것'의 해악에 대해서는 예민하지만 그런 좌파적

29) 王彬彬, 「錯開的藥方」, 『文藝爭鳴』 1기, 1996, 10면.

인 것의 토대를 해체할 수 있을 것이라고 생각되는 시장경제에 대해서는 무조건적으로 긍정하는 인식의 편향을 범하게 되는 것이다. 좌파적인 것에 대한 두려움이 좌파적인 것과 우파적인 것 모두에 대한 냉정한 인식을 방해하는 것이다. 왕빈빈의 이 글은 문혁에 대한 과도한 경계가 그러한 태도에 대한 근본적인 반성의 여유를 빼앗음으로써 또 다른 이념적 질곡으로 작용할 수도 있다는 사실을 지적해 준다.

3) 계몽담론의 비판력 상실

『문예쟁명』 95년 6기에 실린 쾅신니엔[曠新年]의 「'인문정신'에 대한 고찰과 비판」[30]은 한편으로 인문정신론의 근본적인 한계를 지적하면서 동시에 왕멍 등의 "타락"을 비판하고, "계몽적 가치의 수호"를 주장하면서 마르크스주의와 사회주의에 대한 재평가를 조심스럽게 제안하고 있다.

앞에서 후현대주의자인 장이우 등이 인문정신논자에 대한 비판의 대열에 참여한 것을 살펴본 바 있는데, 쾅은 90년대 문화의 가장 큰 특징을 후현대주의의 "천하통일"과 계몽담론의 입지상실로 설명한다. 후현대주의는 "계몽의 신화를 만신창이로 만들면서 언어와 욕망의 신화, 현실과 시장의 신화를 세워 천하를 통일"했으며, 그 결과로 "실용주의가 우리 문화의 영혼을 지배하게 되었다"는 것이다. 그 속에서 "80년대의 이른 바 '사상적인 엘리트'였던 리저호우[李澤厚]나 왕멍 등의 대가들이 모두 '타락'하여 시장의 신화와 현실의 신화를 만들어내고, 상업 이데올로기와 세속

30) 曠新年, 「對'人文精神'的一點考查與批評」, 『文藝爭鳴』 6기, 1995.

신화에 대한 숭배를 만들어 현실에 대해 전면적인 공감과 동의를 표하게 된 것이다." 그들은 스스로 지식인에서 문화직업인[文化白領]으로 '전향'하였고, "후현대주의의 '환락송(歡樂頌)'의 합창에 참여하게" 되었다. 광은 이렇게 재해석한 현실을 "진흙탕"이라고 부른다. 90년대의 지식인들은 모두 후현대주의의 진흙탕 속에 빠져있다. 그들의 "앞에는 상업주의의 도도한 물결과 물질주의의 거대한 압력이 있고, 뒤에는 지식의 붕괴와 정신의 함몰이라는 어두운 황원이 놓여져 있다." 그들은 "거대한 실패"에 봉착하게 되었다. 지식인들이 인문정신을 제창한 것은 이런 정신적 늪에서 벗어나려는 것이었지만, 그들은 "중국의 현실이 어떠한 것인지에 대해 제대로 알지도 못하고 알려고도 하지 않은 채" 인문정신을 도덕이니 이상주의니 종교정신이니 하는 공허한 주장들로 만들어 버리는 무지와 오류를 범하였다. 이제 "80년대의 계몽이상이 90년대의 세속적인 현실로 전락해서 돈에 대한 욕망과 물질주의의 희생물이 되고", 문화산업이 "시장이라는 천당과 부유라는 신화의 조작"으로 천하를 지배하는 것에 맞서 "계몽이성을 수호할" 어떤 정신적인 힘도 사상적인 근거도 남아있지 않다. "90년대는 비판능력이 완전히 마비상태에 빠진" 시대이다. 이런 진단 위에서 광은 사회주의와 마르크스주의에 대한 새로운 평가를 제안한다.

90년대의 현실 속에서 인문정신론도, 그에 대한 비판의 주장들도 모두 비판력을 상실했다는 광의 호소는 무엇을 의미하는 것일까. 93년에 시작되어 근 3년 이상 중국 문화계·사상계의 관심을 모았고 여전히 종결되지 않은 화제로 남아있는 인문정신 논쟁이 남겨놓은 것은 전통사상과 근대화이론과 마르크스주의가 복잡하게 얽혀 한 덩어리를 이루고 있는 90년대 중국 현실에 대한 총체적인 질문이다.

5. 맺음말

사회주의적인 정치와 자본주의적인 경제를 결합하려는 덩샤오핑 사회주의 개혁프로그램은 무수한 이론적 · 실천적인 딜레마들을 내포하고 있고, 이것이 야기하는 정신적 · 사회적 혼란 속에서 기존의 사고틀과 가치판단의 기준들은 유효성을 상실해가고 있다. 아시아의 신흥 자본주의 국가들이 중국이 참조해야할 의미 있는 근대화모델로 받아들여지면서 전통유가사상은 더 이상 근대화에 대립적인 이데올로기가 아니게 되었고, 시장경제의 개혁을 통해 세계자본주의체제 속으로의 편입을 자발적인 목표로 하는 90년대의 현실 속에서 반봉건 근대화의 80년대적 기획들은 비판적 담론으로서의 유효성과 힘을 크게 상실하게 되었다. 민족주의가 애국의 정신과 단순하게 동일시될 수 없고, 반(反)근대, 반자본주의의 이념적 본질을 간직한 고전적 마르크스주의는 사회주의 중국에서 설 자리를 잃어가고 있다. 한때는 명료했던 모든 이념들이 역사와 현실의 복잡한 문맥 속에서 얽히고설킨 채 이념적인 변질을 겪고 상호모순적인 기능들을 발휘한다. 명료한 것은 부강한 신(新)중국 건설의 열망뿐이다.

인문정신에 관한 일련의 토론들은 90년대의 중국사회의 이러한 정신적 풍경을 그대로 보여준다. "과학 기술과 자본주의의 확산 그리고 도구적 이성의 팽창으로 파생되는 물신숭배와 인간의 사물화에 저항하는 대항 담론"[31]으로서 당대적 진보성을 갖는 인문정신이 전통이데올로기의 부활이나 개인을 억압하는 전제주의적 의도와 혼동되고, 시장경제발전의 물적 토대 위에서 인간의 자유와 권리를 확대하고 정치권력의 전제주의

31) 이승환, 「'1990년대 중국 학술계의 동향'에 대한 논평」, 『현실과 철학』, 1997년 여름.

적 권력남용을 견제하면서 정치적 민주화의 실현을 의도했던 계몽담론은 주로 단계론적 현실론의 형태로만 표현됨으로서, 근대화의 지속적 추진을 절대목표로 삼는 중국공산당의 정책에 흡수되어 비판적 이념으로서의 기능을 더 이상 수행할 수 없게 된다. 탈근대 담론이었던 후현대주의는 중국에서 민족주의와 결합하여 중화주의의 주장으로 귀결되고, 계몽담론의 무력화와 역사의식이 결여된 후현대주의의 부정적 영향을 우려하는 사람들에 의해 대안적 사고로 내세워진 새로운 마르크스주의는 좌파적이라는 혐의 속에서 "설 자리를 잃어가고 있는" 형편이다.

인문정신에 관한 토론이 90년대 지성계에서 가지는 의미는 여러 가지를 들 수 있다. 1989년 6 · 4 천안문 사건 이후 오랜 침묵기로 접어들었던 지식계가 "90년대 이후 처음으로 광범하고 열렬하게 호응한 화제"[32]였다든가, "권력의 개입이나 간섭 없이 순수하게 민간에서 자발적으로 일어난, 반세기 동안 중국에 있어본 적이 없는 기념할 만한 사건"이라든가, "민주주의의 맹아" 등이 그 대표적인 것들이다.[33] 그러나 인문정신 논쟁의 가장 중요한 의미는 무엇보다도 90년대의 현실에 대한 지식인들의 자기우려나 대중문화에 대한 저항감으로 시작되었던 논의가, 서로 다른 입장의 논자들 사이에서 반박과 재반박을 거듭하는 동안 그 현실의 심층에 복잡하게 얽혀 있으면서 자신들의 삶을 규정짓고 자신들의 논의를 왜곡시키는 역사적 · 현실적 문맥들을 드러내는 데까지 이르렀다는 데 있는 것으로 생각된다.

인문정신 토론에 직접 참여했던 한 지식인의 다음과 같은 고백은 비록

32) 王曉明, 「編後記」, 『人文精神尋思錄』, 中國文學, 第29輯, 1998.
33) 謝冕, 「值得紀念的一個事件」, 『文藝爭鳴』 6기, 1995.

그것이 혼란의 모습을 띠고 있긴 하지만, 현실의 표면을 넘어서서 그 심층에 놓인 복합적인 문맥들을 발견해낸 인식의 심화를 보여주고 있다는 점에서 인문정신논의가 맺은 소중한 결실의 하나일 것이다.

> 물질과 정신의 이중적 압박 속에서, 하나의 유혹과 상반되는 유혹의 동시적 충동 속에서, 세계체제와 민족체제 사이의 마찰과 접근 속에서, 인류의 정신왕국의 일원으로서의 역할과 자국의 국가이익의 수호자로서의 역할 사이의 모순 속에서, 자신의 정서적 · 혈연적 근원으로서의 중국문화와 자신의 사상적 원천으로서의 서구문화 사이의 양자택일의 어려움 속에서, 현실적인 생존의 수요 때문에 현대화를 추진하지 않을 수 없지만 미래의 생존에 대한 우려 때문에 현대화에 반대하지 않을 수 없는 우왕좌왕의 배회 속에서, 중국 지식인들의 영혼이 겪어야 하는 고난의 길도 막 시작되었다.[34]

34) 李書磊, 「'人文精神'的眞實含意」, 『文藝爭鳴』 6기, 1995, 17면.

'인문학의 위기'와 중국어문학과의 현실

1. 머리말

국내에서 인문학의 위기에 관한 논의가 학계와 비평계의 관심을 모으게 된 것은 학부제 실시 등 1990년대 이후 진행된 일련의 대학 개혁 조치와 그것으로 인해 대학의 인문학과들이 겪게 된 어려움을 주된 배경으로 한다. 세계화를 구호로 내건 김영삼 정부의 '대학 경영론'과 보다 강화된 시장논리의 적용을 대학에 요구했던 김대중 정부 시대를 거치면서 대학들은 생존을 위한 경영의 요구 앞에 서게 되고 그에 따라 돈 안 되는 인문학과들의 수난이 시작된 것이다.[1)]

논의의 발단은 대학의 인문학과가 겪게 된 생존의 위기에서 비롯되었지만 논의가 진행되면서 인문학 위기의 본질과 원인, 그에 대한 대안의

1) 도정일, 「인문학의 미래—몇 가지 모색」, 『인문학연구』 제3호, 경희대 인문학연구소, 1999.

모색과 같은 직접적인 문제들뿐만 아니라 인문학의 정체성과 역할, 인문교육의 이념과 현실 등에 대한 검토로까지 주제가 확장되었다. 논의의 성과는 무엇보다도 인문학연구자들과 인문교육 종사자들이 모처럼 자신들의 문제를 한 마당에 펼쳐 놓고 인문학이 처한 현실과 인문학의 자기 정체성 및 인문학에 대한 시대적 요청 등에 관해 포괄적이고 심도 있는 논의를 집중적으로 개진해볼 수 있었다는 점에 있을 것이다.

이 글에서는 1994년부터 2002년까지 인문학 위기를 둘러싸고 진행된 논의를 대상으로 그 속에서 제기된 논제들을 인문학과 인문교육의 문제로 나누어 살펴본 뒤, 거기에서 제기된 쟁점들을 통해 인문학으로서의 중국어문학연구와 교육에 관한 몇 가지 생각들을 간략하게 제시해보고자 한다.

2. 인문학위기론

1) 인문학의 정체성과 효용

인문학의 위기란 어떤 의미에서는 대학 안으로까지 침투해 들어온 시장 논리와 그 속에서 이제는 더 이상 외면할 수 없게 된 실용적 가치의 요구 앞에 서게 된 인문학연구자들과 인문교육 종사자들이 느끼는 곤혹과 위기의식을 반영하는 것이라고 할 수 있다.[2] 인문학을 포위하고 인문학

2) 인문학의 실용적 가치에 대한 요구 앞에서 학자들은 크게 두 가지 방향의 대응 양상을 보인다. 하나는 인문학도 실용적 가치가 있음을, 즉 인문학도 빵이나 돈이 되는데 직접 · 간접으로

의 생존을 위협하면서 들이닥친 이 새로운 요구 앞에서 인문학자들은 새삼 인문학이 대체 무엇을 하는 학문인가, 인문학을 무력하게 만든 요인과 결과는 어떠한 것인가, 인문학이 여전히 혹은 새롭게 주장해야 할 가치와 역할은 무엇인가를 묻게 되었다. 이러한 질문에 대한 다양한 입장에서의 모색이 '인문학의 위기' 논의의 대체적인 내용을 이루고 있다.

먼저 인문학이 대체 무엇을 하는 학문인가 하는 문제를 둘러싼 논의부터 살펴보자. 인문학의 정체성과 본연의 역할에 대해 논자들은 우선 인문학이 '의미'를 묻는 학문이라는 점을 일치하여 강조한다. 인문학은 "삶의 의미를 탐구하는 학문"이며, "방법지(know-how)의 합리성을 넘어서서 목적의 정당성 자체를 질문하는 학문"이다. 그것은 또한 한편으로는 인간에게 항구적으로 따라다니는 '대면의 요청들', 즉 인간의 삶이 보편적으로 부단히 제기하는 '의미의 요청'들에 응답하면서 다른 한편으로는 '지금 여기'의 현재를 어떻게 살고, 과거와는 어떻게 대면하고 미래에는 어떻게 개입할 것인가의 문제를 사유하는 학문[3] 이기도 하다.

논자들이 인문학의 정체성에 관해 제시하는 또 다른 규정은 인문학이 궁극적인 의미에 대한 질문 속에서 세상을 해석하고 이해할 뿐만 아니라, 그 세계 해석의 과정 속에서 자기 존재의 형성과 변화에도 관여하는 학문이라는 것이다. 인문학은 주변세계와의 관계 속에서 자기 스스로를 인식

기여할 수 있음을 적극적으로 주장하는 것이고, 다른 하나는 그런 요구들을 얼토당토않은 것으로 치부하면서 거부하는 것이다. 전자는 인문학의 가치를 전적으로 경제적 · 물질적인 것에 종속시켜 바라보는 편향을 나타내면서 인문학적 정체성의 문제를 도외시하고 있다는 점에서, 후자는 인문학의 정체성을 고정적이고 배타적으로 설정함으로써 역사적 · 현실적 소통 속에서 비로소 새롭게 되살아나는 인문적 사유의 생명력을 간과하고 있다는 점에서 각각 문제점을 안고 있는 것으로 생각된다.

3) 도정일, 앞의 논문.

하고 나아가 자기 자신을 변화시키는데 관심을 갖는 학문이며, 지적인 노력과 훈련을 통해 인간으로서의 자기 존재를 형성해나감으로써 "인간을 인간으로서 값지게" 만들어주는 학문이다.[4] 그것은 "세계에 대한 경험과 자아의 체험이 깨어있는 주체의 내부에서 서로 만나게"함으로써 주체의 자기 정체성 형성에 깊이 관여한다.[5] 인문학은 본질적으로 규범적 · 반성적 · 실천적 계기들을 자기 안에 가지고 있으며[6] '인간적인 것'을 규범적으로 반성하고 연구하는 학문이다.[7] 이런 규범적 반성이 불가능해질 때 "우리는 그날그날의 목전의 필요성에 지배되든가, 우리가 무반성적으로 갖고 있는 전제 즉 편견에 우리의 삶을 내맡기고 살 수 밖에 없게" 된다.[8]

이상의 논의들은 인문학이란 인간 삶의 궁극적인 혹은 현재적인 의미를 부단히 물으면서 존재에 대한 이해의 지평을 넓혀나가고 동시에 그 속에서 자아와 세계가 만나는 새로운 주체적 경험을 제공함으로써 존재의 형성에도 관여하는 학문이라는 것으로 정리해 볼 수 있다.

---

4) 강영안, 「인문교육의 과거, 현재, 미래」, 『대학교육』, 한국대학교육협의회, 2000.1 · 2.

5) 임홍빈, 「과학기술 시대의 인문적 상상력」, 『현대비평과 이론』(인문학의 위기 특집), 한신문화사, 1994.8.

6) 김남두, 「인문학의 성격과 한국 인문학의 과제」, 『현대비평과 이론』, 1994.8.

7) 인문학의 역할에 관해서는 이것과는 조금 다른 각도에서 인문학과 규범성의 결합을 느슨하게 풀면서 비판정신을 강조하는 견해들도 있다. 인문학이 규범적 정향 학문으로서의 역할을 체념하더라도 비판적 주체형성의 가능성을 제시하는 것이 중요하다는 주장(이상엽)이나 인문학의 실용성을 적극적으로 주장하려는 입장에서 인문학의 역할을 지식기반사회가 필요로 하는 '창조적이고 비판적인 사유'의 배양(홍성욱)으로 규정하는 견해 등이 그러한 것들이다. 그러나 알 수 있듯이 이 경우에도 인문학이 비판적인 사유의 주체를 양성해야 할 책임을 부정하는 것은 아니다.

8) 이성원, 「인문학의 특성, 인문학의 위기」, 『현대비평과 이론』, 1994.8.

2) '시장전체주의'의 위협

무엇이 이러한 인문학의 쓸모를 무력한 것으로 만들고 있는가? 여기에 대해 논자들은 무엇보다도 전지구자본주의, 세계화, 과학기술시대, 정보화 시대, 후기산업사회, 탈현대, 문화제국주의 등의 다양한 수사로 설명되는 이 시대의 지배적인 정신과 문화를 지적한다. 이 시대를 지배하는 시장전체주의 이데올로기와 유용성과 물량의 신화는 물질만능주의와 가치관의 획일화를 부추기고, 산업사회에서 일반화된 기능주의적 가치관과 삶의 태도는 인간을 고유한 실존적 개체로서 바라보는 대신 대체 가능한 도구나 기능으로 간주하게 한다.[9] 본질적 가치를 상실한 문화컨텐츠들이 범람하면서 취미의 저하와 소비적 유물주의를 만연시키고,[10] 지상의 행복과 지상의 행복을 추구하는 학문이 절대화되면서 초월적인 것에 대한 관심은 추방된다.[11] 사회 전체가 경제논리에 봉사하는 거대한 기구로 전락하고, 인간도 경제적 능력에 따라 서열화 되면서 인간이려고 하는 동기체계 자체가 무너져 버리게 된다.[12] "앞만 보고 달리지 않으면 순식간에 낙후되어 새로운 경쟁에서 영영 회복할 수 없는 패배자가 되리라는 일종의 강박관념"이 모두를 짓누르는 각박한 생존 경쟁의 한 복판에서 우리는 살아가고 있다.[13] 이러한 생존의 현실이 우리의 삶 전체를 포위하고

---

9) 임홍빈, 앞의 글

10) 정명환, 「세계화와 인문학자」, 『문학과 사회』, 2002년 가을.

11) 이진우, 「인문'학'이 죽어야 인문'정신'이 산다—기술시대의 지식과 지식인의 미래에 관하여」, 『한국 인문학의 서양 콤플렉스』, 민음사, 1999, 103면.

12) 박만준, 「인문학의 위기에 대한 철학적 대안」, 『학생생활연구』 제14집, 동의대학교 학생상담센터, 1999.

13) 장회익, 「과학기술시대와 인문적가치의 위상」, 『세계의 문학』(위기의 인문주의 특집), 1994.

우리의 머리와 심장까지 침투해 들어오면서 "삶의 의미나 목적에 대한 물음 자체를 무의미한 것으로" 느끼게 하고, "의미를 다루는 인문학을 의미 없는 학문으로 여기게" 만든다. 이러한 상황이 총체적으로 작용하면서 "현실에 대한 반성과 자각을 촉구해야할 인문적 활동들은 제구실을 못하게 되고 인문적 가치는 그 본연의 위상을 지켜내지 못하게" 되는 것이다.

3) '인문과학'의 문제—앎과 삶의 분리와 인문학의 자기 상실

인문학이 위기에 빠지게 된 또 다른 중요한 원인으로 지적되는 것은 근대 이후 인문학이 자연과학과의 관계 속에서 인문과학으로 자기를 정립해가는 과정에서 겪게 된 자기 상실이다. 이와 관련된 논의의 내용은 크게 두 방향으로 대별해볼 수 있다. 하나는 인문학이 실증주의적 통합과학의 압력 하에서 과학화의 길을 걷게 됨으로써 인문학 본연의 자리를 이탈하고 본연의 역할을 상실하게 되었다는 관점이고, 다른 하나는 인문과학이 자연과학과의 대립적 관계 속에서 자기 정체성을 확립해나감으로써 결과적으로 자기 영역을 축소시키게 되고 그로 인해 총체적 조망이라는 자기 역할을 제대로 할 수 없게 되었다는 관점이다.

강영안은 인문학이 근대 과학의 출현과 성공의 압력 속에서 근대 학문으로서 살아남기 위해 과학화의 길을 걷게 되었으며, 그로 인해 구체적인 삶이나 인격과는 점점 거리를 가지게 되었고, 과학 안에 포섭될 수 없는 인간의 내면과 주체성을 인문학 논의에서 배제해버리게 되었다는 점을 지적한다. 과학화를 통한 인문학의 생존전략은 인문학을 다른 과학과 마찬가지로 대상들에 대한 하나의 연구로 전락시키게 되고 그렇게 됨으로써 인문학은 지식의 측면에서는 그 어느 때보다도 풍부하고 다양한 지식을 제공해주게 되었지만 그 대가로 정작 인문학의 생명이라 할 '의미'에 대해서 말할 수 없게 되었다는 것이다.

강영안의 이러한 지적은 현대의 인문학연구에서 당연하게 받아들여온 앎과 삶의 분리라는 대전제가 근대 이후 인문학이 걸어온 자기 상실의 한 과정과 결과에 불과하다는 점을 일깨워준다. 연구행위에서 연구자의 내적 · 주관적 계기를 배제하는 것, 인격이나 가치 판단의 개입을 부정하는 것, 지적행위의 가치를 주로 기능주의적 관점에서 평가해 온 것 등, 연구자가 연구행위로부터 소외되는 결과를 낳아온 일련의 관점과 태도들이 인문학연구자에게 요구되는 보편타당한 규범이 아니라 특정한 역사적 배경 하에서 형성되어온 특수한 관점일 뿐임을 발견하게 해주는 것이다. 인문학의 자기 정립 과정에 대한 이러한 반성적 고찰을 통해 우리는 연구자 자신의 실존과 맞닿아 있는 생생한 문제의식과 궁극적인 의미에 대한 질문이 살아 있는 인문학연구에 대한 요청이 학문에 대한 정당한 요청으로서 수용되어야 함을 확인하게 된다.[14)]

이것과는 다른 방향에서 인문학이 자연과학과의 대립적 관계 속에서 자기 정체성을 확립해가려는 노력이 결국 스스로를 하나의 분과학문으로 제한하게 되었고, 그로 인해 인간 삶에 대한 총체적 조망이라는 인문학 본연의 역할을 담당할 수 없게 되었음을 지적하는 견해도 있다. 윤평중은 근대 이후 인문학은 자연과학과 분리된 정신과학으로서, 혹은 과학적인 문화와 구별되는 "인문학적인 문화"로서 자기 정체성을 확립하려 했고, 그 결과로 인문과학과 자연과학 사이에 높은 장벽이 놓이게 되면서, 근대

14) 강영안, 앞의 글.

이후의 인간과 인간의 삶에서 결정적인 영향력을 행사해온 자연과학의 성과나 그것과 관련된 문제들에 대해 인문학이 마땅히 가져야할 관심과 개입을 불가능하게 하거나 배제시켜 버리는 결과를 낳게 되었다고 말한다.[15] "지식생산과 의미생산을 구분하여 인문학을 의미생산의 분과학문으로 가두어 두려는 현대의 학문체계가 인문정신에 족쇄를 채운다"는 이진우의 지적도 같은 맥락으로 생각된다.

이와는 상반되게 인문학과 과학의 분리에서 인문학 위기의 원인을 찾는 견해도 있다. 장회익은 과학기술이 현대 사회를 규정하는 주 변인(變因)으로 등장하고, 과학 기술이 주도하는 변화가 정치 · 경제 · 문화 및 개개인의 생활환경에도 결정적인 영향을 미치게 된 오늘의 현실 속에서 인문학은 적용영역의 위축과 인문학에 대한 관심 자체의 하락, 인문적 가치가 물질적 가치에 밀려나게 되는 위기를 겪게 되었다. 그러나 이 시대는 그 어느 때보다도 인문학이 과학에 대해 무엇이 궁극적으로 인간을 위하는 것인가 하는 질문을 적극적으로 제기함으로써, 과학과 기술의 발전에 방향을 제시하고, 그것의 맹목적인 진행에 제동을 거는 본연의 사명이 발휘되어야 하는 시대이다. 이를 위해 과학과 인문학은 역할 분담과 보완적 작업을 통해 '과학의 인문화'와 인문적 관심의 확대를 유도해야 한다고 주장한다. 과학과 인문학이 공유할 수 있는 세계관의 정립과 새로운 가치 창조의 노력이 필요하다는 것이다.[16] 안경환도 비슷한 맥락에서 "새 시대의 인문학은 과학의 국외자가 아니라 과학의 따뜻한 비단 이불이 되어

15) 윤평중, 「현대사회와 인문과학의 새로운 모색」, 『인문과학의 이념과 방법론』, 성균관대 출판부, 1995.
16) 장회익, 앞의 글.

야 한다"는 주장을 제시한다. 인문학은 한편으로는 과학의 힘이 인간 삶의 질을 결정하는 중요한 영향력을 행사할 수 있다는 것을 겸허하게 인정하면서, 동시에 과학적 기술적 성취로 강화된 근대적 합리성의 한계를 보완해줄 수 있는 새로운 인간성의 개념을 정립하기 위해 노력해야 하며 변화하는 세상에서 세상의 변화를 예견하고 설명하고 바람직한 방향을 제시하고 부자연스런 변화에 저항하는 역할을 담당해야 한다는 것이다.[17)]

4) '의심의 해석학'과 상대주의

인문학 위기의 또 다른 원인으로 비중 있게 거론되는 것이 포스트모더니즘의 인간에 대한 관점과 "의심의 해석학"이다. 논자들은 포스트모더니즘이 주체적 인간의 설정을 허구로 간주하고, 인식론적 상대주의의 입장을 절대화함으로써 결과적으로 가치판단의 무장해제를 유도하고 이것이 인문학의 토대를 근본적으로 흔들어놓고 있다고 비판하면서 포스트모더니즘적 인식의 문제점과 한계를 지적한다. 윤평중은 "주체의 사망선고는 반어적으로만 이해되어야" 한다는 주장을 제기하면서, 이데올로기가 우리를 주체로서 '호명'하지만 동시에 이성적 비판이 그 이데올로기를 해체할 수 있는 역설적 상황이 탈현대적 인간조건이라고 강조한다.[18)] 이성원은 포스트모더니즘의 중심적 관점인 '의심의 해석학'이 논증할 수 없는 가치제세를 부징하거나 모든 견해를 무차별적으로 동등하게 바라보는 것

17) 안경환, 「인문학의 위기와 문학적 대응—과학기술의 발전이 인문학의 지적보편성을 위협하고 있다」, 『문학사상』, 문학사상사, 2000.12.
18) 윤평중, 앞의 글.

이어서는 안 되며, 인문학연구는 "의심의 해석학과 가치관의 정립 사이를 오가면서 현실설명능력과 현실과의 정합성을 추구해야" 한다는 견해를 제시한다.[19] 도정일은 역시 "주체의 분열과 허구성을 드러내어 주체라는 것을 이데올로기의, 텍스트의 혹은 욕망의 효과로 규정하는 것은 한 차원에서 중요한 비판적 기능을 수행하는 반면 다른 중요한 차원, 행위의 책임과 행위 주체의 윤리적 통일성이 문제되는 차원에서는 기이한 마비를 낳는다"고 지적하면서[20] 이 점에서 포스트모더니즘적 시각이 보여주는 '반인문주의'적인 경향성을 비판하고 있다.

3. 인문교육의 문제

1) 대학개혁의 문제점

논의의 방향을 대학의 인문교육에로 돌려보자. 국내에서의 인문학 위기론이 주로 대학 내 인문학과의 생존위기에서 촉발된 것이기 때문에, 논의 안에서는 대학 인문교육의 이념과 현실, 인문교육의 문제점과 새로운 대안의 모색 등의 주제들이 비중 있게 다루어지고 있다. 여기에서는 그러한 논의들 가운데서 실천적 관심과 밀접하게 연관되는 몇 가지 주제들—대학개혁 조치의 문제점, 학과 간 장벽의 문제, 수요자 중심교육의 문제, 대학 인문학 강의의 문제점 등에 초점을 맞추어 살펴보고자 한다.

---

19) 이성원, 앞의 글.
20) 도정일, 앞의 글.

논자들이 대학의 인문교육을 위기로 몰아가는 가장 큰 원인으로 지적하는 것은 시장논리의 획일적인 적용과 잘못 채택된 경영학적 관점이다. 손동현은 대학에 요구되는 "근시안적인 '경영 마인드'와 편협한 '시장의 원리'가 학문적 탐구와 그 성과의 전수라는 대학 본유의 과제를 점점 소홀하게 만들고 있는 것은 아닌지, 긴 호흡이 필요한 학문적 온축 활동이 소홀히 되고 있는 것은 아닌지"에 대해 깊은 우려를 표시한다.[21] 도정일은 90년대 들어서면서 본격적으로 추진된 대학개혁의 여러 조치들은 본질적으로 대학교육의 이념과 목표를 "시장에 맞는, 시장 경쟁력을 가진, 시장을 위한 대학교육"으로 재조정하도록 강요하는 것이며, 그 과정에서 시장의 관점에서만 볼 때 무익한 것으로 간주되는 인문학은 없어도 되는 '잉여'이거나 없어져야할 '과잉' 또는 시장에 봉사하도록 통제되어야 할 대상으로 취급되고 있다고 비판한다.[22] 김우창은 대학 개혁이 "학문을 자유롭게 하고 자유로운 인간 정신의 개화를 부추겨야 할" 본래의 방향과는 반대로 진행되면서 "학문의 행정예속, 경제 예속"만을 조장하고 있다고 비판하면서, 자유와 자율이 학문의 보이지 않는 가장 중요한 계기이며 그것을 통해서만 학문은 "쓸모없는 지식의 궁극적 쓸모"를 통해 국가와 사회의 장기적 생존전략에 기여할 수 있게 된다는 점을 강조한다. 김우창은 마치 책임량을 할당하듯이 교수들에게 부과하는 논문 편수 늘리기는 질도 수요도 고려하지 않고 무조건 노르마를 정하고 생산량을 늘리라고 요구하는 사회주의 포디즘(미시적 관점의 생산중점주의)과 기본적으로 같은 발상에서 비롯되는 것이며, 교수들의 연구 시간을 수시로 끊고 빼앗는 지나친 행정잡무는

21) 손동현, 「대학의 기초교육, 재정립되어야」, 『철학과 현실』, 2002년 여름.
22) 도정일, 앞의 글.

작은 독의 계속적인 주사가 결국은 코끼리도 죽이게 되는 것처럼 학문의 압살에 기여하게 될 것이라는 점도 아울러 지적하고 있다.[23)]

대학개혁의 이름으로 요구되는 행정적 조치들에 대한 이상과 같은 비판들을 바라보면서 대학을 지배하는 시장논리와 경영 마인드에 대한 비판의 화살은 우리에게 내면화되어 있는 무자각적이고 무비판적인 생각들을 향해서도 겨누어져야 하지 않은가 하는 생각을 하게 된다. 얼마 전 모 대학 신임총장이 취임 인터뷰에서 대학 사회는 시장이 아니다, 대학에서는 도덕적 · 정신적 가치가 본질적인 것이다, 학생은 협상이 아니라 대화의 상대다라는 등의 소신을 피력하는 것을 본 적이 있다. 어떻게 보면 전혀 새로울 것이 없는 이런 주장들이 오히려 신선하게 느껴지는 것은 원론적인 인식과 현실적인 인식을 나누고, 현실적 유용성이 늘 원론적 타당성에 앞서서 주장되면서 원론을 무력하게 만들어 온 어떤 지배적인 분위기 속에 우리 자신도 이미 깊이 침잠되어 있기 때문이 아닐까. 대학 총장의 자격을 논하면서 학식이나 인품이 아니라 재정적인 능력을 척도로 들이대고, 학생들을 '협상'의 대상으로 생각해온 우리의 생각들, 이런 생각들을 담아 우리가 무심코 내뱉거나 들어 온 말들 속에서 이런 패배적 현실주의와 원론에 대한 무감각이 우리 안에서도 이미 상당히 깊어져 있음을 느끼게 된다.

---

23) 김우창, 「대학개혁 : 자유와 자유의 책임」, 『정치와 삶의 세계』, 삼인, 2000.

2) 대학교육의 이념과 학과 간 장벽의 문제

인문교육의 문제와 관련하여 대학이 학부 단계에서 학과 간 장벽을 낮추고 교양교육의 비중과 질을 높여야 한다는 주장도 제기된다. 대학에서 교양교육의 중요성이 강조되는 배경에는 대학생의 양적 팽창과 이에 따른 대학 졸업생의 사회적 위상 및 역할의 변화라는 현실의 변화가 놓여져 있다. 우리사회에서 대학졸업생의 대부분이 사회의 지도적 엘리트나 특정 분야의 전문가가 아니라 일반 사무직 노동자나 그 밖의 다양한 분야에서 평범한 사회인으로서의 삶을 영위하게 된다면, 대학 교육에서도 특정 분야의 전문적 지식을 전수하는 일 못지않게, 포괄적이고 일반적인 교육 내용을 전달해주는 일이 중요할 것이다.

이태수는 대학을 둘러싼 변화된 현실과 새로운 요구 앞에서, 대학이 교양교육의 이념을 다시 한번 환기할 필요가 있다고 주장한다. '자유교육'과 더불어 대학교육의 양대 이념적 기둥을 형성하고 있는 '일반교육'의 이념은 "다양한 문화적 가치의 향유를 통해 자신의 존재와 삶의 내용을 풍부하게 일구고 실현하며 살아갈 (개개인의) 권리와 요청에 부응하여 이의 충족을 도모" 하면서 다른 한편으로는 "공동체 전체의 모습을 조감하고 갈 길에 대하여 나름대로의 판단능력을 갖춤으로써 사회적 성원으로서의 책임을 성실하게 수행할 수 있는 자격과 훈련을 갖추도록" 하는 것이다.[24] 이러한 주장은 다분히 원론적인 것이지만 표류하고 있는 대학교육의 기본적인 방향성이 이러한 원론 위에서 새롭게 정립될 수 있을 것이라

24) 이태수, 「대학의 이념과 교양교육」, 『현대비평과 이론』, 1994년 가을 · 겨울.

는 견해는 수긍할 만하다.

손동현은 교양교육이 보다 내실 있게 이루어지기 위해서는 막연한 교양 쌓기를 연상시키는 '교양교육' 대신 기초적인 지적 기반의 정초에 더 무게 중심을 두는 '기초교육'이 되어야 하며, "기초교육"의 교과목들은 기초학문의 각 영역을 기초적이고 일반적으로 소개하는 수준에서 두루 포괄될 수 있도록 짜여짐으로써 학생들로 하여금 전공 외의 다른 기초가 되는 학문들에 대해서도 기초적이고 일반적인 이해를 갖출 수 있게 해야 한다고 주장한다. 안경환은 전공의 세분과 전공학문 사이의 높은 장벽이 대학으로 하여금 "인간과 시대의 공동체적 질서에 대한 성찰력을 배양하는 자유지성의 산실"로서의 기능을 크게 상실하게 한다는 점을 지적함으로써 폐쇄적이고 경직된 전공주의를 비판한다.

3) 수요자 중심 교육에 관하여

많은 논자들에 의해 지적된 것은 아니지만 이른 바 '수요자 중심 교육'이라는 것에 대해서도 다시 한 번 생각해볼 것들이 있다. 대학에서 수요자 중심 교육을 이야기할 때 그것이 명분상의 타당성을 가질 수 있었던 것은 지금까지의 교육이 너무 학생들의 관심이나 필요에 맞닿지 못하는 일방적인 교육이 아니었는가에 대한 반성적 차원에서이다. 그러나 여기에서 좀더 생각해보아야 할 것은 이 문제가 자칫 대학에 요구되는 경영마인드와 시장의 논리에 편승하여 학생들을 돈 내는 고객으로 바라보고 그런 고객의 수요에 전적으로 종속 되어 있는 지식상품의 개발과 판매의 차원에서 주로 접근되고 있지는 않은가 하는 것이다. 또한 수요자 중심

교육이라는 것이 학생들의 요구를 무조건적으로 추수하기 보다는 정말 학생들의 교육적 필요를 충족시켜줄 수 있는 교육이 되어야 한다는 점이 강조될 필요가 있다. 중요한 것은 대학이 정말 그들에게 주어야 하는 교육의 내용이 어떠한 것인가를 진지하게 고민하고 그것을 효과적으로 전달할 방법을 모색하는 일일 것이다. 수요자 중심 교육에서 대학은 오히려 학생들로 하여금 그들의 진정한 필요를 자각하게 하는 선도적 기능을 담당해야 할지도 모른다. 대학에서의 교양교육이 대학의 아카데미즘과 별도의 영역에서 피상적 실용성이나 흥미 추구에로 경도되어서는 안 될 것이라는 지적은[25] 경청할 필요가 있다.

4) 현실성과 '깨달음의 재미'

제도적인 차원에서의 문제점과는 다른 방향에서, 대학에서 이루어지는 인문교육이 현실과의 관련성을 상실하고 있다는 점이 실천적 측면에서의 문제점으로 거론된다. 이것은 곧 대학에서 배우는 인문학 지식이 현실적인 문제의식을 결여하고 있으며 인문학이 현실에 대한 진단과 대안 모색의 책임을 방기하고 있다는 지적과도 통한다. 김남두는 인문학이 본질적으로 인간과 인간적인 것에 대한 관여라고 할 때 그 관여는 역사적, 구체적인 것의 지평 위에서 비로소 의미 있게 이루어질 수 있는 것이라고 상소하면서, 한국 인문학의 위기는 바로 "강단에서 논의 되는 것이 현실적으로 제기되는 문제들과 연결되어 있지 못하며 역사적 적실성을 얻고

25) 위의 글.

있지 못한"데서 비롯되는 것이라고 지적한다. 이것은 인문학이 과거의 문헌들, 전통 사유들을 현재적 관심과 생생한 체험 속에서 살아있는 의미로 재해석하여 전하지 못한다는 지적으로 바꾸어볼 수도 있을 것이다. 예컨대 공자의 이야기가 현재를 사는 우리에게도 왜 여전히 다시 읽힐 필요가 있는가, 오늘의 나에게 그것은 무슨 의미를 가지는 것인가에 대한 진지한 물음과 답변의 모색 없이 그저 공자님 말씀이니까 가르치고, 공자님 말씀이니까 배우는 현실이 바로 문제가 된다는 것이다.

대학에서의 강의가 현실에 기반한, 현실과 소통하는 생생한 문제의식과의 접점을 가지고 있지 못하다는 것은 대학 강의가 왜 학생들의 적극적인 관심을 불러일으키지 못한가 하는 문제와도 직접 연관된다. 문성학은 대학에서의 인문학 강의가 학생들에게 외면당하는 이유는 인문학 지식이 상품가치가 적어서라기보다는 인문학 교수들이 생생하게 살아있는 비판정신으로 "나를 통해 체험되고 나를 통해 다시 살아난" 고전 사상의 생명을 제대로 전달하지 못하기 때문이라고 지적한다. 문성학은 "왜 죽은 칸트와 소크라테스가 다시 학생들을 죽여야 하는가?" 하는 다소 도발적인 질문을 던지면서 인문학 강의가 마땅히 주어야하고 또한 다른 어떤 학문보다도 더 많이 줄 수 있는 것은 "깨달음의 재미"이며 우리의 강단에서 이루어지는 인문학 강의에는 바로 이 '깨달음의 재미'가 빠져 있기 때문에 학생들에게 호소력을 가질 수 없다고 주장한다. 인문학 강의가 제공하는 깨달음의 재미란 인식에 대한 인간의 본원적 욕구에 뿌리를 두고 있는 것인 만큼 인문학 교수들이 학생들로 하여금 인생에 대한 안목과 통찰력을 가지게 하고 깨우침의 즐거움을 주는 강의를 한다면 인문학적 교양 과목들은 얼마든지 인기 과목이 될 수 있다는 것이다.[26]

인문학이 대학 본연의 아카데미즘에서 벗어난 어떤 다른 방법들을 통해 인기나 재미를 추구하는데 연연해하는 대신, 텍스트와의 주체적인 교호작용을 통해 삶에 대한 새로운 안목과 통찰을 길어내고 전달하며 그것을 통해 깨달음의 재미와 더불어 삶에 대한 태도의 변화라는 실천적 열매를 제공할 수 있다는 인식은, 인문학이 인문학 본연의 사명에 충실함으로써 오히려 그 본래의 재미와 의미를 맛볼 수 있게 해주며, 그 궁극적인 쓸모를 실현할 수 있다는 주장이라는 점에서 깊이 생각해보아야 할 견해라고 생각된다.

4. 중국어문학의 현실과 과제

1) 중국어문학과의 현실

이상에서 인문학 위기를 둘러싸고 진행된 다양한 논의들 속에서 특별히 비중 있게 다루어진 몇 가지 쟁점들을 부각시켜 살펴보았다. 이 가운데서 인문학연구와 인문교육에 관해 제기된 많은 견해들은 인문학으로서의 중국어문학의 자기 성찰에도 그대로 유용한 지표와 계기를 제공해준다. 인문학이 인간과 삶에 대해 근본적인 질문을 던지며, 그것을 통해 존재에 대한 이해의 지평을 넓히고 존재의 형성에도 관여하는, 의미 추구적이며 자기 형성적인 학문이라는 규정을 통해 우리는 중국어문학의 인문학적 정

26) 문성학, 「인문학의 위기인가 인간의 위기인가?」, 『철학비평』 제2호, 1999.3.

체성을 다시금 되돌아볼 수 있다. 인문학을 둘러싸고 그것을 위기로 몰아가는 외적인 상황과 인문학의 고유하고도 중요한 쓸모를 무력하게 만드는 내적 요인들에 대한 검토는 각각 중국어문학이 처한 현실적 문맥에 대한 이해와 인문학연구에 대해 가지고 있던 몇 가지 관성적인 이해들을 반성적으로 고찰해보는 계기를 제공해준다. 또한 대학의 인문교육에 관해 진행된 논의들은 보다 더 직접적으로 오늘날 대학의 인문교육이 당면하고 있는 현실과 그러한 것들의 문제점들을 짚어볼 수 있게 해줌으로써 중국어문학 교육의 현실을 비추어 볼 수 있는 좋은 참조가 된다.

1990년대에 들어서면서 중국어문학은 한국 대학의 인문학과 내에서 무척 특수한 상황에 놓이게 되었다. 중국과의 수교를 계기로 중국이 한국 사회에 대해 가지는 정치 · 경제적 의미가 증폭되면서 우리 사회에서는 이른 바 중국어 특수가 생겨나게 되었고 이것은 1990년대 이후 대학에까지 유입된 무한경쟁의 논리 속에서 중국어문학과가 상대적인 호황을 누리면서 갑자기 인기학과로 부상하게 되는 중요한 배경으로 작용했다. 많은 인문학과들이 지망 학생이 없어서 강사들뿐만 아니라 전임교수들까지 일자리의 위기를 느껴야 했을 때 몇 몇 대학의 중국어문학과에서는 오히려 중국어 수강생의 폭증으로 즐거운 비명을 지르면서 여타 학과들로부터 소위 잘 나가는 학과로서의 부러움을 사기도 했다.

그러나 중국어문학과가 갑작스럽게 누리게 된 이러한 호황은 중국어문학의 연구 역량이나 학문적 입지의 강화에서 비롯된 것도, 중국어문학에 대한 학문적 관심의 증대에서 비롯된 것도 아니다. 그것은 주로 국가적 차원이나 사회적 차원에서 중국학 분야의 전문가에 대한 수요가 늘어난 것과, 중국어를 배우고 중국과 관련 있는 어떤 지식이라도 좀 얻어 놓으면 뭔가 좀 더 얻는 것이 있지 않겠는가 하는 다소 막연한 사회적 기대 심리에서 형성된 중국어학습 열풍에 의존한 것이었다. 중국어문학과에 대한 사회적 기대와 수요는 주로 '중국어'와 '중국'이라는 두 개의 키워드에 집중된 것이었으며 이것은 지극히 도구적이고 실용적인 차원에서의 지식 제공에 대한 기대를 반영하고 있는 것이다. 대학의 중국어문학과는 이러한 사회적 기대와 수요를 의식하면서 한편으로는 대학의 교과과정 안에서 실용 중국어 교육의 비중을 대폭 확대하고 보다 효과적인 중국어 교육을 위해 여러 가지 교재나 교수방법을 개발하고 중국인 교수를 상시적으로 초빙하거나 학생 단체 교류, 교환학점제 등의 제도적인 장치들을 마련하면서 여러 방면의 관심과 노력을 기울여왔고, 다른 한편으로는 중국어문학이라는 연구영역의 경계를 중국문화 혹은 중국학 연구로까지 확장함으로써 중국어문학 전공자가 중국학 분야에서도 전문가로서의 역할을 감당해낼 수 있기 위한 노력들을 해왔다.

2) 중국어문학의 인문학적 정체성

중국어문학과가 한국사회의 변화와 그 속에서 형성된 새로운 사회적 수요와 기대에 부응하기 위해, 중국어 교육과 중국학 분야의 전문가가 되기 위한 노력을 기울이게 된 것은 여러 가지 점에서 긍정적인 의미를 가지는 변화로 평가할 수 있다. 그것은 우선 중국어문학이 지금까지 소홀해왔던 연구와 교육의 현실적 의미와 실용적 가치에 눈을 돌리게 됨으로써 아카데미즘의 소극적 폐쇄성을 극복하고 현실 사회와 원활하게 소통하며 학문의 사회적 기여에 보다 많은 관심을 가지게 했다는 점에서 찾을 수 있다.

아울러 이러한 변화가 어문학부내에서도 다소 고립되고 위축되어 있었던 중국어문학연구와 교육에 새로운 긴장과 활력을 부여하고, 커리큘럼이나 교수 방법에 있어서도 과거와는 달리 수혜자인 학생들의 요구와 사회적 필요를 적극적으로 고려하게 된 점 또한 긍정적인 변화로 꼽을 만하다.

그러나 중국어문학과가 맞이하게 된 변화가 이렇게 긍정적인 것만은 아니다. 중국어문학과에 개설되는 교과목에서 중국어 과목의 비중이 대폭 늘어나고 중국현대문학연구를 비롯해서 중국어문학연구의 현실적 기여에 관심을 가지는 세부전공들이 중국학 분야로 관심의 범위를 확대해 가면서, 중국어문학의 인문학적 정체성은 점차 약화되고 있지 않은가 하는 우려도 생겨난다.

돌아보면 중국어문학은 현실과의 관련성 확보에 취약했던 것 못지않게 인문학적 보편성을 확립하는데 있어서도 취약했다. 중국어문학연구와 교육은 국문학이나 다른 외국어문학과 소통할 수 있는 지적 보편성이나 이론적 기반을 다지는데 소홀해왔다. 이점에서 중국어문학은 의도했든 의도하지 않았든 분과학문 체제의 문제점을 고스란히 안고 있었다고 할 수 있다. 근대 이후의 인문학이 분과학문체제에 갇혀버리게 됨으로써 인간과 사회의 문제를 총체적으로 조망하는 그 본래적 역할을 상실해버리게 되었다는 인문학 위기론 안에서의 지적은 전통적인 중국어문학연구에 대해서도 그대로 유용하다. 중국어문학연구가 좀 더 개방적인 자세로 여타 학문 영역들과 교류하고 대화할 수 있을 때, 중국어문학은 비로소 자기 인식의 객관성을 확보하고 인간과 삶의 문제를 보다 더 폭넓고 더 깊이 있게 사유할 수 있게 될 것이라고 생각한다.

3) 실용성과 아카데미즘

중국어문학과가 안고 있는 실용성의 현실적 요구와 학문 본연의 아카데미즘의 추구 사이에서 비롯되는 갈등의 문제는 좀 더 실천적인 차원에서 보면 현재 대부분의 중국어문학과 교수들이 공통적으로 안고 있는, 연구와 강의 사이의 괴리에서 야기되는 것으로 볼 수 있다. 대학의 두 중심적 기능이라고 일컬어지는 연구와 교육은, 좋은 교육이라는 것이 좋은 연구 위에서 가능하다는 원론적인 관점에서 생각하면 상호 보완적인 것이지만 현실 속에서는 종종 갈등적 관계에 놓이게 된다. 현재 대학에서 교수들이 맡는 강의는 대부분 중국어 강의거나 그렇지 않더라도 교수들의 전공과는 크게 관련이 없는 경우가 많다. 대학원이 있거나 대학의 여건이 허락해서 자기 전공을 강의할 수 있는 경우에도 그것이 다수 학생들의 적극적인 호응을 얻는 경우는 많지 않은 것 같다. 이럴 경우 교수는 한편으로는 학생들이 필요로 하는 것이니 열심히 가르쳐야지 하고 생각하지만, 다른 한편으로는 이게 정말 대학에서 가르쳐야 할 내용들인가에 대한 회의를 느끼지 않을 수 없다. 교수들은 연구자로서 자신이 관심 있는 주제들을 깊이 있게 연구할 수 있기를 원하지만 학생들의 입장에서 생각하면 그런 내용들이 그들에게 꼭 필요한 지식이 아닌 경우가 많은 것이다.

연구자를 양성하는 것이 대학의 주된 목표가 아닌 현실 속에서 연구와 강의 사이에서 빚어지는 이러한 갈등은 물론 일정 부분 감수하지 않을 수 없을 것이다. 그러나 실용성과 아카데미즘, 교육에서의 수요와 연구적 필요 사이의 갈등이 꼭 절대적인 것만은 아니다. 한계는 있겠지만 교재선택이나 강의 운영 방식에서의 다양한 모색을 통해 실용적 지식을 전달하는 것과 인문학적 사유를 훈련하는 일의 두 가지 목표를 함께 추진해보는 것도 가능하다.

이 밖에도 중국어문학에서의 고전 교육이 '지금, 여기'를 살고 있는 나의 구체적인 문제의식을 가지고, 마르지 않는 샘으로서의 전통사유의 힘을 다시금 경험하면서 과거와 현재와 미래가 서로 대화를 나누는 텍스트 해석을 통해 참 인문학의 가치를 전수하는 살아있는 교육이 되어야 한다는 점도 귀 기울여 들어야 할 것이다. 우리의 인문학 강의가 정말 어떤 다른 상품적 가치를 흉내 내면서 학생들의 관심을 끌려고 하기 보다는 인문학 본연의 자리에서 인문학만이 가장 잘 줄 수 있는 깨달음의 재미를 전해줌으로써 그 재미 속에서 학생들이 자기 자신과 세상을 새롭게, 보다 풍요롭고 깊이 있게 바라볼 수 있는 시야를 열어주고, 사유의 힘을 강화시켜줄 수 있어야 하는 것이다.

이러한 점은 중국현대문학연구와 교육에 대해서도 마찬가지이다. 최근 현대문학연구의 대체적인 경향은 지역사회 연구, 문화연구 쪽으로 기울어져 있다. 구체적인 실존으로서의 인간과 삶에 대한 탐구는 한편으로 밀려나고, 사회분석과 이론 비평이 오히려 중심에 놓이게 된 것이다. 이러한 경향성이 중국현대문학연구가 문학연구로서 가지는 인문학적 정체성을 보다 더 취약한 것으로 만들어가고 있지 않은지, 인문학의 현실과 방향에 대한 총체적인 점검이 한 번 필요하지 않은지 생각하게 된다.

5. 맺음말 – 몇 가지 단상

인문학의 위기를 둘러싸고 전개된 국내 학계 비평계의 논의의 내용을 인문학의 정체성, 인문학 위기의 원인, 대학 인문교육의 문제점 등 몇 가지 초점을 통해 검토해보았고, 그 속에서 제기된 인문학연구와 인문 교육에 관련된 여러 가지 근본적인 문제들을 참조하여 중국어문학연구와 교육의 현실을 되돌아보았다. 이상의 내용으로 2003년 5월 한국중국어문학회 춘계 학술대회에서 발표되었던 이글은 발표 후 많은 관심어린 질문을 받게 되었고, 그 질문들에 힘입어 필자는 인문학의 힘, 인문적 가치, 인문학의 위기를 바라보는 시각 등과 관련하여 몇 가지 생각들을 다시 한 번 정리해 볼 수 있었다. 단상을 나열하는 형식으로 그 내용을 간략하게 소개하면서 글을 맺는다.

① 원론의 낯설게 하기 – 원론적인 이야기들이 그 의미가 깊이 음미되기도 전에 닳아버린 이야기로, 비현실적인 공담으로 치부되는 현실 되돌아보기. '원론'이 정말로 우리 사유의 근본적인 방향성 검토가 필요한 시점에서, 거슬러 올라가 총체적으로 우리 사유를 되돌아보게 하는 원론의 무게로 다시금 그 낯설음을 회복해야 하지 않을까. 인문학자들 자신이 인문적 사유의 가치와 힘에 대해 확신을 가지지 못하게 된 현실이 인문학 위기의 가장 큰 징표가 아닐까.

② 현실논리에 대해 질문하기 – 비판적으로 모색되는 인문학의 이상을 무력화시키기 위해 동원되는 현실논리 앞에서, 인문학은 오히려 그렇게 해석된 '현실'의 자명성과 권위에 질문을 던져야 할 것. 모든 해석은 복합적이고 다층적인 현실에 대한 하나의 해석으로서의 권위와 의미를 가지는 것인데, 그 중 하

나의 해석을 선택하고 그것을 절대화하는 형식으로 주장되는 '현실'논리는 다시 상대화되고 객관화되어야 할 것. 또한 그런 논리의 이면에 감추어진 숨은 열정에 대한 반성적 성찰이 필요할 것.

③ 인문학의 힘—인문학이 현실적인 힘을 가지지 못하면 힘의 논리가 지배하는 현실 속에서 발붙일 자리를 얻지 못하게 되고 결국은 현실과의 접점을 상실하고 상아탑 안에 갇혀 점점 고사하게 될 것이라는 우려에 관해. 이 질문 앞에서 다시 떠올리게 되는 인문학의 힘. 인문학의 뿌리는 존재의 뿌리와 맞닿아 있음을 상기함.

인문학의 힘이란 우리 존재의 추락을 막는 사유의 힘이며, 폭력의 악순환과 절대화되는 힘의 논리 앞에서 강한 생명력으로 되살아나 새로운 존재의 가능성을 열어 보이는 사유의 힘.

④ 인문적 가치와 진리의 물화(物化) 극복하기—인문적 가치는 고정된 실체가 아니라, 논자들의 지적처럼 '의심의 해석학'과 가치 정립 사이를 부단히 오가면서, 끊임없이 되물어지고 재정립되어야 하는 것. 진리란 현재를 사는 나의 실존을 통과함으로써 비로소 생명력을 얻게 되는, 현재의 조명 속에서 다시 해석됨으로써 되살려지는 전통 사유 안의 생명. 그것은 부단히 움직여 가는 것 속에서 부단히 시도하는 중심의 확립을 통해 다가갈 수 있는 것.

⑤ 앎과 깨달음의 문제—지식과 인식의 가능성과 한계를 동시에 인정하는 일. 앎을 살아있게 하고, 또한 그 앎에 방향성과 의미를 부여하는 것은 깨달음의 몫. 중요한 것은 근대 이후 학문의 영역에서 추방된 깨달음의 추구가 다시 인문학의 연구에서 그 중심적 지위를 회복해야 하며 그것을 통해 인문학연구의 진정한 열매들이 새롭게 맺어질 수 있을 것이라는 것.

아울러 우리의 지적 추구가 너무 바깥으로만, 내 앞에 대상으로 세워진 세계로만 향해 있지 않은가, 세상을 보는 눈은 점점 더 노련하게 갈고 닦이지만 정작 자기 자신을 성찰하는 눈은 너무나 유치하고 불투명하지 않은가하는 것에 대한 반성.

오랫동안 망각되어 온 인문학이 가지고 있는 자기 성찰적 계기를 새롭게 바라보고, 그 중요한 기능이 우리 자신에게서부터 살아나게 하는 일이 인문학의 위기를 극복하고 인문적 사유의 진정한 가치를 확인하는 첫걸음이 되어야 하지 않을까하는 생각.

중국의 80년대 초기 휴머니즘론

왕루어쉐이[王若水]를 중심으로

1. 사상해방과 휴머니즘 담론

1970년대 후반에서 80년대 초까지 사상계 · 문예계의 가장 중심적인 테마 중의 하나는 인간과 휴머니즘이었다. 1978년 중국공산당 11기 3중전회(中全會)에서 덩샤오핑은 '역사적인 노선전환'과 함께 '사상해방'운동을 선언한다. '사상해방'운동의 정치적 · 전략적 의미는 무엇보다도 지배이데올로기로서의 마오이즘의 권위를 효과적으로 해체하고 마오쩌둥의 '유토피아 사회주의 전통'을 대체하는 '세속화된 사회주의'로서의 덩샤오핑의 개혁노선에 이념적 정통성과 정치적 합법성을 부여하려는 데서 찾을 수 있다.

이런 의미에서 볼 때 사상해방운동의 발단은 3중전회보다 앞서서 1977년 화구어펑[華國鋒]이 마오사상의 권위를 절대화하는 "절대적으로 지켜야

할 두 가지[兩個凡是]"[1])를 제시한데 대해 덩샤오핑이 "실사구시(實事求是)"의 원칙을 내세우면서 "마오쩌둥 사상에 대한 정확하고 온전한 이해"의 필요성을 강조했을 때까지 거슬러 올라간다. 당시 실사구시를 주장했던 덩샤오핑의 입장은 얼마 후 난징[南京]대학의 모 교수에 의해 쓰여진 "실천은 진리를 검증하는 유일한 기준[實踐是檢驗真理的唯一標准]"(『광명일보(光明日報)』, 1978.5)이라는 글을 통해 이론적인 지지를 얻게 되고, 이 글을 계기로 전국적인 차원에서 진리기준 문제에 관한 토론[關於真理標准問題討論]이 전개되면서 그 영향력이 더욱 확산된다. 이 '진리기준문제에 관한 토론'이 사실상 본격적인 사상해방운동의 시작인 셈이다.

실사구시와 "실천은 진리를 검증하는 유일한 기준"이라는 주장은 어떤 이론이나 사상이 진리인지 아닌지를 판정하는 기준은 그것 자체에 있지 않고 그것이 낳은 실천적 결과에 있다는 의미를 담고 있다. 즉, 어떤 이론이나 사상이 옳은 마르크스주의인가 아닌가, 그것이 진리로서의 권위를 가질 수 있는가 아닌가는 전적으로 그것이 사회주의 중국의 발전 목표에 적극적으로 기여 했는가 그렇지 못한가에 의해 판단되어야 한다는 것이다. 이것은 곧 부강한 중국 건설의 목표를 위해 "현대화와 경제발전에 기여하는 이론이나 정책만이 진리이며 올바른 마르크스주의이고 그렇지 않은 것은 잘못된 마르크스주의"[2])라는 주장으로 연결될 수 있다. '실사구시'와 '실천은 진리를 검증하는 유일한 기준'은 덩샤오핑 시대 정치경제학의 실용주의적 특성을 가장 잘 대변해주는 명제로서, 문화대혁명과 마오

1) 화구어펑이 제기한 '兩個凡是'란 '무릇 마오 주석이 내 놓은 정책들은 모두 다 굳건하게 지켜야 하며, 무릇 마오 주석의 지시는 하나도 바꾸지 말고 그대로 따라야 한다[凡是毛主席作出的決策, 我們都堅決擁護, 凡是毛主席的指示, 我們都始終不渝地遵循]'는 것.
2) 서진영, 『현대중국정치론』, 나남출판, 1997, 123면.

시대에 대한 반성을 사인방(四人幇)의 처벌이라는 정치적 차원에 한정하지 않고 마오사상 자체에 대한 재검토와 교조주의 비판의 이데올로기 투쟁으로까지 나아갈 수 있게 해주는 이론적 발판이 된다. 덩샤오핑의 주장처럼 '실사구시'와 '실천은 진리를 검증하는 유일한 기준'이라는 주장이 어떤 이론의 타당성 여부를 검증하는 절대적인 기준이 되어야 한다면, 마오이즘이 남긴 빈곤하고 낙후된 중국의 현실은 그 어느 것보다도 더 강력하게 마오이즘의 이념적 정당성을 부정하는 증거가 될 수 있으며, 반면 부강한 중국의 비전을 향해 달려 나가는 덩샤오핑의 현실주의는 개혁이데올로기로서의 이념적 정당성을 인정받게 된다.

마오이즘에 대한 덩샤오핑 시대의 비판은 이러한 기본적인 입장에서 마르크스주의에 대한 재해석을 통해 마오쩌둥적 마르크시즘(Maoist Marxism)을 마르크스 레닌주의의 기존 관점에 부합되지 않는 그릇된 해석으로 비판하고 새로운 마르크스주의 해석에 정통성을 부여하려는 방향으로 진행된다. 그때까지 마오이즘에 부여되어 있는 절대적 권위를 덩샤오핑의 개혁이데올로기로 옮기는 것은 마오이즘을 마르크스 레닌주의의 대명사 정도로 간주해왔던 중국 마르크스주의의 전통 속에서는 가히 혁명적인 시도라고 할 수 있을 만한 것이었지만[3] 덩샤오핑은 사상해방의 선언을 통해 마오이즘에 대한 이데올로기적 차원에서의 공략을 자연스럽게 유도하고 이를 통해 다시 그 이념적 권위를 효과적으로 해체하면서 그러한 시도를 성공으로 이끌어가고자 했던 것이다.

---

3) 許紀霖은 이를 '마르크스주의 내에서 일어난 루터 식의 신교혁명'이라고 부른다.(許紀霖, 「啓蒙的命運－二十年來的中國思想界」, 1998.12.)
http : // www.cuhk.edu.hk/ics/21c/issue/article/981122.htm

사상해방운동의 선언과 더불어 비로소 공개적으로 가능해진 인간과 휴머니즘에 관한 논의는 일차적으로 덩샤오핑 시대의 이러한 정치적 · 이념적 상황의 규정 하에서 마르크스주의에 대한 새로운 해석을 시도하는 형식으로 진행된다. 휴머니즘론의 대표적인 인물인 왕루어쉐이[王若水]가 마오이즘을 비판하면서 "마르크스주의에로!"의 복귀를 외쳤을 때, 그 이데올로기적인 함의도 이러한 맥락에서 이해되어야 한다. 그러나 휴머니즘의 논의 과정에서 왕루어쉐이를 비롯한 휴머니즘 옹호론자들의 주장은 애초에 부여된 정치적 의도와 방향성에 한정되지 않고, 점차 마오이즘뿐만 아니라 사회주의 체제 안에서의 삶의 양식과 인간의 문제 전반에 관한 총체적인 비판과 반성으로 나아가게 된다. 그리고 그들의 이러한 주장은 다시 개혁 이데올로기 내부에서 일정한 갈등을 야기하게 된다.

이 글에서는 80년대 초기의 이러한 정치적 · 이념적 상황을 염두에 두면서 왕루어쉐이와 후챠오무에 의해 대표되는 이 시기 휴머니즘 논의의 핵심적인 주장들을 검토하고, 아울러 이 시기 휴머니즘 논의의 이데올로기적 함의와 의의 및 한계 등을 살펴보고자 한다. 이 글에서 상대적으로 더 많은 관심을 기울이고 있는 것은 왕루어쉐이[王若水]의 휴머니즘론이다. 왕루어쉐이의 휴머니즘론이 80년대 초기 중국 휴머니즘론의 수준을 대표할 수 있다고 생각하기 때문이다. 논의 전반에 관한 개관이나 쟁점 정리 및 휴머니즘론의 이론적 배경 등에 관한 검토는 대체로 이러한 주된 관심과의 관계 속에서 나누어진다.

앞에서 살펴본 바와 같이 중국공산당이 깔아놓은 사상해방운동의 멍석 위에서 1979년부터 휴머니즘과 소외에 관한 글들이 속속 발표되기 시작된다.[4] 초기 논의에서는 주로 휴머니즘과 마르크스주의와의 관계가 쟁점으로 부각되는데, 이는 휴머니즘론의 이념적 정체성을 검증하는 것으로 그것이 과연 수십 년간의 금기를 뚫고 사회주의 중국 내에서 담론의 합법성을 인정받을 수 있는가를 묻는 것이기도 했다. 이 문제에 관해 황완성[黃萬盛], 인지쭈어[尹繼佐]는 '혁명적 휴머니즘'을 마르크스에서 제외시켜온 중국 이론계의 기존 입장을 비판하면서 혁명적 휴머니즘 연구의 필요성을 강조했고,[5] 이에 대해 싱번쓰[邢賁思]는 이들과 반대 입장에 서서 "마르크스주의와 휴머니즘은 근본적으로 다른 사상체계"라는 견해를 제시한다.[6] 이어 루신[汝信]은 "마르크스주의는 자체 내에 휴머니즘을 포함하고 있다", "휴머니즘과 민주, 자유는 자산계급의 전리품이 아니다', '휴머니즘에 관한 새로운 사고가 필요하다"는 등의 주장으로 휴머니즘 논의의 이념적 정당성과 필요성을 옹호하는 견해를 발표한다.[7]

초기에 이루어진 다소 산발적인 논의들을 종합적으로 정리하면서 이후의 논의를 주도하는 견해들은 왕루어쉐이에 의해 개진된다. 왕루어쉐이는 1980년에서 휴머니즘 논의가 절정에 달하는 1983년까지 「사람이 마르크스주의의 출발점이다[人是馬克思主義的出發點]」, 「소외문제를 논함[談談異化問

4) 초기에 발표된 논문들로는 朱光潛의 「인간의 본질, 휴머니즘, 인간미와 보편적인 미의 문제에 관하여[關於人性, 人道主義, 人情味和共同美問題]」(『文藝硏究』 제3기, 1979), 王磊의 「인성과 계급성의 대립 통일 및 그것의 문학작품에서의 표현[人性和階級性的對立統一及其他文學作品中的表現]」(『遼寧大學學報』 제2기, 1979), 黃萬盛, 尹繼佐의 「혁명적 휴머니즘이 마르크스주의 안에서 차지하는 위치에 관한 시론[試論革命人道主義在馬克思主義中的地位]」(『復旦學報』 제1기, 1980), 邢賁思의 「어떻게 휴머니즘을 식별할 것인가?[怎樣識別人道主義]」(『百科知識』 제1기, 1980), 汝信의 「휴머니즘은 수정주의인가?—휴머니즘에 대한 재인식[人道主義就是修正主義嗎?—對人道主義的再認識]」(『人民日報』, 1980.8.15.) 등이 있다. (张勇, 「关于人道主义和异化问题的讨论」, 『当代中国意识形态情态录』(朱育和, 张勇 等 主编), 清华大学出版社, 1997, 557면)

5) 黃萬盛 · 尹繼佐, 「試論革命人道主義在馬克思主義中的地位」.

6) 邢賁思, 「怎樣識別人道主義?」.

7) 汝信, 「人道主義就是修正主義嗎?—對人道主義的再認識」.

題」, 「문예와 인간소외의 문제[文藝與人的異化問題]」, 「휴머니즘을 위한 변호[爲人道主義辯護]」 등 휴머니즘에 관한 일련의 글들을 계속해서 발표하면서 휴머니즘 논의에서 주도적인 역할을 담당한다.8) 왕의 글들과 더불어 이 시기 휴머니즘 논의에서 비교적 주목의 대상이 되는 것은 조우양[周揚]의 「마르크스주의의 몇 가지 이론문제에 관한 탐구[關於馬克思主義的幾個理論問題的探討]」(『人民日報』, 1983.3)이다. 여기에서 조우양은 "사람이 사회주의 물질문명과 정신문명 건설의 목적"이며 "마르크스주의는 휴머니즘을 포함하고 있고 그것이 곧 마르크스주의 휴머니즘이다"라는 등의 견해를 피력한다.

조우양의 글이 발표된 지 한 달쯤 후에 「인민일보」에 다시 휴머니즘을 부르주아 이데올로기로 단정하면서 휴머니즘과 마르크스주의의 원칙적인 차이를 강조하는 황난선(黃楠森)의 「사람에 관한 이론의 몇 가지 문제에 관하여[關於人的理論的若幹問題]」와 왕뢰이성[王鋭生]의 「유물사관의 기본원리는 만고불변이다[唯物史觀的基本原理是萬古長青的]」가 발표되면서 휴머니즘 논의는 더욱 가열된다.9)

그러나 찬반의 입장들이 계속 표명되면서 토론의 열기가 한창이던 1983년 중반에10) 그때까지의 진행과정을 지켜보던 중국공산당은 돌연

8) 왕루어쉐이의 견해에 대해서는 다음 장에서 별도로 상세하게 살펴볼 것이다.

9) 황난선은 이 글에서 인간을 추상적이고 고립적인 존재로 파악하고, 역사를 개인의 발전과정의 역사로 바라보는 휴머니즘의 인간관 · 역사관과 인간을 사회관계의 총체로 규정하고 역사를 일정한 관계 안에 있는 집단과 계급의 역사, 생산의 발전과 계급투쟁의 역사로 바라보는 마르크스주의 사이에는 원칙적인 차이가 존재한다고 주장한다. 왕뢰이셩은 '무엇이 우리가 당면한 갖가지 어려운 문제들을 해결하기 위한 지도적 사상인가? 소외나 휴머니즘의 이론인가 아니면 마르크스주의의 과학이론인가?' '린뱌오, 쟝칭 반혁명집단을 비판하면서 우리가 그 속에서 얻어낸 주된 교훈은 휴머니즘인가?' 등의 문제를 제기하면서 휴머니즘 반대론을 전개한다.

10) 휴머니즘 논의는 1981년에서 1983년 사이에 철학, 문학, 경제학 등의 영역으로 광범위하게 확산되면서 절정에 달한다. 이 시기에 『인간은 마르크스주의의 출발점[人是馬克思主義的出發

사상해방의 멍석을 도로 거두는 일련의 결정들을 발표한다. 1983년 8월 중국공산당 주최로 전국규모의 '사상전선에서의 문제에 관한 좌담회'가 개최되고 여기에서 "이론계와 문예계에서 나타난 자산계급 자유화 경향"이 지적, 비판된다. 이어 10월에 중국공산당은 12기 2중전회(中全會)를 열어서 "정신오염 반대[反對精神汚染]" 결정을 내리고 덩샤오핑은 이 회의에서 '마르크스주의의 이탈 경향'에 대해 경고하면서 휴머니즘론에 이념적 혐의를 거는 「강화(講話)」를 발표한다. 덩샤오핑은 이 「강화」에서 휴머니즘론과 소외론을 말하는 이들의 관심이 "자본주의를 비판하는 데 있지 않고 사회주의를 비판하는 데 있다"고 비난하면서 휴머니즘론과 소외론을 "현금 사상계의 두드러진 문제"로 지적한다. 휴머니즘론에 대한 중국공산당과 덩샤오핑의 비판이후 각종 신문지상에는 휴머니즘을 비판하는 글들이 앞다투어 게재된다.[11] 이처럼 비판이 대세를 이룬 상황 속에서 1984년 1월에 후챠오무[胡喬木]는 중국중앙당교(黨校)에서 「휴머니즘과 소외문제에 관하여[關於人道主義和異化問題]」[12]를 발표하고 여기에서 이루어진 "마르크스주의의 공식적인 답변"[13]을 통해 80년대 초기 휴머니즘 논의는 그 막을 내리게 된다.

點]』(1981), 『인간에 관한 학설의 철학적 탐구[關於人的學說的哲學探討]』(1982), 『인간의 본성과 휴머니즘 문제에 관한 토론집[人性, 人道主義問題討論集]』(1983) 등 휴머니즘 논의의 주요한 글들을 모은 서적들도 출간된다.

11) 段若非의 「評社會主義異化論」(『철학연구』 11기, 1983), 邢賁思의 「異化問題和精神汚染」(『철학연구』 11기, 1983), 王銳生 · 景天魁의 「駁'異化永恒'論的幾種根據」(『철학연구』 11기, 1983), 李奇의 「人道主義不能成爲科學歷史觀的基礎」(『철학연구』 11기, 1983) 등이 '정신오염 반대 결정' 이후의 대세를 잘 반영하고 있는 대표적인 글들이다.

12) 『人民日報』, 1984.1.27; 『思想解放運動』(成民燁 편), 실천문학사, 1988.

13) 張勇, 앞의 글, 575면.

2. 왕루어쉐이[王若水]의 휴머니즘론과 쟁점

1) 왕루어쉐이의 휴머니즘론

이제 이상에서 살펴본 80년대 초기 중국 휴머니즘 논의의 대체적인 흐름을 염두에 두고 이 시기 휴머니즘 논의의 주도자요 대변자라 할 수 있는 왕루어쉐이의 글들을 검토하면서 휴머니즘론의 구체적인 내용들을 살펴보고자 한다.

(1) 「사람이 마르크스주의의 출발점이다[人是馬克思主義的出發點]」[14]

"사람이 마르크스주의의 출발점이다"는 중국 휴머니즘 논의의 상징적인 명제이다. 휴머니즘 제창자들은 이 명제를 구호로 외치면서 마르크스주의의 틀 안에서 휴머니즘 담론의 이념적 정당성을 확보하고자 했다. 이 글에서 왕루어쉐이는 휴머니즘에 대한 규정과 마르크스주의 안에서의 인간의 위상에 관해 주로 언급하고 있다. 왕이 휴머니즘[人道主義]에 대한 정의를 내리기 위해 사용하는 대립적인 개념은 신도주의(神道主義)와 수도주의(獸道主義)이다. 이 둘은 각각 사람을 신격화하는 사상이나 혹은 사람을 신의 노예로 삼는 사상과 사람을 짐승처럼 취급하는 사상으로 풀이된다. 왕루어쉐이에 의하면 중국에서 신도주의는 문화대혁명 기간 동안에 영도자를 신격화하는 현대 미신의 형태로 나타났었고, 수도주의는 사람을 사람으로 취급하지 않았던 사인방의 봉건파시즘을 통해 나타났는데, 이러

14) 王若水, 『人是馬克思主義的出發點—人性, 人道主義問題論集』, 人民出版社, 1981.

한 경험이 바로 "중국의 이론계에서 휴머니즘을 새롭게 주목하게 된 동기"가 되었다.

"마르크스주의는 인간의 문제를 어떻게 바라보는가? 인간의 문제가 마르크스주의에서 차지하는 위상은 어떠한가?"하는 문제에 대해서 왕루어쉐이는 "마르크스의 저작 속에서는 인간의 문제가 누차 강조되고 있다", "마르크스와 엥겔스의 사적 유물론은 사회적이고 실천적인 인간에서 출발해서 만들어진 것이다"라고 주장한다. 왕에 의하면 마르크스와 엥겔스가 말하는 공산주의란 "한 사람 한 사람이 모두 전면적이고 자유로운 발전에 이르고, 사람이 사회와 자연과 자기 자신의 주인이 되며, 과거에 역사를 지배하던 이질적인 힘을 자기의 통제 하에 두게 되는" 이념이며 연합체이다. 이 글에서 왕은 자신의 휴머니즘의 근거를 공산주의의 궁극적인 목적은 전 인류를 해방시키고, 소외를 극복하며, 노동에 대한 자본의 지배와 무산계급에 대한 사유제의 지배, 인간에 대한 사물의 지배, 사회역사에 대한 맹목적이고 이질적인 힘의 지배를 완전히 폐기하는 것이라는 데서 찾고 있다.

(2) 「소외문제를 논함[談談異化問題]」[15)]

이 글에는 소외문제에 관한 왕루어쉐이의 견해가 비교적 상세하게 제시되어 있다. 여기에서 왕루어쉐이는 소외를 "아들이 자신을 낳아준 어머니를 학대하고 배반하는 것"의 비유를 들어 설명하면서 이러한 소외는 사회주의 중국에도 존재했으며, 그 구체적인 양태는 사상, 정치, 경제의 모든 분야에서 발견된다고 주장한다. 사상적인 소외는 개인숭배와 교조주의에

15) 王若水, 『新聞戰線』 제8기, 1980.

서, 정치적인 소외는 권력의 특권화로 인민의 공복이 인민의 주인이 되는 현상에서, 경제적인 소외는 객관적인 경제법칙을 제대로 인식하지 못하고 막대한 경제적 손실을 야기했던 그릇된 경제정책 속에서 드러난다.

소외에 관한 왕루어쉐이의 주장들 속에서 특별히 주목되는 것은 정치적인 소외와 관련된 대목들이다. 정치적인 소외의 문제를 다루면서 왕루어쉐이는 "어떠한 조건 하에서나 어떠한 시기에나 늘 당이 계급을 대표하고, 수령이 당을 대표한다고는 할 수 없다"는 주장을 제기하면서 당과 대중의 이해관계 사이에 갈등이 생길 수 있는 가능성에 대해 언급하고, 당이 "노동계급과 대립되고, 노동계급에 대해 배타적인, 소외시키는 힘"으로 나타났던 과거의 경험을 상기시키며 현실 속에서 당과 대중 사이의 수직적 관계로 나타나는 계급독재는 결국 당의 독재와 수령의 독재로 귀결될 수밖에 없다는 견해를 제시한다. 왕의 이러한 견해는 일차적으로는 마오쩌둥 시대의 오류를 표적으로 삼은 것이었지만, 원칙적으로 볼 때 당과 대중 사이의 갈등의 가능성을 부각시키고 수령의 독재를 당의 독재와 계급의 독재로까지 소급하면서 그 위험성을 환기시키고 있다는 점에서 그 비판의 범위가 덩샤오핑 시대까지도 포괄한다고 해석할 수 있다.

(3) 「문예와 인간 소외의 문제[文藝與人的異化問題]」[16)]

이 글은 대체로 위의 두 글에서 이미 다룬 마르크스주의에서의 인간의 위상, 사회주의 소외론, 중국에서의 소외의 양태 등의 문제를 조금 더 발전시키거나 되풀이하는 내용으로 이루어져 있다. 왕루어쉐이는 마르크스주의를 인간 해방의 사상으로 규정하면서 사상해방의 방향을 인간해방으

---

16) 王若水, 「文匯報」(1980.9.25), 『思想解放運動』(成民燁 편), 실천문학사, 1988.

로 연결시키고, "마르크스에게로!"의 복귀를 선언하면서 마오이즘으로부터의 합법적인 분리를 시도한다. 특히 인간에 대한 해석의 문제에 있어서 왕루어쉐이는 "계급성을 띤 인간성"이라는 마오 시대의 인간 해석이 좌파들에 의해 "인간성이 배제된 계급성"으로 변질되었다고 비판하면서, 이것은 "사회관계의 총화"로 인간을 규정했던 마르크스의 본래의 취지와는 달리 복잡할 수밖에 없는 인간의 속성 중에서 계급성만 남기고 나머지는 사상해 버린 그릇된 해석이라고 주장한다.

(4) 「휴머니즘을 위한 변호[爲人道主義辯護]」[17)]

이 글은 왕의 휴머니즘론의 윤곽이 종합적으로 가장 잘 드러나 있는 글이다. "괴이한 그림자가 중국의 지식계를 떠돌고 있다.—인도주의의 괴이한 그림자가"로 다소 음침하게 시작되는 이 글에서 왕루어쉐이는 그때까지의 논의 속에서 휴머니즘론에 씌워져온 이념적 혐의들을 하나하나 열거하고 그것들에 대해 상세한 반론을 제시하면서 휴머니즘에 대한 새로운 인식을 유도하고 사회주의 중국에서 휴머니즘론의 이념적 정당성과 필요성을 설명하고 있다. 왕이 중점적으로 반박하고 있는 것은 ① 휴머니즘은 부르주아 이데올로기이다. ② 휴머니즘이 말하는 인간은 추상적인 인간이다. ③ 휴머니즘이란 마르크스가 일찌감치 비판하고 폐기해 버린 사상이다라는 주장들이다. 왕루어쉐이는 "무엇이 휴머니즘인가", "휴머니즘은 부르주아 이데올로기일 수밖에 없는가", "포이에르바하에서 마르크스에로", "청년 마르크스에서 노년 마르크스로", "사회주의는 휴머니즘을 필요로 한

17) 王若水, 「文匯報」(1983.1.17), 『개혁과 개방—중국주요논문선집』(강인덕 편), 극동문제연구소, 1988.

다"는 등의 제목 하에 그러한 비판들에 맞서서 휴머니즘에 대한 '변호'를 수행한다.

"휴머니즘은 부르주아 이데올로기다"라는 주장에 대해 왕루어쉐이는 특정한 시간, 특정한 공간에 부르주아 이데올로기로서 존재했던 역사적 사실로서의 휴머니즘과, "사람, 사람의 가치와 존엄, 사람의 이익이나 행복, 사람의 발전이나 자유를 주제로 한 모든 관념 또는 철학사상"을 지칭하는 보편적 가치로서의 휴머니즘을 구분하면서 논의를 시작한다. 여기에서 왕은 마르크스는 포이에르바하와 마찬가지로 인간을 최고의 위치에 두었고 인간을 비인간화하는 현실의 사회관계에 반대했으며 휴머니즘의 기본적인 원칙을 부정한 적이 없다고 주장한다. 또한 "휴머니즘이 말하는 인간은 추상적인 인간이다"라는 비판에 대해서 왕은 "많은 동지들이 의심스러운 눈으로 '인간의 가치'를 대하는 것은 그들이 이 말이 개인주의적 색채를 띠고 있다고 생각하기 때문"일 것이라고 일단의 변론을 제시한 뒤, 논의의 주제를 휴머니즘과 개인주의 및 개인의 가치 사이의 관계로 재정리하면서, 다시 휴머니즘과 개인주의를 분리하고, 개인주의와 개인의 가치를 분리하는 방법으로 집단주의 이데올로기 안에서 개인과 개인의 가치를 옹호할 여지를 확보하고자 노력한다.[18] "휴머니즘이란 마르크스가 일찌감치 비판하고 폐기해버린 사상이다"라는 다른 비판에 대해서는 청년기 마르크스와 성숙기 마르크스 사이의 구별을 인정하지 않는 입장에서

18) 왕루어쉐이의 글에서 관련되는 내목은 다음과 같다.
"인도주의와 개인주의 사이에는 필연적인 관련이 없다. '개인의 가치' 역시 개인주의와 같은 것이 아니다. 우리는 집단주의를 제창한다. 집단주의와 개인주의는 대립하지만 개인의 가치와 대립하는 것은 아니다. 집단은 개인으로 구성된 것이다. 만일 집단중의 모든 개인 혹은 다수의 개인이 모두 가치가 없다면, 이러한 집단은 단지 마르크스가 비판했던 환상적이고 소외된 집단일 뿐이다. 물론 다른 면에서 개인의 가치는 집단 속에서만 실현될 수 있을 뿐이다."

'마르크스는 시종 프롤레타리아 혁명과 공산주의를 인간의 가치, 인간의 존엄, 인간의 해방, 인간의 자유 등의 문제와 연관지었다', '성숙기 마르크스 사상에서는 과학적 이론과 가치관이 통일되어 있고, 휴머니즘은 사적 유물론의 기반을 얻게 된다'는 견해를 제시하면서 반론을 전개한다.

2) 논의의 쟁점—왕루어쉐이와 후챠오무[胡喬木]

이상에서 살펴본 왕루어쉐이의 휴머니즘론을 대표적인 휴머니즘 비판론자인 후챠오무의 「휴머니즘과 소외의 문제에 관하여[關于人道主義 · 知異化問題]」 속에 나타난 견해들과 비교하면서 휴머니즘 논의의 쟁점들을 정리해보고자 한다.

왕루어쉐이와 후챠오무의 입장의 차이는 1980년대 초기 개혁세력 안에서 개혁이데올로기의 구체적인 방향성을 둘러싸고 진행되었던 내부적 갈등을 반영하고 있다. 후챠오무의 입장이 기본적으로 "정신오염 반대" 결정 이후 중국공산당의 공식적인 입장과 일치하며 왕의 입장은 그러한 주류 담론에 의해 견제를 당하고 있는 비주류담론을 대변한다고 볼 수 있다.

휴머니즘에 대한 왕루어쉐이와 후챠오무의 견해의 차이는 우선 마르크스주의와 휴머니즘의 관계 및 마르크스주의 안에서의 인간의 위상에 관한 문제를 둘러싸고 전개된다. 이것은 곧 마르크스주의의 본질을 무엇으로 해석할 것인가 하는 문제이기도 하다. 이 문제에 관해 왕루어쉐이는 마르크스주의를 인간해방의 철학으로, 휴머니즘으로 해석하는 반면, 후챠오무는 그것을 역사발전 법칙을 설명하는 과학으로, 사적 유물론으로 해석한다. 왕루어쉐이에게 있어서 마르크스주의는 휴머니즘을 포함할 뿐만 아니라 가장 철저한 휴머니즘이지만, 후에게 있어서 세계관으로서의 마르크스주의와 휴머니즘은 화해할 수 없는 것이다. 초기(청년기) 마르크스 사상과 후기(성숙기) 마르크스 사상의 관계에 대해서도 이들은 서로 다른 입장을 취하고 있다. 왕루어쉐이는 『경제학철학 수고』등에서 표명된 마르크스 초기 입장이 마르크스 사상 전체에서 차지하는 의미와 비중을 높게 평가하고 그러한 초기의 입장과 『자본론』등에서 대표적으로 나타나는 후기의 입장 사이를 일관되고 통합 가능한 것으로 간주한다. 이에 비해, 후챠오무는 마르크스 사상의 독창성, 정통성을 후기 마르크스 사상에만 부여하고 이러한 후기의 입장은 초기의 미성숙한 사상과 단절관계에 있는 것으로 규정한다.[19] 왕루어쉐이에게는 초기, 후기를 불문하고 인간이 마르크스 사상의 일관된 출발점이자 지향이지만 후챠오무에게 "마르크스주의를 마르크스주의가 되게 하는 마르크스 사상의 새로운 출발점은 인간이 아니라 사회관계"이다.

왕과 후 사이의 또 다른 쟁점은, 마르크스주의 안에서의 인간에 관한 규정 및 계급성과 인성의 관계에 관한 것이다. 왕에 의하면 인간에 대한 규정에 있어서 문혁 좌파의 오류는 계급성 만으로는 설명될 수 없는 복합적 존재인 인간을 계급성만으로 환원시켜버린 데 있다. 이러한 규정은 인간을 사회관계의 총체로 파악했던 마르크스의 본래의 의도와 일치하지

---

19) 후챠오무의 글에서 관련되는 부분은 다음과 같다. "마르크스주의가 마르크스주의가 될 수 있었던 까닭은 그것이 새로운 출발점을 가지고 거기서 새로운 과학체계를 세웠다는데 있다."(위의 글, 127면) "세계관과 역사관으로서의 마르크스주의와 휴머니즘, 사적유물론과 관념론적 역사관은 근본적으로 서로 혼합되거나, 편입되거나, 포괄되거나 귀결될 수 없다. (…중략…) 휴머니즘은 결코 마르크스주의를 설명할 수 없으며 보충하거나 규정하거나 발전시킬 수도 없다."(胡喬木, 「휴머니즘과 소외문제에 관하여」, 『文藝論爭集』, 1979~1983』(1984.1), 『思想解放運動』(成民燁 편), 실천문학사, 1988, 127 · 129면)

않는다. 왕루어쉐이는 또한 "공산주의가 궁극적으로 지향하는 것은 전 인류의 해방"이며 공산주의 사회는 "모든 개인의 전면적이고 자유로운 발전을 기본 원칙으로 하는 사회형식"이라고 주장하면서, 공산주의 이념 안에 내포되어 있는 개인과 전 인류의 해방이라는 지향을 강조한다. 왕의 이러한 주장은 마르크스주의에 대한 새로운 해석을 통해 지금까지 '계급'의 폭력 아래 억압되어 있었던 '개인'과 '전 인류'의 복권을 시도한 것이다. 왕루어쉐이는 또한 같은 취지에서 "진리와 법 앞에서의 평등"과 "봉건적 등급과 특권관념의 폐지" 등의 요구를 제기한다.

왕루어쉐이의 이러한 입장을 후챠오무는 이념적 정체성이 의심스러운 견해라고 비판한다. 후챠오무가 보기에 계급을 부정하는 추상적 인간 해석은 마르크스주의 내에서 계급이라는 범주가 차지하는 전략적 중요성을 이해하지 못하는 반마르크스주의적인 견해이기 때문이다. 자본가와 임노동자를 "자본과 임노동의 인격화"로 바라보는 마르크스주의의 계급적 해석이 없이는 "자본주의의 멸망이나 사회주의의 부흥이 모두 역사적 필연이라는 사실을 설명할 수 없으며, 프롤레타리아 계급의 역사적 사명도 제시할 수 없게 된다." 같은 입장에서 후챠오무는 인간의 가치와 존엄을 절대적인 것으로 간주하며 인간이 사회주의 하에서 이루어지는 모든 활동의 목적이라는 왕루어쉐이의 견해에 대해서도, 사회주의 하에서 인간은 목적일 뿐만 아니라 수단이기도 하며 "자기의 모든 것을 조국에 바치고 인민에게 공헌하는 수단이 되는 데에 바로 인간의 존엄이 있다"고 주장하면서, 덩샤오핑 시대에도 프롤레타리아계급독재와 중앙집권적 권력은 여전히 불가피하며 필요한 것이라고 역설한다.

왕과 후 사이의 세 번째 쟁점은 역사에 대한 해석 및 사회발전의 근본적인 동력은 무엇인가, 역사 속에서 인간의 역할은 무엇인가 하는 문제에 관한 것이다. 왕루어쉐이에게 역사란 인간이 비인간적인 상황에 저항해서 인간해방을 향해 나아가는 자유와 해방의 쟁취 과정이다. 그러나 후챠오무에게 역사란 근본적으로 생산양식의 발전을 의미한다. 만약 "인류역사를 인간성의 소외와 복귀의 역사로, 즉 인간–비인간–인간의 구도로 개괄한다면 그것은 전형적인 관념론적 역사관"일 뿐이다. 역사에 대한 서로 다른 해석 위에서 왕루어쉐이는 역사 창조의 주체로서의 인간의 역할과 의지를 역사발전의 기본 동력으로 간주하는데 비해, 후챠오무는 사회의 생산력 발전과 역사발전의 필연적인 법칙에 대한 인식과 순응을 역사발전의 기본동력으로 간주한다.

왕과 후챠오무의 입장의 차이는 '마르크스주의 휴머니즘'과 '사회주의 휴머니즘'이라는 용어의 사용 및 그 개념규정에서도 나타난다. 왕은 주로 마르크스주의 휴머니즘이라는 용어를 사용하는데 이것은 역사적인 휴머니즘과의 계승관계를 나타내주는 '휴머니즘'과 그것과의 본질적 차이를 나타내주는 '마르크스주의(혹은 사회주의)'의 결합을 의미하는 것이다. 다시 말하면 지금까지 역사적으로 보존되어온 보편적 가치로서의 휴머니즘과 이데올로기적 정체성을 분명하게 나타내주는 마르크스주의 양자의 결합인 것이다. 때문에 왕루어쉐이에게 마르크스주의 휴머니즘은 사회주의 휴머니즘과 별다른 차이가 없다. 그러나 후챠오무는 마르크스주의 휴머니즘이라는 용어가 개념상의 혼란을 야기하기 쉽다고 지적하면서 마르크스주의 휴머니즘을 대신해서 사회주의 휴머니즘의 명칭을 사용할 것을 제안한다. 그리고 후가 그렇게 제안할 때 그 사회주의 휴머니즘 안에는 왕루어쉐이의 마르크스주의 휴머니즘 안에 내포되어 있던 체제 비판적 성격은 배제된다. 후가 말하는 사회주의 휴머니즘은 '사회주의의 경제적 토대 위에 발을 딛고 서있으며 사회주의 정치제도에 상응하는 사회주의 윤리도덕의 의식형태'로서, "집단주의를 핵심으로" 하며 타인을 위해 자기를 희생하고 조국과 대다수의 이익을 위해 개인과 소수의 이익을 희생하는 "숭고한 공산주의 정신"을 가리킨다. 이는 사실상 "사회주의 정신문명"과 다를 바 없는 것이다.

사회주의 사회에 소외가 존재하는가, 사회주의 사회의 부정적인 현상을 '소외'로 해석하는 것이 타당한가하는 문제에 관해서도 왕루어쉐이와 후챠오무는 서로 다른 입장을 드러낸다. 왕루어쉐이는 사회주의 사회에서 소외가 존재한다는 것은 사회주의 중국에서의 경험과 현실에 의해 증명되는 명백한 사실이며 그 소외의 내용은 사상적 · 정치적 · 경제적 소외로 개괄할 수 있다는 입장인데 반해, 후챠오무는 왕루어쉐이의 주장이 내포하고 있는 이념적 · 이론적 · 현실적인 문제점들을 지적하면서 이를 비판한다. 왕루어쉐이의 이러한 주장에 대해 후챠오무가 비판의 논거로 거론하는 것은 "성숙기 마르크스는 다시는 소외론으로 역사를 설명하지 않았고 사적유물론으로 과학적으로 역사를 설명"했다는 것과, "마르크스가 사용한 소외 개념은 특정한 역사적 시기의 특정한 현상—자본주의 사회에서의 현상을 설명하기 위해서만 사용한 것이고 소외를 결코 보편적이고 영구적인 법칙으로 보지 않았다"는 것이다. 후챠오무는 만약 왕루어쉐이가 마르크스주의 이론에 대한 그릇된 이해에도 불구하고 계속해서 "소외개념으로 사회주의의 사회관계를 분석하고, 사회주의의 부정적인 현상들을 모조리 소외의 공식 속으로 귀납시킨다면 그것은 사회주의 제도 자체에 대해 파괴적인 영향을 가져 올 것"이라고 경고한다.

이상에서 살펴본 왕루어쉐이와 후챠오무의 입장의 차이는 결국 마오이즘에 대립하는 마르크스주의 해석의 방향을 어떻게 설정할 것인가 하는 문제로 귀결되며, 그것은 곧 문화대혁명과 마오쩌둥 시대에 대한 반성의 초점을 어디에 둘 것인가 하는 문제이기도하다. 왕루어쉐이는 문화대혁명을 포함한 마오시대 사회주의 실천의 근본적 오류를 '인간의 비인간화'로 개괄했으며 그 비인간화의 핵심을 주체성의 상실, 개인(혹은 개인적 가치)의 부정에서 찾았다. 이러한 비인간화는 왕루어쉐이의 관점에서 보면 개인숭배와 파시즘, 당의 관료주의적 통치 등에서 비롯되는 것이다. 때문에 그는 당과 대중 사이의 괴리, 인민의 정치적 권리와 사회적 위상을 격하시키는 절대권력의 등장 가능성에 대해 각별히 경계하고, 이러한 문제의식의 연장선상에서 정치체제의 민주화, 법제화 등 일련의 정치개혁의 요구들을 거듭 제기한다. 왕루어쉐이에게 있어서 이상적인 사회주의의 비전은 무엇보다도 인간의 가치가 존중되고, 인간이 역사의 주인이 되는 휴머니즘 마르크스주의의 구현에 있다.

반면 후챠오무에게 있어서 문화대혁명과 마오쩌둥 시대의 최대의 오류는 역사발전법칙의 객관적 요구, 즉 사회적 생산력의 발전에 대한 객관적 요구를 무시하고 주의주의(主意主義)를 고수했다는 데 있으며 그러한 오류를 시정하는 정확한 방향은 과학의 법칙을 좇아 사회주의 현대화에 매진하는 일이다. 문화대혁명과 마오쩌둥 시대에 대한 반성을 이러한 각도에서 행하기 때문에 후챠오무는 사회주의 사회에서의 문제들을 '소외'로 설명하려는 것에 반대하고, 경제발전의 가속화와 효율성의 극대화를 위해 중앙집권적 국가 권력의 필요성을 역설하게 되고 집단주의적 가치를 선전하며 결과적으로 국가사회주의 혹은 개발독재의 권위주의적 정권

모델을 지지하게 되는 것이다.

3. 휴머니즘 논의의 이데올로기적인 함의

1) 다양한 해석들

이제 80년대 초기 중국 휴머니즘 논의와 관련해서 지금까지의 이루어진 몇몇 연구에서의 해석들을 검토하면서 이 시기 휴머니즘 논쟁의 이데올로기적 함의를 정리해보고자 한다.

스핑화(Shiping Hua)는 중국 마르크스주의 담론을 크게 과학주의(scientism)와 휴머니즘(humanism)의 대립으로 개괄하면서, 이러한 기본 관점에서 왕루어쉐이와 후챠오무의 논쟁을 포스트 마오 시대의 중국에서 다시 출현한 과학적 마르크스주의와 휴머니즘 마르크스주의의 대립으로 해석한다.[20] 스핑화에 의하면 이 두 입장은 그 뿌리가 각각 천두슈[陳獨秀]와 리따자오[李大釗]로 대표되는 중국공산당 초기까지 거슬러 올라가는데 1980년대 초기에는 "과학에 대한 갑작스러운 열광(the sudden enthusiasm about science)"의 사회적 분위기 속에서 결국 과학주의가 지배적인 지위를 차지하고 휴머니즘은 주변으로 물러나게 된다는 것이다.[21]

---

20) Shiping Hua, *Scientism and Humanism-Two cultures in post-Mao China(1978~1989)*, State University of New York Press, 1995, p.7.

21) 위의 책, p.1. 스핑화에 의하면 이 시기의 '과학에 대한 갑작스러운 열광'은 당시의 특수한 사회경제적 · 정치적 수요와 밀접한 관련을 가지고 있다. 그 구체적인 내용은 한편으로는 과학이 상부구조에서 경제적 기초로 그 자리가 이동되고 가장 혁명적인 힘으로 인정되었다는 것이며, 다른 한편으로는 미신-과학의 대립구도 속에서 미신은 마오쩌둥의 개인숭배를, 과학은 새롭

왕후이[汪暉]는 1980년대 초기의 휴머니즘론을 전적으로 덩샤오핑의 개혁사회주의운동에 이론적 기초를 제공한 주류 이데올로기에 포함시켜서 바라본다.[22] 왕후이에 의하면 1978년 이래로 중국공산당과 지식인들 사이에서 제기된 마르크스주의 휴머니즘론은 덩샤오핑에 의해 적극적으로 추진된 사상해방운동의 일부로서, 휴머니즘으로 마르크스주의를 다시 빛고 다시 빚어진 휴머니즘으로 마오의 반근대적 근대화론을 비판함으로써 덩샤오핑의 사회주의 개혁운동에 이론적 기초를 제공한 중국 개혁이데올로기의 중요한 구성성분이다. 마르크스주의 휴머니즘이 중국사회의 세속화를 촉진한 근대이데올로기로서 중국사회가 아직 본격적인 시장경제 단계로 들어서기 전인 80년대 초기에는 나름대로 비판적인 힘을 가질 수 있었지만 중국사회에서 시장의 힘이 발전해 감에 따라 점점 그 힘을 상실해 가게 되었다는 것이다.

징왕(Jing Wang)은 80년대 초기의 휴머니즘론이 마오주의적 마르크스주의에 도전하여 문혁에 대한 이론비평을 선도하고, 마르크스주의라는 이데올로기적 제한 내에서 진정한 휴머니즘 윤리의 구축을 통해 화석화된 이데올로기에 활력을 부여할 역사적 기회를 포착하는 일을 목표로 삼았지만, 논의의 진행과정에서 휴머니즘 제창자들의 주체성에 대한 강조가 반대파들로부터 무정부주의나 좌파적 편향이라는 이중적인 이데올로적 혐의를 받게 되면서, 결국은 주의론(主意論)과 결정론 논쟁으로 빠져버리게 되었다고 해석한다.[23] 징왕은 특히 중국의 휴머니즘론자들의 소외문

게 시작되는 개혁을 지도하는 원칙을 지칭하게 됨으로써 '과학'이라는 것이 가치판단이 개입된 신시기의 상징적 용어로 기능하게 되었다는 점이다.

22) Wang Hui, " Humanism as the Theme of Chinese Modernity", http : //pum12.pum.umontreal.ca/revues/surfaces/vol5/hui.html

제에 대한 접근이 "억압자와 피억압자의 역할을 맡게 되는 주체의 사회화 과정에 대한 탐구를 결여"하고 있음으로 말미암아 그들 안에 "내면화되어 있는 억압"을 바라보지 못하고 "주체성의 해방적 가능성(the emancipatory possibilities of the subjectivity)을 간과"하게 된 점을 비판한다.[24] 휴머니즘론자들은 결국 이러한 이론과 전망의 한계로 인해 그들 자신도 "유물론의 이데올로기적 폐쇄성(the ideological enclosure of materialist doctrin)"을 넘어서지 못했으며, 이 시기에 중국 지식인들을 매혹시켰던 사르트르의 실존주의의 영향에도 불구하고 결국 "마르크스가 사르트르를 합병"해 버리는 결과를 낳게 되었다는 것이다.[25]

쉬지린[許紀霖]은 80년대의 사상해방운동은 생산력이 사회진보를 측정하는 유일한 기준이고, 과학기술이 제일의 생산력이라는 '유물론 과학주의'의 특징을 뚜렷하게 나타내고 있었다고 지적한다. 휴머니즘 마르크스주의는 80년대 초기에는 유물론적 과학주의가 점차 보수화 되어 가는 것에 맞서서 정치비판과 도덕적인 용기를 가지고 사상해방운동을 전대미문의 수준으로 발전시켰지만, 개혁개방이 가속화되고 지배(주류)이데올로기가 정신오염 반대의 명목으로 그것을 탄압하게 되는 80년대 중반에 이르면 주·객관적인 한계로 사상해방운동을 확산, 심화시킬 수 있는 능력을 더 이상 가질 수 없게 되었다는 것이다.[26]

이상의 다양한 해석들은 80년대 초기 휴머니즘론의 이데올로기적 함의를 여러 각도에서 생각해볼 수 있게 해준다. 스핑화의 견해는 과학적

---

23) Jing Wang, *High Culture Fever*, London : University of California Press, 1996, p.30.
24) 위의 책, pp.19~20.
25) 위의 책, p.30.
26) 許紀霖, 앞의 글.

마르크스주의와 휴머니즘 마르크스주의로 대별할 수 있는 20세기 휴머니즘 논의의 국제적 맥락을 환기시켜주고, 그 맥락 속에서 80년대 초기 중국에서의 휴머니즘 논의의 위상을 객관적으로 바라볼 수 있게 해준다. 왕후이의 견해는 덩샤오핑의 개혁이데올로기를 반근대적 근대담론에 대한 비판으로 규정하면서 휴머니즘론의 근대 옹호적 경향성을 드러내주고 아울러 그것의 정치적 · 이데올로기적 배경을 이해할 수 있게 해준다. 징왕은 중국의 휴머니즘 논의에 대한 동유럽 마르크스주의와 사르트르 실존주의의 영향을 깊이 있게 다루면서 휴머니즘 논의의 또 다른 측면을 밝혀주고 있다.

그러나 비판적으로 볼 때 이들의 견해는 또한 그 각각이 드러내주고 있는 이러한 의미 있는 시사점들에도 불구하고, 80년대 초기 중국휴머니즘 논의의 복잡한 맥락을 충분히 드러내주고 있지는 못한 것으로 생각된다. 스핑화, 왕후이, 징왕에게서 그러한 한계는 입장의 편향성을 통해 드러난다. 스핑화와 왕후이는 그들이 선택한 이론 구도 속에서 휴머니즘 논의를 각각 마오이즘의 전통과 덩샤오핑 개혁이데올로기에 귀속시키고 있는데 이러한 상반되는 해석은 휴머니즘 논의에 내재되어 있는 두 가지 측면 중 어느 하나 만을 절대화함으로써 결과적으로 다른 측면의 의미를 가려버리는 해석의 오류를 범하고 있는 셈이다. 징왕의 견해에서도 유사한 편향성이 발견된다. 징왕은 마르크스주의에 활력을 부여하려던 휴머니즘논의의 시도가 결국 주관적인 한계로 말미암아 피상적인 문제제기에 그치고 좌절되어 버린 것으로 평가하는데, 이는 특정한 관점에서 휴머니즘 논의를 재단함으로써 그것이 가지고 있는 역사적인 의미를 지나치게 과소평가하게 된 것이 아닌가 하는 의문을 제기하게 한다. 쉬지린의 입장은 전체적인 시각에 있어서는 상대적으로 이러한 편향성으로부터 자유롭지만 그 역시 휴머니즘의 이념적 복잡성에 대한 충분한 설명을 제공하고 있지는 못한 것 같다.

2) 덩샤오핑 이데올로기와의 관계

휴머니즘논의에 대해 이처럼 서로 다른 입장에서의 다양한 해석들이 존재하고, 그 해석들이 일정한 편향성을 나타내게 되는 것은 휴머니즘론을 둘러싸고 있는 복잡한 이념적 문맥과 관련이 있다. 그것은 곧 휴머니즘론과 덩샤오핑의 개혁 이데올로기 사이의 복잡한 관계에서 기인하는 것이다.

마오쩌둥 시대와 구별되는 덩샤오핑 시대의 정치경제학은 계급 혁명론에 대한 부정과 '생산력 중심론[唯生産力]'의 관점으로 요약할 수 있다. 덩샤오핑은 사회주의 중국의 주요모순을 계급간의 모순으로 설정하고 계급적 적대감에 기초한 계급투쟁을 역사발전의 중심동력으로 간주했던 마오 시대의 역사관을 마르크스주의에 대한 왜곡으로 비판하면서, 중국사회의 주요모순을 "계급 간의 모순과 갈등이 아니라 경제생활의 향상을 바라는 대중들의 요구와 그에 부응할 수 없는 중국의 경제적 낙후성에서 파생되는 모순"으로 수정해서 규정하고 계급투쟁 대신 계급을 초월하는 화해와 협력을 중국사회발전의 동력으로 역설했다. 80년대 초기의 휴머니즘론이 '계급' 대신 초계급적인 '인간'을 이야기하고, 마오쩌둥의 시대에 부정되고 매도되었던 '개인'과 '전 인류'의 권리를 새롭게 회복시키고자 했던 시도는 이러한 배경 하에서 가능했던 것이며 어떤 점에서는 덩샤오핑 시대의 지배적인 흐름에 부합되는 것으로 볼 수 있다.

그러나 덩샤오핑 시대의 또 하나의 중심적인 관점인 생산력 중심론과의 관계에서 보면 휴머니즘론은 덩샤오핑 노선과 적지 않은 갈등의 소지를 내포하고 있다. 덩샤오핑의 생산력 중심론이란 역사발전의 기본동력을 사회적 생산력의 발전으로 가정하고, 그러한 생산력의 발전에 의존해서 진행되는 역사발전의 법칙에 따라 공산주의로의 이행이 결정된다고 믿는 관점이다. 이것은 경제문제를 정치, 사회, 문화 등의 문제와 분리시키지 않고 종합적이고 총체적인 맥락에서 바라볼 것을 요구했던 마오쩌둥 시대의 정치경제학과 달리, 정치와 경제를 분리하고 경제법칙과 객관적 조건을 존중함으로써 경제적 효율성과 수익성 증대를 모든 경제활동의 기준으로 삼고, 경제발전 자체를 궁극적인 목적으로 삼는 관점이기도 하다.[27] 요컨대 생산력 중심론에는 역사발전이 사회의 생산력의 발전에 의해 결정된다고 믿는 생산력 결정론의 관점과 그러한 생산력 증대를 제일의 가치로 삼는 경제발전 제일주의의 가치관이 함께 포함되어 있는 것이다.

이러한 관점과 가치관을 휴머니즘논자들의 그것과 비교해보면, 역사발전에 있어서 인간의 주체적인 역할이 차지하는 중요성을 생산력의 발전이나 과학적인 법칙성보다 더 강조하고 인간을 역사의 주인으로 선언하며, 사회주의 하에서 진행되는 모든 생산활동의 궁극적인 목적은 인간이 되어야 한다고 주장하는 휴머니즘논자들의 견해는 덩샤오핑 시대의 정치경제학과는 불가피하게 충돌을 빚게 되는 것이다.

---

27) 덩샤오핑의 관점과 마오의 관점의 이러한 차이는 흔히 경제발전제일주의 내지 과학주의와, 주의주의 내지 유심주의의 대립으로 설명되기도 하고, 마르크스주의에 대한 국제적인 해석의 흐름과 관련지어 과학적 마르크스주의와 휴머니즘 마르크스주의의 대립으로 이해되기도 한다.

휴머니즘론자들의 주체성에 대한 강조와 인간을 궁극적인 목적으로 간주하는 인간관은 한편으로는 역사발전에서 경제적인 요소보다 인간적인 요소를 더 강조하고 사회주의에 대한 유토피아적 이상을 간직하고 있었던 마오쩌둥 시대의 '주의주의(主意主義)'에 가깝다는 혐의를 받을 소지를 내포하고 있지만, 또 다른 면에서 보면 사회주의 현대화라는 집단적 목표를 절대화하면서 방식은 다르지만 근본적으로 유사한 통치형태를 통해 다시 한번 당국가주도의 산업화를 추진해 나가려고 구상했던 덩샤오핑 시대에 대해서도 간과할 수 없는 도전이 되는 것이다. 휴머니즘 반대론자들이 표면 논의에서 주로 혐의를 건 것은 전자지만 사실상 휴머니즘 논의가 덩샤오핑 시대에 견제를 당하게 되는 보다 더 중요한 원인은 후자의 이유 때문인 것으로 생각된다. 왜냐하면 휴머니즘론자들이 목적으로서의 인간에 대해 이야기할 때, 그것이 의식적으로 비판했던 것은 인간을 구체적 개인이 아니라 추상적 대중의 일원이나 집단적 역량으로만 바라보면서 "주관능동성"으로 진정한 주체성을 대신했던 마오이즘의 도구적 인간관이었지만, 위에서 이미 살펴본 바와 같이 결과적으로 그러한 주장들은 이미 지나가 버린 마오쩌둥 시대에 대한 비판일 뿐만 아니라, 집단적 부의 증대라는 장밋빛 비전을 내세우면서 개인의 가치나 인간의 권리, 행복에 관한 문제들을 다시 뒷전으로 밀어버리려는 덩샤오핑 시대의 산업화 이데올로기에 대해서도 마찬가지로 강력한 비판과 저항의 함의를 담고 있었기 때문이다.

4. 이론의 수용

왕루어쉐이 자신의 설명과 몇몇 연구자들의 견해를 참고해보면, 80년대 초기 휴머니즘론은 주로 서구마르크스주의와 동유럽 마르크스주의(특히 아담 샤프의 이론) 그리고 사르트르의 실존주의 등으로부터 이론적인 자양분을 공급받은 것으로 보인다.[28] 서구마르크스주의의 대체적인 경향은 휴머니즘적이고 주체적이며 자유주의적인 해방의 전통을 보유하고 있는 교조적이지 않은 마르크스주의라고 정리할 수 있다.[29] "객관적인 경제법칙이 자동으로 자본주의의 붕괴와 프롤레타리아의 승리를 가져올 수 있다는" 결정론적 경제주의의 해석을 거부하고, 인간에 의해 만들어진 고착화된 구조를 전복시키는 진정한 실천을 변화의 근본적인 힘으로 간주하는 것이다. 서구마르크스주의의 이러한 특성은 중국의 휴머니즘론의 방향성을 결정짓는데 영향을 준다.

사르트르의 실존주의 역시 결정론적 관점을 거부하고 인간의 자유의지와 주체성을 강조하는 휴머니즘이다. 실존, 자유, 고독, 주체성 등을 핵

---

28) 왕루어쉐이는 「사람이 마르크스주의의 출발점이다」에서 스탈린 문제와 관련하여 국제 공산주의 운동에서 나타난 새로운 지적 경향, 즉 마르크스의 저작 속에서 휴머니즘을 발견해 내려는 새로운 경향과 『경제학 철학 수고』를 둘러싸고 진행된 서구 마르크시즘 논의들을 중국 휴머니즘 논의의 이론적 배경으로 언급한다. Jing Wang은 사르트르와 아담 샤프의 영향을 각별히 주목하고 있으며, 특히 아담 샤프의 관점은 왕루어쉐이의 휴머니즘론의 이론적 틀을 형성하는데 결정적인 영향을 미친 것으로 바라보고 있다.

29) 마틴제이는 서구마르크스주의의 특성으로 ①휴머니즘적이고, 주관론적이며 교조적이지 않은 마르크스주의(humanist, subjectivist and undogmatic Marxism) ②전제정권에 의해 그 정권을 합법화하는 교조적인 이데올로기로 변질되지 않고 사회주의의 자유주의적인 해방의(libertarian emancipatory) 전통에 대한 희망을 보유 ③객관적인 경제법칙들이 자동적으로 자본주의의 붕괴와 프롤레타리아의 승리를 가져올 수 있다는 경제결정론에 반대하며 실천의 중요성 강조하는 것 등을 들고 있다. (Martin Jay, *Marxism and Totality*, University of California Press, 1984, pp.1~2)

심적인 개념으로 삼는 사르트르의 실존주의에서 인간은 매 순간마다 스스로를 창조하도록 자유를 선고받은 존재이며, 인간은 스스로가 만들어 가는 것 이외에 아무것도 아니다. 그러므로 주체성은 인간의 출발점이며 동시에 인간의 모든 것이다. 인간의 속성이 이처럼 자유와 미결정성을 근본으로 하기 때문에 그것은 어떠한 외적인 규정이나 고정된 개념으로 설명할 수 없다. "실존이 본질에 앞선다"는 사르트르의 유명한 명제는 바로 이러한 인간에 관한 개념적, 본질론적 접근에 대한 근본적인 거부를 표현한다. 철저하게 개인적 차원에서의 주체성을 주장하는 사르트르의 실존주의는 개인과 사회를 대립적인 관점에서 파악하면서 집단에 대한 개인의 우선성을 주장했고 사회를 개인에 대한 억압적인 타자로 간주하면서 그러한 타자에 저항하는 실천의 의미를 중시한다. 중국의 휴머니즘논자들이 계급의 개념으로 인간의 실존을 대신하는 것에 반대하고, 사회와 개인의 이해관계를 대립적인 것으로 파악하며, 주체성의 문제를 집단이 아니라 개인의 차원에서 사고하고, 그러한 실존적 개인으로서의 인간을 운명을 만들어나가는 주체로 설정할 때 이러한 이들의 인식에서는 마르크스 보다 사르트르의 색채가 더 짙게 드러난다.

동유럽 마르크스주의의 대표적인 이론가 중의 하나인 아담샤프의 영향은 서구마르크스주의와 사르트르의 실존주의에 비해 훨씬 더 직접적이다. 아담 샤프는 기본적으로 사회를 위해 개인을 버린 속류마르크스주의나, 개인은 구원했지만 그 대가로 사회를 포기한 실존주의의 개인과 사회에 대한 관점을 모두 그릇된 것으로 비판하면서 이와는 구별되는 제 삼의 관점으로 올바른 마르크스주의의 관점을 제시하고자 한다. 아담 샤프에 의하면 '마르크스주의는 개인과 사회 간의 관계에 대한 강렬한 자기 반성에서 태어난 것'이며 "사회주의의 중심문제는 인간의 문제"이다. 그러나 속류마르크스주의는 개인을 역사의 창조자, 자기 선택의 주인이라는 위치에서 전락시켜 단순한 역사의 산물, 통계적 평균인, 그의 의지와는 무관한 역사법칙의 집행자로 만들어버렸고, 사르트르의 실존주의는 인간의 주체성을 강조하지만 주관주의적이고 비사회적인 관점에서 "영적 단자(monad)"로서의 개인의 주체성만을 이야기할 뿐, 사회의 틀 안에서 형성되는 인간의 여러 가지 유대는 간과하는 이론적 오류를 범했다.[30] 아담 샤프가 바라보는 마르크스주의에서 인간은 역사의 산물이면서 동시에 역사의 주체이다. 역사발전은 그 필연성의 일부인 인간의 의식적 활동의 참여를 전제로 해서만 이런 저런 방향으로 나아가는 것이다.[31] 개인과 사회의 문제에 관한 아담 샤프의 마르크스주의 재해석은 개인과 사회를 대립적인 관점에서 파악하지 않고, 상호의존적이며 보완적인 관계로 해석하는 방향에서 이루어진다. 마르크스주의는 한편으로 "진정한 인간의 공동체로부터의 고립에 대한 개인의 항거"로서 "전체(the whole)에 집중"하지만 동시에 "일회적이고 독자적인 구조적 실체"로서의 개인에 대한 관심도 배제하지 않는다. 이와 같은 아담 샤프의 견해는 역사의 법칙성을 결정론적 입장에서 해석하는 속류마르크스주의의 해석과 비교할 때 역사의 주인으로서의 인간의 역할을 강조하고, 그릇된 해석 속에서 사회에 함몰되어 버린 개인을 마르크스주의 안에서 다시 복원하려는 시도를 담고 있다.

사회주의 내에서의 국가의 존재를 "강압된 수난" 혹은 "소외된 힘"으로

---

30) 아담 샤프, 「인간의 철학」, 『휴머니즘』(에리히 프롬 편), 사계절, 1982, 124면.

31) Adam Schaff, *Marxism and the Human Individual*, MacGraw-Hill Book Company, 1965. (A. Schaff, 김영숙 역, 『개인과 휴머니즘』, 중원문화, 1984, 167면)

규정하고 사회주의 사회에서의 "개인숭배"를 비판하며, 공산주의의 비전을 인간의 자유와 해방의 실현이라는 관점에서 설명하고 있는 것도 아담 샤프의 중요한 주장들이다. 아담 샤프는 또한 사유재산의 소멸을 곧 모든 소외의 소멸로 연결시키면서 사회주의 체제 안에서의 소외를 인정하지 않는 관점에 대해서, 사회주의 사회에서도 소외는 여전히 존재하며 그것은 경제적 영역에서 뿐만 아니라 이데올로기적, 사회 · 정치적 영역에서도 나타난다고 반박한다. 아담 샤프에게서 사유재산 못지않게 중요한 소외의 요인은 "반항적 개인을 짓밟아버리는 압제적 정치기구"로서의 국가와 "필연과 외적인 효용의 강요" 하에서 이루어지는 노동이다. 이러한 국가와 노동이 사라지지 않는 한 "자유의 영역은 요원한 이야기이며 소외 역시 소멸되지 않는다"는 것이다.

아담 샤프의 견해를 이렇게 정리해놓고 보면 사회주의의 중심문제를 인간의 문제로 해석하고 속류 마르크스주의가 간과해온 개인의 문제와 인간실존의 문제들을 새롭게 부각시키며, 사회주의 사회에서의 소외의 존재를 인정하고 그것의 구체적인 양상을 이데올로기적 · 정치적 · 경제적 영역으로 개괄하고 있는 점이나, 국가를 소외된 힘으로 규정하면서 개인숭배와 관료주의의 폐해를 경계하는 점, 공산주의 이념 안에 내포되어 있는 '인간 해방'의 지향성을 강조하며 결정론적 해석을 거부하고 인간의 의식적인 활동을 역사발전의 필연성의 일부로 간주하면서 주체성을 강조하는 점, 인간을 모든 가치에 우선하는 절대적인 가치와 목적으로 바라보는 관점 등, 아담 샤프의 핵심적인 주장들은 왕루어쉐이의 주장들 안에서 거의 그대로 되울려지고 있음을 발견할 수 있다.

5. 맺음말

이상의 고찰을 통해 볼 때 서구 마르크스주의와 사르트르의 실존주의, 그리고 아담 샤프의 이론에서 공통적으로 나타나는 휴머니즘과 자유·해방에 대한 지향, 주체성과 실천에 대한 강조, 교조주의와 속류마르크스주의의 결정론적 해석에 대한 거부, 계급 주체에 대한 반성과 개인에 대한 관심 등의 경향성은 왕루어쉐이로 대표되는 중국의 휴머니즘론에서도 마찬가지로 공유되고 있음을 확인할 수 있다. 이 세 이론들이 공통적으로 나타내는 이러한 경향성의 배후에 체제와 이념을 초월해서 나타난 파시즘의 추악성에 대한 경험이 있는 것과 마찬가지로 중국의 휴머니즘론자들이 이들 이론을 적극적으로 수용하게 되는 배경에는 마오 시대의 파시즘에 대한 경험이 있다. 또한 이 세 이론들이 이러한 파시즘의 경험에서 출발해서 마르크스주의와 실존주의 사이의 열린 대화를 통해 개인과 사회에 대한 새로운 해석의 가능성을 모색했다면 마르크스주의와 실존주의를 동시에 수용한 중국의 휴머니즘론에도 마찬가지의 모색 가능성이 있었던 셈이다.

그러나 중국의 휴머니즘론은 그 표면 내용에 있어서는 이처럼 서구 마르크스주의와 사르트르의 실존주의, 아담 샤프의 이론에서 많은 주장들을 그대로 수용하고 있지만, 수용의 태도에 있어서는 다소 선택적이고 피상적인 경향성을 드러내며, 특히 그 이론들이 본래 가지고 있던 문맥에 대해서는 깊이 있는 이해를 가지고 있지 못했거나 무관심했던 것으로 보인다. 서구 마르크스주의와 비교해 볼 때 중국의 휴머니즘론자들은 서구 마르크스주의가 근본적으로 바탕에 깔고 있는 "패배와 좌절의 분위기"[32)]

나 여기에서 비롯되는 근대 비판적 태도, 즉 역사의 진보에 대한 믿음의 동요, 근대 서양문명을 추동해 온 근본적인 힘으로서의 계몽이성에 대한 반성과 비판 등에 대해서는 무관심하다. 오히려 이들은 역사 발전에 대한 낙관과 이성적 존재로서의 인간에 대한 확고한 신뢰를 견지하고 있다. 마오쩌둥 시대에 나타난 개인숭배나 파시즘의 부정성은 전적으로 전(前)근대에 속한 것으로 이해되고 따라서 비판은 자연스럽게 근대화의 필요성을 강조하는 방향으로 연결된다.

사르트르의 실존주의에 대해서도 수용의 태도는 선택적이다. 실존주의가 마르크스주의를 비판하는 중요한 대목들을 그들은 간과한다. "실존은 본질에 앞선다"는 실존주의의 주장은 본질론의 허구성과 억압성을 지적하는 것으로 실재에 대한 개념의 폭력, '진정한 인간'의 범주가 '실제 인간'에 대해 가하는 폭력을 비판하는 것이지만 중국의 휴머니즘논자들은 계급적 인간 분류를 거부하면서도, 그러한 계급적 인간 분류가 내포하고 있는 자의성과 이데올로기성을 이해하고 이에 대한 근본적인 반성을 통해 개인과 사회의 새로운 관계 모델을 검토하는 데로 나아가지는 않는다. 휴머니즘 논자들은 마르크스주의자를 자처했지만 어떤 부분에서 마르크스주의와 실존주의가 상호 대립적인 두 개의 세계관으로서 근본적으로 화해할 수 없는 관계에 있으며 실존주의적 입장을 긍정하는 것이 마르크스주의자로서의 정체성을 위협할 수 있다는 점에 대해서도 별다른 주의를 기울이지 않는 것으로 보인다.[33]

---

32) 알렉스 캘리니코스는 서구마르크스주의의 출현을 나찌즘의 등장과 두 차례의 세계대전, 그리고 서구 노동자 계급의 '타락'과 동구에서의 비밀경찰에 의한 강압적 통치 등 현실의 전반적인 '패배적 분위기' 속에서 설명한다. (알렉스 캘리니코스, 정남영 역, 『현대철학의 두 가지 전통과 마르크스주의(Marxism and Philosophy)』, 갈무리, 1996, 127~131면)

아담 샤프의 이론에 대해서는 수용의 깊이에서 나타나는 한계를 지적할 수 있다. 왕루어쉐이는 아담 샤프에게서 그 이론적 골격의 대부분을 빌려올 만큼 많은 영향을 받고 있지만 아담 샤프가 마르크스주의자로서의 정체성을 지키면서 다른 한편으로는 실존주의가 제기하는 문제적 현실을 외면하지 않고 이 두 가지 사이를 성실하게 오가면서 그 결과로 인간의 문제, 자유의 문제, 개인과 사회의 관계에 대해 실존주의자들의 문제의식을 포용하는 마르크스주의자의 이론적 답변을 제시할 수 있었던 것과는 대조적으로, 시종 아담 샤프의 이론을 되풀이하는 수준을 크게 벗어나지 못한다. 객체로서 수용된 아담 샤프의 이론이 주체의 구체적인 맥락 속에서 수용되면서 그것이 진정한 경험의 과정을 만들어내고, 그 경험을 통해 해석의 새로운 지평을 여는 창조적 만남이 되지 못하고 있는 것이다.

그러나 이러한 이론적 결함에도 불구하고 80년대 중국의 휴머니즘론이 당시의 상황 속에서 가지는 의미는 간과될 수 없다. 휴머니즘론의 제창은 덩샤오핑의 개혁노선이 지배이데올로기로 정착되는 과정에서 마오이즘을 대체하는 또 하나의 독점적 해석으로 군림하려할 때, 이에 저항하면서 수사적 구호가 아니라 진정한 의미에서의 교조주의 탈피와 사상해방의 실현을 시도했다. 그것은 또한 덩샤오핑 정권이 '부강한 중국 건설'이라는 새로운 집단적 과제를 절대화하면서 다시 한 번 인간과 개인의 문제를 외면하려고 할 때, 인간의 존엄성과 개인의 가치, 권리에 대한 신념

33) 마르크스주의와 실존주의의 기본적인 차이점에 관해서는 G. 노바크 편, 김영숙 역, 『실존과 혁명(Existentialism vs. Marxism—Conflicting Views on Humanism)』, 한울, 1992, 317~339면 참고

을 양보하지 않고 인간 사회의 보편적 가치들을 옹호했으며 이러한 노력들의 연장선상에서 사회주의의 명분하에 합리화되는 당의 독재를 비판하고 일련의 정치민주화의 요구들을 제기했다.

80년대 휴머니즘론의 주장들이 담고 있는 이러한 의미들은 90년대 중국현실 속에서도 여전히 그 의미가 약화되지 않고 있는 것으로 생각된다.[34] 사회주의와 시장경제를 동시에 추구하는 이른 바 '중국특색의 사회주의' 건설을 표방하면서, 한편으로는 세계 자본주의 시장에의 성공적인 편입을 위해 경제개혁의 속도를 가속화하지만 다른 한편으로는 여전히 사회주의 정신문명을 외치고, 공공 담론에 맞서는 민간 담론의 형성을 억압하면서 정치 민주화와 인권 보장의 사회적 요구들을 외면하고 있는 중국 사회주의의 현실 속에서 인간의 존엄성과 인간다운 삶의 권리를 주장하는 휴머니즘의 가치는 여전히 유효할 것이기 때문이다.

34) 이 점에서 필자의 견해는 중국에서 시장경제가 본격화되면서 80년대 초기의 휴머니즘 담론은 이미 그 비판력을 상실하게 되었다고 평가하는 汪暉와 입장을 달리한다.

1980년대 초기 중국에서의 '소외' 개념 연구

1. 머리말

1980년대 초기 중국에서 사회주의 소외론은 휴머니즘론과 더불어 사상계 · 문예계의 주요 쟁점이 되었다. 사회주의 소외론을 제기하는 논자들은 문화대혁명의 경험을 '사회주의 소외'라는 각도에서 해석하고 그러한 소외 극복과 휴머니즘의 구현을 새로운 시대의 과제로 설정했다.

이 시기에 사회주의 소외론을 주장한 이들은 그 주장의 이념적 정당성과 이론적 근거를 초기 마르크스주의에서 구했다. 이것은 '사상해방'은 선언되었지만 여전히 혁명—반혁명, 관념론—유물론의 도식적 분류와 이데올로기적 정죄의 관행이 강하게 남아있었던 당시의 상황적 특수성과 관련이 있으며, 다른 한편으로는 일 · 이차대전 이후 마르크스주의의 초기 저작에서 중요하게 다루어진 소외와 인간해방의 이념에 각별히 주목하면서 마르크스주의의 휴머니즘적 해석을 시도했던 서구와 동구 마르크스주의의 이론적 영향을 반영하는 것이기도 했다. 이러한 상황적 특수성과 이론적 영향 하에서 중국에서의 사회주의 소외에 관한 논의는 마르크스 이름의 방패 하에서 마르크스주의에 대한 재해석을 시도하는 방향으로 전개된다.

사회주의 소외 논의에 참가했던 논자들은 그것을 주장하는 입장에서든, 비판하는 입장에서든 대체로 헤겔, 포이에르바하, 마르크스의 소외 개념을 중요한 참조의 대상으로 삼고 자신들의 논지를 전개해갔다. 소외론의 옹호자들은 이 삼자 사이의 관계를 연속 혹은 계승의 관계로 해석하면서 자신들의 입장을 펼쳤고, 비판론자들은 이들 사이의 관계를 차이와 단절로 해석하면서 옹호론자들을 비판했다.

이 글은 1980년대 초기 중국에서 소외 개념이 어떠한 함의를 가지고 논의되었는가를 살펴보려는 목적을 가지고 있다. 그러나 중국에서 논의된 소외 개념이 이처럼 그 이론적 연원을 헤겔, 포이에르바하, 마르크스에게로 소급시키고 있기 때문에, 이 글에서는 먼저 중국에서의 논의와 관련되는 범위 내에서 헤겔과 포이에르바하, 마르크스의 소외개념을 간략하게 살펴본 다음 그것을 토대로 중국에서의 소외 개념이 어떠한 의미와 맥락을 가지고 있는 것인지를 검토해보고자 한다.

2. 헤겔, 포이에르바하, 마르크스의 소외 개념

1) 헤겔의 소외 개념

헤겔에게서 '소외'는 '정신'과 밀접하게 관련되어 있는 개념이다. 헤겔의 '정신'은 운동이면서 또한 완전성을 향해 나아가는 목적론적 경향을 내포하고 있는 우주적 · 이성적 주체이다. 운동으로서의 정신이란 스스로를 타자화하는, 즉 "그 자신을 바로 자기 자신의 대상이 되게 함으로써 끝내는 이와 같이 자기와 대상 사이에 가로놓인 타자성을 지양하는 운동"이다. 여기에서 소외란 스스로를 타자화하면서 결국 자기 의식으로의 보다 온전한 귀환을 이루려는 정신의 운동 속에서, 의식이 대상적 실체의 매개를 통해 경험하게 되는 스스로에 대해 낯설어짐을 말한다. 이러한 소외는 의식의 자기분열의 표현이면서 동시에 의식의 자기귀환의 필연적 계기이다. 의식 안에서 일어나는 이러한 소외의 경험은 정신이 존재와 개념, 지와 참(앎과 진리) 사이의 분열을 극복하고 "전체를 향한 유기적 연관성"을 획득하게 되는 단계로 나아가기 위해 불가피한 과정이다. 정신은 이러한 의식의 매체를 통해서만 온전한 자기의식의 획득이라는 최종 목표에 도달할 수 있는 것이다.[1)]

요컨대 운동으로서의 정신과 관련하여 헤겔의 소외가 가지는 일차적 함의는 의식 안에서 일어나는 낯설어짐, 곧 자기분열의 경험이며 이것은 "직접적이며, 비경험적인" 대상적 실체가 "의식의 소유"가 되고 "스스로 현실

1) 헤겔, 임석진 역, 「서설」, 『정신현상학』 I, 지식산업사, 1988, 95면.

화되는 진리"가 되는 과정에서 불가피하게 거쳐야하는 경험이기도 하다.[2)]

헤겔의 '정신'은 또한 "자연 속에서 자신을 전개하는 우주적 정신"이며 "주체로서의 절대자"이고 완전한 이성적 인식이다.[3)] 우주적 정신 혹은 이성적 주체로서의 헤겔의 정신은 표현적 구체화를 통해서만 현존하며,[4)] 목적론적으로 이성과 자유의 완전성을 향해 나아가는 경향성을 내포하고 있다. 우주는 우주적 정신의 구체화, 즉 정신의 현존조건이면서 동시에 정신의 표현, 즉 정신의 본질을 나타내기 위해 정신에 의해 정립된 것이다.[5)] 우주적 정신의 이러한 본질적 속성은 우주적 정신으로 하여금 절대정신의 완전한 실현, 혹은 자신에 대한 완전한 의식에의 도달이라는 궁극적 목표를 완수하기 위해서 인간의 정신을 자기의식의 매체로 사용하고, 인간의 역사 속에서 자기를 펼쳐나가게 한다.[6)]

이러한 관점에서 볼 때 인간 사회의 여러 가지 형식과 실천들은 그 속에 대상화되어있는 "객관정신"의 표현이다. 어떤 사회의 제도, 규범과 같은 실천들이 이러한 객관정신을 충분히 실현하고 있을 때 그러한 사회는 각 개인으로 하여금 "보편적 정신 속에서 자기 확신을, 현존하는 현실 속에서 자기 자신을 발견"하게 하며, 여기에서 공동체적 이념은 곧 개인의

---

2) "이렇듯 이 운동 속에서는 직접적이며 비경험적인 것, 즉 그것이 감성적 존재이건 혹은 단지 사유된 것에 불과하든 간에 일체의 추상적인 것이 스스로 소외되고 나서 다시 이 소외로부터 자신에게로 귀환하는 가운데 마침내 직접적 비경험적 또는 추상적인 것이 의식의 소유로 되는, 즉 스스로 현실화된 진리의 모습으로 드러나는 상태에 이르는 것이다." 위의 책, 95면.

3) 찰스테일러, 박찬국 역, 『헤겔철학과 현대의 위기』, 서광사, 1988, 30~32면.

4) 정신의 이러한 경향성을 '필연적 구체화의 원리'라고 부를 수 있다.(위의 책, 43면)

5) 위의 책, 52면.

6) "세계사의 목표는 '정신'이 참으로 자신이 무엇인가에 대한 인식에 도달하는 것, 즉 그것이 이러한 인식에 객관적 표현을 주는 것, 그 인식을 자기 앞에 펼쳐져 있는 세계에 실현하는 것, 요컨대 자신을 자신에 대한 객관으로 산출하는 것이다"(헤겔, 『역사에 있어서의 이성』, 찰스테일러, 앞의 책, 127면에서 재인용).

본질이며 실체가 되어 사회적 필연성과 개인적 자유사이의 대립은 소멸된다. 헤겔은 이러한 공동체를 "인륜적 실체"라고 부른다.

헤겔이 말하는 소외의 또 다른 함의는 이러한 객관정신 혹은 인륜성의 개념과 밀접한 관련을 맺고 있다. 그것은 바로 보편적 정신과 사회적 실천 사이의 불일치에서 비롯되는 개인의 정체성 상실이다. 사회적 실천이 충분히 실현된 객관정신(인륜성의 원리)이 아니라 인위적으로 만들어진 이론적 정식화(도덕성의 원리) 위에서 이루어질 때 개인은 더 이상 그러한 공적 규범 속에서 진정한 자기 확신을 발견할 수 없는데 이것이 바로 헤겔이 말하는 소외이다. 이러한 소외는 흔히 일정한 단계에 머물러 있는 공공생활과 일체를 이룰 수 없는 새로운 유형의 인간의 출현을 통해 발생하는데, 이런 새로운 유형의 인간은 공공 생활이 아니라 보편적인 이성에 대한 그 자신의 파악을 더 중시하게 되고, 자신이 따라야할 규범을 구체적인 현실 속에서가 아니라 현실을 초월한 이념 속에서 찾게 된다. 이때 개인과 공동체간의 일체성이 파괴되는 소외의 상황이 발생하게 되는 것이다.[7)]

그러나 헤겔의 소외 개념에는 부정적인 색채가 없다. 헤겔에게서 소외는 그것이 의식의 자기분열을 설명하는 것이든 공동체로부터의 개인의 분리를 설명하는 것이든 간에, 근본적으로 '앎(지)'을 가능하게 하는 정신의 근본적 속성으로서의 자기부정이거나, 보다 더 진전된 통합 보다 더 높은 수준의 "매개된 동일성"으로 나아가는 정신의 자기전개과정에서 불가피한 발전의 계기이기 때문이다. 절대정신이 완전한 자기의식을 획득하는 최종의 단계에서, 정신이 그간의 과정에서 부단하게 겪어야 했던 계

7) 찰스테일러, 박찬국 역, 『헤겔철학과 현대의 위기』, 서광사, 1988, 155면.

기적 소외는 완전히 극복된다. 그 최종적 완성의 단계에서 존재와 당위, 개념과 의식, 자연과 정신, 개체와 공동체의 분열은 완전히 사라지게 되는 것이다.

2) 포이에르바하의 소외 개념

포이에르바하의 소외 개념 안에는 기본적으로 자기분열과 대상화라는 헤겔 소외 개념의 중요한 요소들이 보존되어 있지만 그 자기분열 혹은 대상화가 발전의 필연적인 계기가 아니라 대립과 억압적 군림의 관계로 설명되면서 소외는 부정적인 함의를 내포하는 개념으로 변화된다. 포이에르바하에게서 인간은 곧 신이거나, 신의 규정적 혹은 표현적 근원이다.[8) 인간에게는 사유(이성)와 의지와 심정의 힘이라는 "완전성과 최고의 힘"이 유(類)적 본질로 내포되어 있으며 신이란 이러한 인간의 무한자적 본질이 대상화된 것에 불과하다. 그런데 인간은 "자기의 본질을 대상화하고 난 후에 다시 자기를 이와 같이 대상화되고 주체나 인격으로 전화된 본질의 대상으로 삼으며"[9) 그것을 숭배하게 되니 여기에서 인간의 자기소외가 생겨나게 되는 것이다.

신이란 인간 자신으로부터 추상화된 최고의 주체성이다. 따라서 인간은 자

8) "인간과 인간의 신은 하나이다. 신은 인간의 내면이 드러난 것이며 인간의 자기가 표현된 것이다. '신적 본질이란 인간의 본질이 개인으로부터 구별되어 다른 독자적 본질로서 직관되고 숭배된 것이다. 신적 본질의 모든 규정은 인간 본질의 규정이다."(루트비히 포이어바흐, 김쾌상 역, 『기독교의 본질』, 까치, 1992, 88~89면). 신을 인간의 표현으로 간주하는 포이에르바하의 관점은 인간을 정신(신)의 표현으로 보았던 헤겔의 관점에 대한 전복으로 볼 수 있다.
9) 위의 책, 106면.

기 스스로 행위할 수 없으며 모든 선은 신으로부터 나온다. 신이 주체일수록 인간은 그만큼 더 많이 자기의 주체성을 소외시킨다. 왜냐하면 신 자체가 인간의 자기가 소외된 것이기 때문이다.[10]

이러한 소외는 "신을 풍부하게 하기 위해서 인간은 빈곤해지고, 신이 전부이기 위해서 인간은 무이지 않으면 안 되는" 주체성 상실의 부정적 현실을 만들어낸다. 그러나 포이에르바하는 종교의 영역에서 일어나는 이러한 인간의 자기소외가 결국은 자기회복의 단계로 이어짐으로써 극복되는 것으로 가정한다. 주체성을 신에게 양도함으로써 주체성을 상실한 것처럼 보이는 인간은 사실은 "자기에게서 제거하는 모든 것을 신 안에서 유지하며" 결국 "소외된 자기를 다시 자기 것으로 획득"하는 발전과정을 통해 주체성을 회복한다.

그러나 인간은 이 소외된 자기를 동시에 다시 자기 것으로 획득한다. 동맥의 활동은 혈액을 맨 바깥의 손발에까지 보내며 정맥의 활동은 혈액을 다시 불러들인다. 생명은 일반적으로 끊임없는 심장수축과 심장이완에 의해 성립한다. 종교 또한 이와 같은 것이다.[11]

인간 자신의 본질을 자기 안에서 바깥으로 밀어내면서 자기 자신을 추방하고 내던지는 종교의 심장수축과 자신의 추방된 본질을 다시 자기 안으로 받아들이는 종교의 심장이완은 인간이 자신의 외부에 신을 두고 숭

10) 위의 책, 108면.
11) 위의 책, 108면.

배하던 단계에서 자기 안에 두고 신의 본질과 인간 자신의 본질을 일치시키게 되는 단계로 설명되고, 다시 종교의 일반적인 발전과정에 대한 서술로 연결된다. 종교의 발전된 단계에서 인간은 점점 신을 거부하고 자기 자신을 승인하는 데로 나아가게 되며 이때 신은 인간 안에서, 인간과 함께, 인간을 통해서, 인간을 향해 인간을 위해 행위하는 존재자가 된다.

포이에르바하가 신을 인간본질의 대상화, 혹은 의식의 자기소외로 규정하고 있는 점이나 그러한 자기 소외의 단계가 다시 인간이 신을 자신의 것으로 거두어들이는 귀환의 과정을 통해 극복되는 것으로 설명하고 있는 것은 소외를 '의식의 자기분열' 속에서 이해하고, 그것이 결국은 보다 온전한 자기의식의 단계로 고양되는 발전적 과정의 한 계기로 이해한 헤겔의 사유구조와 유사하다. 그러나 여기에는 "'정신'에서 '인간'으로의 이행"이라고 할 중대한 변화가 내포되어 있고,[12] 소외가 주체성의 상실이라는 부정적 성격을 가지고 있다는 점에서 중요한 차이가 있다고 하겠다.

3) 마르크스의 소외 개념

헤겔의 소외를 정신의 소외로, 포이에르바하의 소외를 종교의 소외로 부를 수 있다면 마르크스의 소외는 노동의 소외라고 부를 수 있을 것이다. 마르크스가 초기 저작인 『경제학-철학 수고』에서 집중적으로 거론하고 있는 "노동의 소외"는 노동의 생산물에 대한 노동자의 관계 속에서뿐만 아니라 생산행위 자체 속에서도 나타나는 소외이며, 결과적으로 유

12) 정문길, 『소외론 연구』, 문학과 지성사, 1986.

(類)적 존재로서의 인간을 유로부터 소외시키면서 인간에 의한 인간의 소외를 초래하게 되는 복합적 구조를 내포하고 있는 개념이다.

마르크스는 노동을 기본적으로 "자연의 변용이면서 동시에 인간의 변용"[13]으로 바라본다. 마르크스가 말하는 노동의 소외는 노동에 대한 이러한 기본 관점 위에서 논의되고 있다. 노동자가 노동을 해서 생산물을 만들어낸다는 것은 자신의 생명을 대상 속에 집어넣는 행위이다. 때문에 노동자가 더 많은 생산물을 만들어내면 낼수록 노동자의 생명은 그에게 속하지 않고 대상에 속하게 된다. 노동자가 노동의 생산물과의 관계 속에서 겪게 되는 소외는 이러한 생명의 전이로서의 노동생산물이 노동자에게 낯설고 무관한 권력으로 맞서게 되는 상황을 일컫는다.

> 자신의 생산물을 통한 노동자의 외화는 그의 노동이 대상 곧 외부존재로 되었다는 것을 의미할 뿐만 아니라, 노동이 노동자 바깥에, 노동자와는 무관하게, 노동자에게 낯설게 존재하고 노동자에게 대항하는 독자적인 권력으로 되었다는 것, 곧 노동자가 대상에 공여한 생명이 노동자에게 적대적으로 낯설게 대립하게 되었다는 것을 의미하기도 한다.[14]

마르크스는 노동자가 노동의 결과로서 만들어내는 생산물과의 관계 속에서 겪게 되는 소외뿐만 아니라 노동 행위 자체 속에서 일어나는, 즉 노동의 외화로서의 소외에 대해서도 이야기하고 있다. 마르크스에 의하면 근대자본주의 사회에서 노동은 노동자의 본질에 속하지 않고 노동자

13) 찰스테일러, 앞의 책, 227면.
14) 칼 마르크스, 김태경 역, 『경제학—철학 수고』, 이론과 실천, 1987, 56~57면.

에게 외면적인 것으로 존재한다. 노동이란 인간이 의식적인 유적 존재로서 자기 자신을 현실적으로 실증하는 본질적인 행위임에도 불구하고 노동자는 노동을 통해 자신을 긍정하는 것이 아니라 부정하게 되고, 행복이 아니라 불행을 느끼며, 자유로운 신체적 정신적 에너지를 개발하는 것이 아니라 자신의 신체를 채찍질하고 자신의 정신을 황폐하게 만든다. 노동자가 노동을 할 때 느끼는 감정은 자기 정체성의 확인이 아니라 오히려 "탈아(脫我)"의 감정이다. 그에게 노동은 강제된 것이다. 그의 노동 행위는 그 자체가 욕망의 충족이 되지 못하고 단지 다른 욕망을 충족시키기 위한 수단이 될 뿐이다. 노동은 노동자 자신에게 귀속되지 않고 타자에게 귀속되어 있는, "자기를 제물로 바치는" 자기상실의 행위인 것이다.[15]

노동생산물과의 관계와 노동행위 자체 속에서 노동자가 겪게 되는 노동자의 자기소외는 결국 인간 본질의 소외이다. 마르크스는 인간을 자연의 일부이며, 실천적으로나 이론적으로나 유적인 존재로 바라본다. 유적 존재란 자기 자신뿐만 아니라 그 밖의 다른 사물들의 유를 자신의 대상으로 삼으며, 동시에 지금 살아 움직이는 유로서의 자기 자신과 관계를 맺고 있는 총괄적인 존재'를 말한다. 이러한 유적 존재로서의 인간에게 "대상적 세계의 실천적 산출"로서의 노동은 인간이 의식적인 유적 존재로서 자기 자신을 실증하는 본질적인 생명활동이다. 그런데 소외된 노동은 이러한 총괄적 생명활동으로서의 유적 생활을 개인적 생활의 수단으로 만들어버림으로써 "인간으로부터 유를 소외"시킨다.[16] 인간이 자신의 노동 생산물, 자신의 생명활동, 자신의 유적 존재로부터 소외되어 있다는 데서 초래

15) 칼 마르크스, 앞의 책, 58~59면.
16) 위의 책, 60~62면.

되는 직접적인 결과는 인간에 의한 인간의 소외이다. "인간이 자신의 유적 존재로부터 소외되어 있다는 명제는 한 인간이 다른 사람으로부터, 또한 양자 모두가 인간의 본질로부터 소외되어 있음을 의미"하기 때문이다.[17]

그러나 마르크스에게서 이러한 소외는 역사의 발전 과정을 통해서, 인간을 소외로부터 해방시키는 세계사적 과제를 담당하는 집단적 주체인 프롤레타리아 계급에 의해서 극복된다. 공산주의는 이러한 소외가 극복되고 인간의 유적 본질이 완전히 회복되는 역사발전의 최종 단계의 모델이다.

4) 헤겔, 포이에르바하, 마르크스의 소외 개념의 연속성과 차이

(1) 연속성 – 소외 개념의 기본 함의와 구조

포이에르바하와 마르크스의 소외 개념은 기본적으로 의식의 자기 분열 과정을 설명하기 위해 사용된 헤겔의 소외 개념을 계승하고 있다. 헤겔과 포이에르바하, 마르크스의 소외 개념에는 공통적으로 본래는 하나로서 분열 없이 존재하던 것이 스스로 분화되고 대상화되면서 그 대상화된 자기가 본래의 자기에 대해 낯선 존재가 되고(헤겔에게서 이것은 전적으로 의식 내부에서 일어나는 것이지만) 대립적 관계에 놓이게 되는 것이라는 함의가 담겨 있다.

헤겔과 포이에르바하, 마르크스의 소외 개념에서 발견되는 또 하나의 중요한 연속성은 이들의 소외 개념이 내포하고 있는 구조적 동일성이다.

17) 위의 책, 63면.

그것은 '원상태—소외—귀환'의 구조이다. 여기에서 원상태란 분열 혹은 소외가 일어나기 이전의 상태이며 귀환이란 소외가 극복(혹은 지양)되어 새로운 단계에서 합일에 도달하게 된 상태를 말한다.

헤겔에게서 이러한 구조는 '즉자적 원상태로서의 의식—의식의 자기분열(소외)—의식의 귀환(소외의 극복)'이라는, 의식의 자기소외와 귀환의 과정 속에서 드러나고, 포이에르바하에게서 그것은 '본래 인간의 본질에 속해 있는 신—인간본질의 소외로서의 신—인간으로 귀환하는 신'이라는 종교에서의 소외와 그것의 극복과정에서 드러난다. 마르크스에게서 이러한 구조는 '인간의 유적본질이 구현되어 있던 원상태—인간이 자신의 유적본질을 상실하게 되는 소외의 상태—이러한 소외가 극복되고 인간이 본래의 유적본질을 회복하게 되는 단계'의 과정으로 구체화된다.

소외 개념의 기본적인 함의와 구조적 동일성 외에 중요한 또 한가지 공통점은 이들이 이러한 함의와 구조를 가지고 있는 소외 개념으로 역사의 발전과정을 설명하고 있다는 점이다. 헤겔에게서 세계사는 인간의 의식을 매개로 하여, 인간 역사의 장에서 절대정신이 완전한 자기의식의 획득이라는 최종적 목적을 향해 나아가는 자기전개의 과정이며 절대정신의 자기 소외 극복 과정이다. 포이에르바하에게서는 인간으로부터 소외되어 인간 외부에서 인간을 지배하던 신이 인간 안으로 되돌아오는 귀환의 과정이 인간의식의 발전과정이자 종교의 발전과정으로 이해되고 있다. 마르크스에게서 근대자본주의 사회에서 첨예하게 드러나는 인간 소외의 현상은 세계사의 필연적 전개과정 속에서 공산주의로 이행하면서, 공산주의의 출현으로 완전히 극복된다.

(2) 차이–부정성과 주체의 문제

그러나 헤겔과 포이에르바하, 마르크스의 소외 개념 사이에는 이러한 연속성 못지않게 간과할 수 없는 중요한 차이들이 내포되어 있다. 그 차이는 우선 포이에르바하와 마르크스의 소외 개념에서 발견되는 부정적 함의에서 발견된다. 헤겔에게서 소외란 의식이 자기분열을 겪고 타자에 의해 매개된 의식과 대립 상태에 놓이게 되는 것을 설명하는 개념인데 그것은 의식이 의식으로서 작용하기 위한, 즉 의식이 '앎'의 단계로 나아가기 위한 필연적인 계기이다. 여기에서도 소외는 낯설다는 것과 대립적이라는 속성을 가지고 있으며 이것은 필연적으로 극복되고 또한 극복되어야할 과정으로 간주되지만 그럼에도 불구하고 거기에는 배타적 군림이나 지배–종속의 부정적인 함의는 내포되어 있지 않다. 그것이 필연적인 발전의 계기라는 점에서 헤겔의 소외는 오히려 긍정적인 함의를 띠고 있다고 말할 수 있을 것이다.

그러나 포이에르바하의 소외 개념에는 부정적인 함의가 내포되어 있으며 마르크스의 소외 개념에서 그것은 한층 더 강화된다. 포이에르바하에게서 소외는 종교의 영역에서 인간이 어떻게 인간 본질의 자기소외를 경험하게 되는 가를 설명하는데 사용된다. 포이에르바하는 종교를 인간과 신의 전도된 관계로 바라보면서, 인간이 자신의 대상적 본질을 오히려 자신을 지배하는 주인으로 만드는 것이라고 말한다. 그러한 인간본질의 대상화는 결국 인간이 신에게 주체성을 양도함으로써 스스로는 주체성을 상실하게 되는 자기 상실의 부정적 결과로 이어지는 것이다.

마르크스는 소외를 인간본질의 소외로 해석한 포이에르바하의 소외 개념을 기본적으로 계승하면서 포이에르바하가 인간과 신의 관계를 설명하기 위해 사용했던 소외의 개념을 노동자와 노동의 산물, 노동자와 노동행위 그리고 인간과 인간의 관계에서 발생하는 대립과 적대관계를 설명하는데 적용한다. 본래 노동자의 생명이 외화된 것에 불과하던 노동의 산물이 노동자에게 대립적 · 배타적인 것이 되고, 노동자의 생명 행위 자체에 속해있던 노동이 강제적이고 타자에게 귀속된 소외된 행위가 되며, 이러한 노동의 소외는 결국 본래는 동일한 유적 본질을 공유하고 있는 인간과 인간의 관계를 대립적 적대적인 것으로 만든다. 마르크스에게서 소외는 생명의 소여로서의 생산물이나 인간의 본질적인 생명활동이 인간 자신과 분리되면서, 인간이 본질을 박탈당하는 총체적인 자기 상실을 겪게 되는 상황을 의미한다. 또한 마르크스에게서 소외는 단지 어떤 특정 영역에만 국한된 것이 아니라 인간의 삶 전반에서 인간을 인간답게 살 수 없도록 하는 부정적인 상황 혹은 그러한 상황을 낳는 배후의 메카니즘을 지칭하기도 한다.

헤겔과 포이에르바하, 마르크스의 소외 개념의 차이는 그러한 소외가 어떻게 극복될 수 있는가, 즉 소외 극복의 주체를 무엇으로 상정하고 있는가를 살펴보는 데서도 드러난다. 헤겔에게서 세계사의 주체는 정신 혹은 의식이다. 포이에르바하에게서 그것은 인간이다. 포이에르바하에게 인간은 곧 신이며, 신은 인간의 표현이고, 인간은 완전한 최고의 유적 본질을 소유한 주체이다. 그리고 그 인간은 헤겔에게서처럼 단지 반성적 사유나 정신이 아니라 사유와 심정, 의욕을 본질로 하는 자연적 존재이다. 마르크스에게서 소외극복의 주체는 근대자본주의 사회에서 가장 극심하게 소외를 경험하는 집단인 프롤레타리아 계급이다. 프롤레타리아 계급은 "낡은 세계 전체에서 현실적으로 제외되어 있으며 동시에 그것에 대립하고 있는 계급"[18]으로서 근대사회의 비인간화된 자기소외를 체현하고 있는 계급이며 "인간을 소외로부터 해방시키는" 세계사적 사명을 담당할 세계사적 주체로 간주된다.

3. 중국 '사회주의 소외론'의 쟁점

1) 당(黨)과 인민의 소외

이상에서 검토한 헤겔, 포이에르바하, 마르크스의 소외 개념에 대한 이해를 바탕으로 1980년대 중국의 사회주의 소외론 속에서 다루어진 주된 쟁점들에 대해 살펴본다. 중국의 논의에서 '소외'는 '이화(異化)'로 번역되었는데, 이것은 이질화나 낯설게 됨의 의미를 담고 있다. 소외론의 대표적인 주창자인 왕루어쉐이[王若水]는 대체 소외가 무엇인가를 중국의 문맥 속에서 설명하기 위해 패륜아의 비유를 든다. 왕루어쉐이의 아래 설명에서 당시 사회주의 소외논의에 참가했던 중국지식인들의 소외 개념에 대한 수준을 대충 짐작할 수 있다.

> 결국 무엇을 소외라고 말하는가? 하나의 예를 가지고 말해보자. 한 어머니가 아들을 낳았다. 그녀는 아주 애지중지 사랑하고 고생 고생해가며 그 아이를 길렀고, 교육을 시켰다. 그러나 이 아들은 점점 자라난 후에 패륜아가 되어 어머니의 통제를 받지 않았을 뿐만 아니라 오히려 어머니를 통제하고 어머니를

18) 정문길, 앞의 책, 193면.

무시하고 학대하였다. 아들은 그의 어머니를 인정하지 않고 외부사람이나 심지어는 원수로 여겼다. 어머니도 아들이 자기의 아들이 아닌 양 느끼게 되어 아들은 서로에게 배타적이고 이질적인 존재가 되었다. 이 과정을 철학적인 언어로 이야기하면 바로 소외이다. 소외, 이것은 바로 자기와의 이질화이다.[19)]

소외를, 낳아주신 어머니를 배신하고 학대하는 패륜아에 비유하고 있는 왕루어쉐이의 해석 속에는 본래 자기에 속해 있던 것이 자기와 다른 이질적이고 낯선 것으로 바뀌고 그 후에는 오히려 본래의 자기에 대해 대립적이고 적대적인 관계에 놓이게 되는 것이라는 소외의 일반적인 의미가 그대로 반영되어 있다. 그러나 다른 한편으로는 배신, 학대, 원수 등의 용어에서 나타나는 것처럼 양자 사이의 적대적 관계가 한층 더 부각되고 지배와 억압의 속성이 두드러지게 강조되어 있다. 정도와 표현의 차이는 있지만 지배와 억압의 관계를 강조하고 강한 부정성을 내포한 개념으로 소외를 해석하고 있다는 점은 이 시기 소외를 주장했던 논자들에게서 대체로 공통적으로 발견되는 경향성이다.

중국의 사회주의 소외론 속에 나타난 소외 개념이 강한 부정적 함의를 담게 된 현실적 배경은 어떠한 것인가, 중국의 소외론 주창자들이 이러한 소외개념으로 이론화하고자 했던 사회주의 중국에서의 경험들은 어떤 것인가, 이들이 제시하는 소외의 양상들은 어떠한 것인가를 살펴보는 일은 이들이 말하는 소외가 구체적으로 무엇을 말하는 것이며, 이들이 그러한 소외의 개념으로 말하려고 하는 것은 대체 무엇인가를 보다 구체적으로

---

19) 王若水, 「소외문제를 말한다[談談異化問題]」, 『중국주요논문선집』, 극동문제 연구소, 1988, 540면. 이하 『중국주요논문선집』으로 표기함.

이해할 수 있게 해준다.

왕루어쉐이는 사회주의 중국의 역사적 경험 속에서 나타난 소외의 구체적인 양상을 사상적 · 정치적 · 경제적 소외로 개괄한다. 사상적 소외란 개인숭배와 교조주의로 표현된 소외로, 토양과 산물, 어머니와 자식의 비유 속에서 토양이요 어머니라 할 인민에 대해, 산물이요 자식이라 할 당과 수령이 지배적이고 배타적인 힘이 되어 "봉건적인 충(忠)"을 강요하는 전도(轉倒)된 관계를 일컫는다. 정치적인 소외도 근본적으로 사상적 소외와 유사하다. 사회의 공복이어야 마땅한 국가기관이 사회의 주인, 인민의 나으리로 변질되어 권력을 독점하고, 당이 인민을 이탈하고 노동계급과 대립되는, 노동계급을 배타하는 힘이 되어 버린 상황이 왕루어쉐이가 지적하는 정치적 소외이다. 경제적 소외란 당이 경제법칙을 무시하고 경제정책을 수립해서 결과적으로 인민의 생활에 해를 끼친 것을 말한다.

위지엔장[兪建章]은 소외를 '비인간성에 의한 인간성의 부정'으로 규정하고, "인간에 관한 모든 것을 부정하고 계급으로 그것을 대신한 것" 즉 인간성과 대립되는 "계급성이 바로 인간성의 소외"라고 주장한다.[20] 위지엔장이 70년대 후반부터 80년대 초반까지 창작된 문예작품들을 통해서 열거하는 소외의 구체적인 양상과 폐해는 인간의 인간성 상실과 인간다운 삶의 박탈로 요약될 수 있다. 리우지엔장은 그러한 소외의 원인을 왕루어쉐이와 마찬가지로 당의 이질화, 즉 당의 인민으로부터의 소외에서 찾는다. 당이 사고와 판단이라는 두뇌의 기능을 독점하고, 진과 선의 절대적 기준이 되면서 지시와 복종의 관계에 길들여진 인간은 독립적 사고

---

20) 위지엔장[兪建章], 「오늘의 문예창작에 있어서의 휴머니즘 조류를 논함」, 『思想解放運動』(成民燁 편), 실천문학사, 1988, 71~72면.

능력과 판단 능력을 상실하게 되었다는 것이다. 또한 잔혹한 정치투쟁과 일상적으로 행해지는 인간 존엄성의 유린 속에서 생존권은 박탈되고 생명 본래의 가치는 상실되었지만 사람들은 "사역되는 도구로 전락"하여 인간의 가치에 대한 자기의식과 반항할 능력을 상실했다는 것, 허위의식의 지배와 마비된 의식으로 나타나는 자기의식의 상실 등이 위지엔장이 강조하고자 하는 소외의 중요한 내용이다.

이 시기에 소외 문제를 논한 여타의 논자들에게서도 소외의 개념과 양상에 대한 이해는 대체로 이상에서 검토한 맥락을 크게 벗어나지 않는다. 여기에서 특별히 중요하게 생각되는 것은 중국의 논자들이 소외의 개념을 가지고 당(혹은 국가)과 인민의 관계, 계급독재와 인간의 관계를 설명하고 있다는 점이다. 요컨대 소외란 당이(국가 혹은 계급독재가) 자기를 낳아준 어머니라 할 수 있는 인민과 배타적이고 적대적인 권력으로 변질되어 인민을 지배하고 억압하면서 인간으로서의 존엄성과 인간다운 삶을 살 권리를 박탈하게 된 상황을 지칭하며, 이러한 소외는 마땅히 극복되어야 할 부정적 상황으로 인식되고 있는 것이다.

2) 중국의 '소외'—마르크스 소외 개념의 재해석

당과 국가, 계급독재에 대한 비판의 정치적 함의를 담고 있는 사회주의 소외론자들의 주장은 이내 체제 지지적 입장에 선 지식인들로부터 격렬한 비판을 받게 된다. 반대론자들이 제기한 문제의 핵심은 중국사회에서 사회주의 소외론을 이야기하는 것이 과연 이데올로기적으로 적법하며 이론적으로 가능하고 또한 현실적으로 타당한가 하는 것이었다. 이 문제를 이론적인 것에 초점을 맞추어 다시 풀면 곧 사회주의 소외론의 소외 개념이 마르크스의 소외 개념과 본질적 연속성을 가지고 있는 것인가 하는 것이다.

중국에서의 사회주의 소외론이 그 찬반의 입장을 떠나서 공히 헤겔, 포이에르바하, 마르크스의 소외 개념을 중요한 참조체계로 삼으면서 전개되게 된 배후의 문맥이 여기에서 어렴풋하게나마 드러난다. 마르크스주의의 이데올로기적 깃발 아래서 사회주의 소외론을 주장할 수 있는가 없는가하는 것은 결국 마르크스의 소외 개념을 어떻게 해석할 것인가의 문제와 연관되며, 마르크스의 소외 개념에 대한 서로 다른 해석을 가능하게 해주는 중요한 고리가 바로 마르크스의 소외론과 헤겔, 포이에르바하의 소외론 사이의 관련성을 어떻게 볼 것인가 하는 문제와 연관되기 때문이다.

사회주의 소외론을 주장하는 사람들은 헤겔과 포이에르바하, 마르크스의 소외를 절대정신의 소외, 인성의 소외, 노동의 소외로 구별하여 부르면서도 이들 사이의 사상적 연속성을 강조하고 이 삼자의 소외 개념을 비판적 계승의 관계 혹은 발전의 관계로 해석하고자 했다.[21] 이에 반해 비판적 입장에 선 논자들은 마르크스의 소외 개념이 헤겔이나 포이에르바하의 그것과는 질적으로 다른 것임을 강조하거나 혹은 소외의 문제에 집중해서 전개된 마르크스의 초기 사상과 후기의 성숙한 마르크스 사상의 관계를 전면적인 부정이나 질적 비약으로 설명하는 입장을 취했다. 이들은 헤겔과 마르크스의 관계를 관념론과 유물론의 화해할 수 없는 대립

21) "헤겔은 절대정신의 소외를 이야기했고, 포이에르바하는 인성의 소외를 이야기했고, 마르크스는 노동의 소외를 이야기했다. 이렇듯 한 걸음 한 걸음 관념론을 벗어나며 철저한 유물론으로 들어갔다."(왕루어쉐이, 「소외 문제를 말한다」, 『중국주요논문선집』, 543면)

적 관계로 규정하고 양자를 분리했을 뿐만 아니라, 관념론과 유물론의 대립구도 속에서 보면 기본적으로 유물론자요, 철저한 인본주의자인 포이에르바하에 대해서도 그 영향이나 연관관계를 부정한다. 이러한 입장은 사회주의 소외론의 대표적인 비판자라 할 후챠오무(胡喬木)의 다음과 같은 진술에 잘 나타나 있다.

> 마르크스의 소외 개념은 헤겔에서 출발하여 포이에르바하를 거쳐 형성된 것이지만 그것은 아직 마르크스가 사변철학의 방법을 완전히 탈피하지 못했던 미성숙기에 사용했던 개념이고, 후기에는 다시 사용하지 않았을 뿐만 아니라 '무의미한 사변'으로 비판하였으며 마르크스주의가 사적 유물론으로 역사를 설명하는 과학적인 마르크스주의가 될 수 있었던 것은 소외 개념을 운용했던 초기의 이론과 방법을 부정하고 초월한데서 비로소 가능해진 것이다.[22]

마르크스의 소외 개념과 헤겔, 포이에르바하의 그것을 근본적인 차이의 관점에서 바라보면서 소외론 비판자들은 기본적으로 마르크스의 소외 개념이 기본적으로 자본주의 내부의 대립관계를 분석하기 위해 사용된, 내포와 외연이 엄격하게 정해져 있는 역사적인 범주임에도 불구하고[23] 중국의 소외론자들은 마르크스 소외개념의 그러한 구체적인 역사적 맥락을 제거하고 그것을 보편적이고 추상적인 개념으로 만들어버리는 중대한 이론적 오류를 범했다고 주장한다. 또한 이러한 이론적 오류가 현실적으

22) 胡喬木, 「휴머니즘과 소외 문제에 관하여」, 『思想解放運動』(成民燁 편), 실천문학사, 1988, 154~155면.
23) 邢賁思, 「소외문제와 정신오염」, 『중국주요논문선집』, 517면.

로 사회주의의 문제와 자본주의의 문제를 뒤섞어 버림으로써 사상적 혼란을 초래하는 결과를 낳게 되었다고 비판한다.[24)]

이 글의 논지와 관련하여 볼 때, 이상의 비판 중에서 가장 핵심적인 사항은 사회주의 소외론 제창자들의 소외개념이 마르크스의 소외 개념에 내포되어 있는 구체적인 역사적 맥락을 제거했다는 대목일 것이다. 이미 살펴본 것처럼 사회주의 소외론을 주장하는 중국의 논자들이 소외의 구체적인 양상으로 지적한 것은 자본주의 비판에 초점이 맞추어져 있는 마르크스의 소외와는 거리가 있는 것들이다. 그럼에도 불구하고 사회주의 소외론을 주장하는 논자들이 자신들의 주장을 여전히 마르크스주의의 이름 하에서 제기할 수 있으려면 마르크스에 대한 다른 각도에서의 접근이 필요했다. 그것은 구체적으로 자신들의 소외 개념이 마르크스에게서 벗어난 개념이 아니라 마르크스에 대한 새로운 해석을 통해서 가능한 개념이라는 것을 주장하는 방향에서 이루어졌다. 사회주의 소외론을 주장하는 사람들이 마르크스의 소외 개념을 헤겔까지 소급하게 되는 구체적인 맥락이 여기에 있는 것으로 생각된다.

그렇다면 소외 개념의 일차적인 연원을 초기 마르크스에게서 찾고, 다시 초기 마르크스의 소외 개념 속에 계승되어 있는 헤겔, 포이에르바하의 소외 개념의 속성들을 강조하는 것을 통해 마르크스의 소외 개념에 대한 어떠한 새로운 해석이 가능해지며, 이러한 새로운 해석이 그들에게 필요했넌 이유 혹은 그것을 통해 새롭게 열리는 가능성은 무엇인가? 이 점에 관해 당사자들은 어떤 명시적인 언급도 하지 않고 있다. 그것이 이들의 이론적 한계에서 비롯되는 것인지, 당시의 상황적 한계와 관련된 것인지는

24) 胡喬木, 「휴머니즘과 소외문제에 관하여」, 앞의 책, 157면.

명확하지 않다. 그러나 그것이 의식된 것이든, 의식되지 않은 것이든 이 문제는 이 시기 소외 개념의 함의를 규명하는데 중요한 의미를 갖는다.

우선 헤겔과 포이에르바하, 마르크스를 연속적인 것으로 파악할 수 있는 소외 개념의 속성은 어떤 것일까를 생각해보는 일이 필요할 것이다. 이 글의 앞부분에서 이미 살펴본 것처럼 이들 삼자의 소외 개념은 구체적인 적용에서는 뚜렷한 차이를 보일지라도 '자기분열'이라는 기본적인 함의와 '원상태-소외-소외극복'이라는 기본구조의 공유, 그리고 이러한 소외와 소외극복의 과정으로 세계사의 발전과정을 설명하고 있다는 점에서 동일성을 나타내고 있다. 특히 헤겔의 소외 개념은 정신의 자기 전개 과정에서 단계 단계마다 소외와 소외극복의 자기 완결적인 원환 구조를 가지면서 거듭 '고개를 쳐들고' 나타날 수 있는 것으로, 그 적용이 어떤 특정한 역사적 시기만으로 국한되지 않는 개념이다. 이점을 염두에 두고 살펴보면 중국의 사회주의 소외론 주장자들이 마르크스 소외 개념의 연원을 헤겔에게로까지 소급하면서 헤겔과 포이에르바하, 마르크스 사이의 연속성을 강조할 때, 이들은 마르크스의 이름 하에서 마르크스와 다른 내용의 소외론을 이야기할 수 있는 가능성과 합법성을 확보할 수 있게 된다. 그것은 합법적인 마르크스주의 재해석이 될 수 있다. 뿐만 아니라 역사발전을 '소외-소외극복'의 구조로 해석함으로써 소외극복에 역사적 당위성을 부여할 수도 있게 된다. 왕루어쉐이의 소외론에 대한 대표적인 비판자였던 후챠오무(胡喬木)가 인류 역사를 '인간-비인간-인간'의 구도로, 인류 역사를 인간성의 소외와 복귀의 역사로 개괄하는 것은 전형적인 휴머니즘의 관념론적 역사관이다라고 비판할 때[25] 그의 비판이 구체적

25) 胡喬木, 앞의 책, 127면.

으로 겨냥하고 있었던 것은 바로 소외론자들의 이러한 의도였을 것이다.

마르크스의 소외 개념을 구체적인 역사적 맥락에서 분리할 수 있다면 역사발전의 주체를 프롤레타리아로 간주하고, 그러한 프롤레타리아 계급의 자각적인 의식을 대변하는 대변자로서 당을 바라보는 관점에 대해서도 중대한 수정을 가할 여지가 확보된다. 마르크스가 프롤레타리아를 근대자본주의 사회의 모순을 해결할 세계사의 주체로 보았던 것은 이 계급이 당시의 비인간적인 상황 속에서 가장 극심한 피해자였기 때문이다. 이들에게서 자본주의 사회의 모순을 극복하는 일은 자신들의 생존을 수호하는 일과 일치하는 것이었고, 때문에 그들의 존재가 가능하게 하는 객관적인 의식이 이들을 계급 사회에서 초계급적인 존재로, '인간 일반'을 대표할 수 있는 보편성을 획득한 계급으로 만드는 것이다. 그러나 사회주의 중국의 역사 속에서 저질러진 비인간화의 엄청난 비극이 프롤레타리아 계급의 이름으로 또한 절대선을 자임했던 당에 의해 저질러진 계급적 단죄와 인간성의 부인이며, 비민주적이고 비합리적인 당의 관료주의적 독재에 의한 인권의 유린과 억압이라면 이러한 역사적 상황 속에서 가장 극심한 비인간적 상황의 경험자는 프롤레타리아가 아니라, 지식인이며 때문에 자연스러운 논리적 귀결로서 새로운 시대의 과제를 수행해나갈 역사적 주체는 프롤레타리아가 아니라 박해받은 인민이며 지식인이 되어야 하는 것이다.

요컨대 마르크스의 소외 개념을 어떤 특정한 역사적 상황에 대해서만 적용될 수 있는 역사적 범주로 보지 않고 적용의 가능성이 열려있는 해석의 틀로 볼 때 마르크스의 소외 개념은 사회주의 소외론에서 또 다른 적용 가능성을 모색할 수 있게 된다. 중국의 소외론 제창자들은 이처럼 헤겔과 포이에르바하와의 연속성을 강조하는 방향에서 마르크스주의에 대한 재해석을 시도함으로써 프롤레타리아 계급이 아니라 지식인 자신을 역사발전의 주체로 주장할 수 있는 이데올로기적 가능성과 중국공산당의 계급독재에 대한 합법적 비판의 가능성을 확보하고자 했던 것이다.

4. 맺음말

이상에서 헤겔, 포이에르바하, 마르크스의 소외 개념과 그것들 사이의 연속성과 차이를 검토하고, 다시 중국의 사회주의 소외론 속에서 언급된 소외 개념의 구체적인 함의를 헤겔, 포이에르바하, 마르크스의 소외 개념과의 관련 속에서 바라보면서 그들의 소외 개념이 중국적 맥락 속에서 어떻게 수용되고 있으며, 그 의미는 무엇인가를 살펴보았다. 중국의 사회주의 소외론은 찬반의 입장 차이를 초월해서 대체로 헤겔, 포이에르바하, 마르크스의 소외 개념에서 참조체계를 구했으며 소외론을 제창한 논자들은 마르크스의 소외 개념을 헤겔, 포이에르바하의 그것과 연결 시켜 해석하는 방식으로 마르크스의 소외 개념에 대한 새로운 해석을 시도했다. 이러한 시도를 통해 그들은 사회주의 중국에서 합법적으로 소외의 주장을 제기할 수 있는 가능성을 확보하고자 했고, 이를 통해 중국사회의 발전방향과 그러한 발전을 주도할 새로운 주체에 대한 주장을 제안할 수 있었다.

그러나 중국의 소외론은 몇 가지 중요한 점에서 헤겔, 포이에르바하, 마르크스의 소외론과는 다른 지향을 보여준다. 그것은 개인과 공동체의 관계, 혹은 인간의 본질에 대한 서로 다른 인식을 통해 나타난다. 헤겔,

포이에르바하와 마르크스는 모두 인간의 본질을 개별적 존재가 아니라 사회적 존재 혹은 유적 존재에서 찾았다. 헤겔은 공동체를 개체보다 우월한 생명체로 보면서 인간의 참된 자유와 자기인식은 공동체적 삶 속에서만 가능하다고 생각했다. 포이에르바하가 말한 인간의 최고의 본질은 개체로서의 인간 속에서 발견되는 본질이 아니라 유적 존재로서의 인간에게서 발견되는 것이다. 또한 마르크스가 이야기한 인간의 자기소외도 이러한 유적 존재로서의 인간 본질의 상실을 말한다. 이들 모두에게서 공동체는 개인적 생명의 한계를 넘어서서 개인에게 참다운 정체성과 삶의 의미 발견할 수 있게 하고 새로운 역사의 창조를 가능하게 하는 힘으로 이해되고 있다. 그러나 중국의 소외론에서 개인과 공동체의 관계는 부정적인 것으로 변한다. 이러한 변화는 사회주의 중국의 경험 때문이다. 중국의 경험 속에서 공동체는 개인과 대립적인 관계에 놓여 있다. 이들이 주장하는 소외도 공동체로부터의 개인의 소외라기보다는 공동체(혹은 공동체의 대표성을 독점하는 당)의 개인에 대한 억압과 그것에 의해 파생되는 개인적 삶의 파괴를 지칭한다. 공동체와 개인의 관계에 대한 이러한 해석의 구체적인 내용과 의미, 맥락을 밝혀내는 일은 차후의 연구의 과제가 될 것이다.

IV. 공자와 간디의 진리 추구

『논어(論語)』를 통해 본 공자(孔子)의 '천(天)'과 '인(人)'

간디의 '진리'와 삶

서문

칼 야스퍼스는 경전적 사유를 '마르지 않는 샘'이라고 말했다. 중국현대문학연구자로서 감히 공자와 간디에 대해 탐구해 볼 엄두를 낸 것은 인간과 삶의 근본적인 문제들에 대한 그들의 통찰이 현대를 사는 나에게도 여전히 정신의 갈증을 채우는 '샘'의 역할을 해주기 때문이다. 시간과 공간의 거대한 간격에도 불구하고 공자와 간디의 사유 사이에는 근본적인 공통점이 있다. 하나는 인간과 삶을 그것에 부여된 가장 높은 차원의 가능성 속에서 바라보면서 진리탐구 혹은 진리실험으로서의 삶을 살았다는 것이다. 다른 하나는 인간과 삶의 궁극적인 결정자, 공의로운 심판자로서 하늘, 신, 혹은 절대 진리의 존재와 권위를 믿었으며, 그 믿음 안에 삶의 뿌리를 두고, 그 믿음 앞에서 자신의 삶을 바라보며 살았다는 것이다.

『논어』 전체를 어우르는 핵심적인 질문이자 공자 사유의 일관된 주제는 인간으로서 합당하게 살아간다는 것은 어떠한 것인가였으며, 공자가 이 문제를 사유할 때 그 절대적 준거가 되었던 것은 '하늘(天)'이다. '천'은 '인'과 더불어 『논어』를 구성하는 두 기둥 같은 개념이다. 공자의 인간은 무엇보다도 '천' 앞에서 바라보아진 인간이며, 『논어』에서 인간의 문제는 타인과의 관계에 앞서 초월자와의 관계와 자기 자신과의 관계에서 더 먼저 숙고되고 있다는 것이 「『논어』를 통해 본 공자의 '천'과 '인'」의 핵심적인 논지이다. 이 글은 이러한 기본 인식 하에서 공자의 '천'과 '인'에 대한 인식의 구체적인 내용들을 『논어』를 통해 드러내고자 하였다.

「간디의 '진리'」는 간디가 개인적 사회적 초월적 차원에서 통합적으로 자기 삶의 궁극적 지표로 삼았던 '진리 실현'을 염두에 두고, 그가 이해했던 진리의 구체적인 함의를 탐구해보려는 목적으로 쓰여 졌다. ‘진리’는 간디의 인간과 삶에 대한 사유를 떠받치고 있는 가장 중요한 개념이다. 간디는 현대인의 다양한 삶의 영역 중 하나로 밀려나 도덕과도 분리되고 세속의 삶에 대해서도 거의 영향을 끼치지 못하는 종교적 진리를 세상의 한 복판으로 이끌어내어 이 초월적 진리가 개인 삶의 모든 영역에서 또한 개인을 넘어서 사회와 국가, 세속의 삶 전체를 비추는 빛이 될 수 있음을 자신의 한 평생의 삶을 들여 실험하고 입증하려 했다. 진리는 인간, 삶과 더불어 인문학의 영원한 주제이다. 간디가 진리에 대해 이야기하면서 보여주는 절대적인 것과 상대적인 것, 깨달음과 귀의(歸依)의 불가분리성, 도덕과 종교의 문제 등에 대한 통찰은 현대를 사는 우리들에게 여전히 소중한 나침반의 역할을 담당할 수 있으리라 생각한다.

『논어(論語)』를 통해 본 공자(孔子)의 '천(天)'과 '인(人)'

1. 머리말

"배우고 때때로 익히면 기쁘지 아니한가, 벗이 있어 먼 곳으로부터 찾아오면 즐겁지 아니한가, 사람들이 알아주지 않아도 화를 내지 않으면 군자가 아닌가[學而時習之不亦說乎, 有朋自遠方來不亦樂乎, 人不知不慍不亦君子乎]?" 『논어』의 첫 구절은 배우고 익힘으로써 얻게 되는 내적 희열과, 교제가 깊은 벗들과의 만남에서 오는 즐거움, 그런 희열과 즐거움 속에서 세인들의 평판에 아랑곳하지 않을 수 있는 내적 자유를 이야기하는 것으로 시작된다. 이 '기쁨[說=悅]'과 '즐거움[樂]', '불온(不慍)'의 자유함이 공자(孔子)가 제시하는 군자의 삶의 모습이다.

야스퍼스는 『역사의 기원과 목표』에서 공자의 시대를 세계사적 차원에서 인간에 대한 반성적 각성과 자기의식이 최초로 그리고 본격적으로 생겨난 시기로 이야기했다.[1] 유사한 맥락에서 공자의 사상은 흔히 인본주의나 인문주의로 규정되어 왔다. 『논어』를 읽어보면 이러한 규정의 의미를 어렵지 않게 이해할 수 있다. 『논어』 전체를 어우르는 핵심적인 질문이자 공자의 사유의 일관된 주제는, 인간으로서 합당하게 살아간다는 것은 무엇인가, 인간이 인간으로서의 존엄을 실현하며 살아가는 삶은 어떻게 가능한가 하는 것이다. 공자 사상의 핵심을 표현해주는 인(仁)과 지(知)에 대한 공자 자신의 해석에서도 이러한 문제의식은 잘 드러난다. 공자에게 인(仁)이란 '인간을 사랑하는 것[愛人]'이고 지(知)란 '인간을 아는 것[知人]'이다.[2] 『논어』에는 인간으로서의 자각을 견지하면서 인간으로서 산다는 것의 가능성과 한계를 동시에 바라보고, 그것에 대해 부단히 질문을 던지며 해답을 찾아나갔던 공자의 사색의 흔적이 짙게 배어 있다.

이 글은 『논어』 안에 나타나 있는 인간과 삶에 대한 공자의 사유를 좀 더 구체적으로 살펴보려는 목적을 가지고 있다. 나는 누구인가, 인간이란 무엇인가라는 질문이 나는 나를 누구라 하는가, 나는 인간을 어떻게 바라보는가의 우회적인 물음을 통해서만 접근될 수 있는 것이라고 할 때 중요한 것은 키에르케고르의 지적대로 "우리가 어떠한 규정 밑에서 존재 전체를 심사숙고하고 살아가느냐"[3]일 것이다. 공자의 인간은 '천(天)' 앞에서 바라보아진 인간이다. 공자가 인간 존재의 근원과 당위와 가능성을 깨닫고 바라볼 때, 그 절대적인 준거가 되는 것이 '천'이다. 그러므로 공자의 '인(人)'을 이해하는데 있어서 공자의 '천'을 이해하는 일은 필수적이다.

---

1) 칼 야스퍼스, 『역사의 기원과 목표』, 이화여대 출판부, 1986, 22면.
2) "樊遲問仁, 子曰 愛人, 問知, 子曰 知人." (「顔淵」)
3) 키에르케고르, 林春甲 역, 『이것이냐 저것이냐』(제2부 / 하), 종로서적, 1981.

그러나 이 점은 기존의 연구에서는 대체로 간과되어 온 부분이다. 공자의 사상을 인본주의나 인문주의로 규정하는 견해들은, 공자사상의 합리주의적이고 현세적인 성격만을 강조하면서 공자의 '인간'을 주로 사회적 존재로만 해석해왔다. 공자가 이야기하는 인간으로서의 합당한 덕목들도 주로 인간이 사회적 존재로서 떠맡게 되는 역할의 충실한 수행이라는 각도에서만 조명해 온 것이다. 이에 비해 공자의 형이상학적인 관심이나 초월적인 관심은 소홀하게 취급되어 왔다. 『논어』에 나타나는 '천'개념의 함의에 주목하면서 부분적으로 그것의 종교적 성격을 인정하는 연구들이 있지만, 그 경우에도 공자의 '천'에 대한 견해를 공자의 '인'에 대한 이해와 관련시켜 총체적으로 해석하려는 시도는 잘 보이지 않는다.

그러나 『논어』를 통해 살펴보면 공자가 보여주는 '인간'에 대한 새로운 자각은 선적으로 공자의 '천'에 대한 새로운 이해 위에서 가능했던 것임을 알수 있다. 공자가 인간과 인간으로서 합당한 삶을 사유했던 차원은 사회적 존재로서의 인간에만 국한되어 있지 않다. 『논어』에서 인간의 문제는 초월자와의 관계, 자기 자신과의 관계 그리고 사회적 존재로서 타인과 맺는 관계가 모두 포괄적으로 사유되고 있다. 이러한 점을 염두에 두고서 이 글에서는 우선 공자의 '천'은 어떠한 '천'인가를 알아보고 그 기초 위에서 공자의 '인'에 대한 관점을 살펴보고자 한다.

2. 공자의 '천(天)'

1) '연속성과 돌파'—'천' 개념의 변화

공자 사유의 종교적 성격은 초기 유가사상에 대한 연구에서 가장 논쟁적인 주제 중의 하나이다. 공자에게는 초월적인 것에 대한 관심이 전혀 없었다는 주장에서부터[4] 공자의 '천'을 의지와 지혜를 가진 인격신으로 보는 견해까지[5] 공자의 '천'관에 대한 해석의 편차는 퍽 크다. 그러나 보다 설득력 있는 주장은 공자의 '천'관을 역사적인 맥락 속에서 설명하는 견해들이다. 공자의 '천'에 대한 관점은 은대(殷代)에서 주대(周代)로 이어지는 시기에 이루어진 '천'관의 변화 과정 위에서 보다 구체적으로 이해될 수 있다. 공자는 기본적으로 그 변화의 방향성 위에 서서 전통 종교의 어떤 측면은 계승하고 다른 측면은 변형시키거나 억제하는[6] '연속성과 돌파'[7]의 동시적 진행을 통해 '천'에 대한 새로운 관점을 정립해나간다.

공자시대의 '천'에 대한 의식과 관련하여 공통적으로 지적되고 있는 것은 그 시대의 '천' 개념이 그 이전시대와의 관계에서 보여주는 뚜렷한 변화이다. 이동환은 '천'에 관한 공자 사유의 역사적 의미를, 인격적 존재로부터 비인격적인 존재로의 전환으로 설명한다. 유교가 하나의 사상으로 확립되기 이전 최초의 '천' 개념은 주로 인격적인 초자연력을 지칭하는 것으로 나타난다.(『시경』, 『서경』에서의 '천') 그러나 시대가 지나면서 전차 '천'

4) 安秉煜, 『휴우머니즘—그 理論과 歷史』, 三育出版社, 1997, 309~310면.
5) 張其昀, 華岡校友會 역, 『공자학설의 현대적 의의』, 형설출판사, 1981, 405면.
6) H.G. 크릴, 이성규 역, 『공자—인간과 신화』, 지식산업사, 133면.
7) 벤자민 슈워츠, 나성 역, 『중국 고대사상의 세계』, 살림, 1996, 85면.

개념에 분화가 생겨나게 되고, 그에 따라 인격적인 '천' 개념의 잔존과 더불어 비인격적인 '천' 개념이 새로 대두되게 되었다는 것이다. 새롭게 대두된 '천'은 곧 '신 아닌 신'으로서, 현상계의 근저로서의 본체론적 존재이며 또한 우주 만유를 이루어 가는 본원적 존재이다. 그 '천'은 신앙의 대상이며 인간문제의 대전제인 동시에 궁극의 위치에서 만나게 되는, 최초이면서 최후인 존재라고 말할 수 있다. 이동환은 이점에서 공자의 '천'은 철학적인 사유의 대상이면서 동시에 종교적 신앙의 대상이기도 하다고 설명한다. 그것은 내재적인 동시에 초월적인 존재이다.[8)]

곽신환은 은대(殷代)는 주재(主宰)적이고 종교적인 자연관이 지배했던 시대인데 비해, 주대(周代)에 들어서면 점차 천제(天帝)에 대한 합리적인 해석이 시도되면서 "종교적 신앙과 합리적 사고의 묘한 공존 관계"가 생겨나게 되었다고 설명한다.[9)] 그리고 이에 따라 '천'에 대한 태도에서도 경앙(敬仰)함과 멀리함의 이중구조가 생겨나게 되고, '신(神)'과 '천도(天道)' 중심의 사고가 인본주의적이고 합리주의적인 사고로 옮겨가게 되면서 종교적 성격이 짙었던 '천명(天命)'도 종교적 의미가 많이 탈색되고 인문주의적 자아긍정의 방향으로 나아가게 되었다는 것이다. 새로운 '천' 관념 속에는 도덕적 초경험성과 보편성, 합리성 그리고 영원성의 의미가 담기게 된다.[10)]

H.G. 크릴은 『공자—인간과 신화』에서 '천'관념에 중요한 변화가 생겨

8) 이동환 역해, 『중용 · 대학』, 나남출판, 2000.1, 37~44면.
9) 곽신환, 『주역의 이해—주역의 자연관과 인간관』, 서광사, 1990, 125면.
10) 곽신환은 이러한 관점에서 『논어』의 '敬鬼神而遠之'를 점차 귀신에 대한 관념에 변화가 생기고 길흉화복의 주재자로서의 귀신에 대한 신앙에 회의가 제기되지만 다른 한편으로 민간에서는 여전히 점을 쳐서 길흉을 판단하는 습속이 남아있던 과도적 상황 속에서 신성성은 유지하면서도 인간의 지혜에 더욱 의존하도록 권고하는 타협책으로 해석한다.(위의 책, 127면)

나게 되는 공자시대의 상황을 비교적 상세하게 소개하고 있다. 은대(殷代)의 사람들은 자신들의 최고신인 '제(帝)'가 기분에 따라 자의로 인간사에 개입하면서 인간의 운명을 지배한다고 믿었다. 때문에 재난을 피하고 복을 얻기 위해 때마다 제물을 바쳤고 항상 점복(占卜)을 통해 신의 뜻을 물었다. 은을 정복한 주족(周族)은 은인의 종교적 요소를 받아들여 자기들의 종교와 결합시키고는 최고신의 이름을 '천'으로 바꾸어 부른다.[11] 이 '천'은 본래 사후에 하늘에 거처하는 선왕(先王)들을 지칭하는 것이었지만 동일한 문자가 자연으로서의 하늘을 가리키는 데도 사용되게 되었기 때문에 점차 비인격적인 이지(理智)로서의 '천'이란 개념이 생겨나게 된다.

그러나 이 시대에 '천'개념에 중대한 변화가 생겨나게 되는 보다 중요한 원인은 동주(東周)시대(기원전 770년) 이후의 정치적 사회적 혼란과 그것으로 인해 야기된 종교적 · 윤리적 회의주의이다. 제후들 간의 전쟁이 일상화되고 그 속에서 약소국의 백성들이 겪어야 하는 고통과 윤리적 무질서 속에서, 귀신의 존재와 권능에 대한 믿음 뿐만 아니라 사회적 정의와 질서에 대한 믿음에서도 심각한 회의가 생겨나게 되어 '천' 개념에서도 비인격적이고 합리적인 성격이 더욱 강조되게 되었다는 것이다.[12] 그러나 크릴은 공자의 '천' 개념에 비인격적인 성격이 강화되었다 해도 공자가

---

11) H.G. 크릴, 李成珪 譯, 『孔子－인간과 신화』, 知識産業社, 1983, 132면.

12) 동주시대에 들어서면서 제후들 간의 패권다툼으로 전쟁이 일상화되고 그 과정에서 강대국들 사이에 끼인 중원의 소국들은 끊임없이 강국들을 위한 전쟁터가 되고, 전승국에 충성의 맹약을 강요받게 되는데, 당시에 요구되던 맹약은 엄숙한 종교의식으로서 희생제물을 바치고 그 피를 바르고 또한 귀신 앞에서 그 맹약의 보증하는 식이었다. 그러나 부단한 전쟁 속에서 승자가 바뀌면 소국들은 그때마다 맹약의 대상을 바꾸어야 했고 그런 과정에서 마땅히 나타나야 할 귀신의 권능이 나타나지 않는 것을 지켜보면서 사람들은 귀신의 권능뿐만 아니라 존재 자체에 대해서도 의문을 제기하게 된다. 또한 무력에 의한 정권의 계속적인 전복을 목격하면서 사람들은 심각한 윤리적 회의주의에 빠지게 된다.(위의 책, 26~30면 참조)

'천'을 자기 사명을 보증하는 존재, 즉 자기에게 중국 문화의 보위자라는 신성한 사명을 위탁하고 그 힘을 부여한 존재로 여겼다는 것은 부인할 수 없다고 말한다.[13]

2) 『논어』에 나타난 '천(天)'의 성격과 위상

(1) 절대적 · 궁극적 준거로서의 '천'

이제 『논어』의 구절들을 검토하면서 그속에서 발견되는 '천'의 의미를 몇 가지로 정리해 보려 한다. 『논어』에서 '천'은 무엇보다도 절대적인 신뢰의 대상이며 인간의 삶이 그것 안에서 그리고 그것 때문에 비로소 가치와 의미를 부여받게 되는 궁극적인 근거이자 준거로 나타난다. 인간이란 무엇인가라는 질문은 근본적으로 인간을 무엇으로 해석할 것인가라는 질문을 통해 우회적으로 밖에 접근될 수 없는 것이며, 그러한 해석은 또한 그것을 가능하게 하는 상위 범주의 규정성 안에서 이루어지는 것이라는 점을 생각할 때, 인간에 대한 규정은 늘 인간에 대한 특정한 해석의 선택일 수밖에 없다. 인간에 대한 해석이 사실의 확인이 아니라 특정한 관점의 선택일 수밖에 없다는 것은 인간의 자기 정체성 확인이 불가피하게 사실의 차원이 아니라 믿음의 차원에서 이루어질 수밖에 없음을 말해준다. 그렇다면 공자는 무엇 안에서 인간의 정체성과 인간다운 삶에 대해 사유하고 있는가? 그것은 바로 '천' 안에서이다. 공자는 무엇보다도 '천'과의 관계 속에서 인간을 새롭게 바라보고 새로운 인간의 이념을 정립하고 있

---

13) 위의 책, 128면.

다. 이점은 이미 잘 알려져 있는 『논어』의 다음 내용을 통해서도 충분히 확인된다.

「팔일(八佾)」편에는 위(衛)나라의 권신(權臣)이던 왕손가(王孫賈)가 공자에게, "아랫목 신에게 잘 보이기보다는 차라리 부엌 신에게 잘 보이라[與其媚於奧, 寧媚於竈]"는 비유로 자리는 있으나 실권은 없는 왕에게 예를 갖추기보다는 차라니 자신에게 아부하는 것이 낫다는 의사를 노골적으로 내비치는 일화가 나온다. 그 때 공자는 "하늘에 죄를 지으면, 빌 곳이 없다[獲罪於天, 無所禱也]"라고 대답한다. 이것은 공자가 눈앞에 보이는 세속의 권력자인 왕손가보다 보이지 않는 '천'과의 관계 속에서 자신의 삶을 바라보고 있음을 말해주는 것이다. 공자는 세상에서의 자신의 행위가 초래하게 될 현실적인 대가나 보상보다 자기 삶에 대한 총체적이고 최종적인 평가를 더 염두에 두고 있는 것이다. 공자가 세상의 권세 앞에서 흔들리지 않는 중심을 굳건히 견지하고 있는 것은 자기 삶의 최종적 평가를 '천'에게 두고 그 '천'에 의지하여 살아가기 때문이다.

「술이(述而)」편에서도 공자의 이 같은 자세는 잘 드러난다. 공자가 송(宋)나라에 갔을 때 송나라의 사마(司馬) 환퇴(桓魋)가 공자를 죽이려 한다는 이야기가 돌자 제자들은 공자에게 서둘러 그곳을 떠날 것을 권유한다. 그러나 그때도 공자는 "하늘이 내게 덕을 주셨으니, 환퇴가 나를 어떻게 하겠는가[天生德於予, 桓魋其如予何]?"라고 담담하게 상황에 대처한다. 이것 역시 공자가 자기 존재의 일차적 귀속을 '천'에 두고 있음과 그 천의 의지 혹은 섭리에 대한 확고한 믿음을 견지하고 있음을 보여주는 대목이다. 「태백(泰伯)」편에는 또한 공자의 병이 위중해지자 공자의 제자들이 가짜로 제후의 복장을 하고 자신들의 스승을 융숭하게 대우하려했던 이야기가 나온다. 그때 공자는 제자들을 칭찬하기는커녕 "너희가 하늘을 속이려는가[詐天乎]" 하고 호되게 나무란다. 여기에서도 공자가 보이는 세계에서의 모든 행위의 궁극적인 의미를, 보이지 않는 세계에서 인간 삶의 모든 것을 통찰하고 감찰하는 '천'과 그 '의(義)' 앞에서 바라보고 있음이 잘 드러나 있다.

(2) 주체적 · 사유적 신앙과 초월자

공자의 '천'은 또한 공의(公義)의 담지자요, 주체적이고 사유적인 신앙의 대상인[14]이다. 이 '천'은 인간의 세속적 욕망을 위해 봉사하는 '귀'와는 본질적으로 구별되는 초월적 공의의 담지자이며 인간 삶의 결과에 대한 궁극적인 평가자요 심판자이다. 공자는 마치 물물거래를 하듯이 제사와 제물을 받고 그 보답으로 인간의 사리사욕을 위해 복을 내리고 화를 막아주는 도구적 · 기능적 존재로 전락해버린 "'귀(鬼)'를 멀리하는 대신[敬鬼神而遠之]", '천'을 통해 그것과는 본질적으로 다른 윤리적 차원으로 승화된 새로운 신앙의 대상을 정립하고자 했다. 공자의 '천'에 대한 의식은 이기적 세속적 욕망의 투영으로서의 '귀'와는 완전히 구별되는 초월적 절대자에 대한 의식이다.[15]

귀신과 주술, 이기적 욕망과 자기 상실의 탐닉에서 벗어나 이성적인 교제의 대상으로서 확립된 이 '천'은 또한 주체적이고 사유적인 신앙에 의해 만나게 되는 초월자의 성격을 띠고 있다. 다시 말하면, 인간이 특정한 순간에 특정인을 매개로 자기 상실적인 의식(儀式)을 거행하면서 그 속에서

14) 칼 야스퍼스, 신옥희 역, 『철학적 신앙』, 이화여대 출판부, 1995, 36면.
15) 벤자민 슈외츠, 나성역, 『중국 고대사상의 세계』, 살림, 1996, 89면.

순간적으로 경험하는 그런 신비적 존재가 아니라, 주체적으로 사유하는 인간이 역사와 전통의 토대 위에서 깊고 오랜 사유를 통해서 비로소 도달하게 되는 "근원으로부터 주어지는 존재의식"[16]이라는 것이다. 이 점은 『논어』 안에서 공자가 '천'을 대하는 태도와 '귀'를 대하는 태도가 뚜렷하게 다르다는 것을 통해서도 확인된다. 공자가 "자기가 섬겨야 할 귀신이 아닌 것에 제사지내는 것은 아첨하는 것이며, 옳은 것을 알면서도 그렇게 하지 않는 것은 용기가 없는 것[非其鬼而祭之, 諂也. 見義不爲, 無勇也]"(「爲政」)이라고 말했을 때, 여기에는 자기 신앙의 대상과 신앙 행위가 참된 것인가를 물으며 "참답지 못한 신들의 형상[鬼]에 대한 투쟁"[17]을 통해 주체적이고 사유적인 신앙의 자세를 일깨우려는 의지가 내포되어 있는 것으로 보인다. 참된 신앙은 바른 앎을 통해 미혹에서 자유로워질 것을 요구하기 때문이다. 섬겨야 할 신이 아닌 것에 종노릇하는 것은 하지 말아야 할 일을 하는 것이며 그것을 알고도 실천에 옮기지 않는다면 그것은 용기가 없는 것이라는 공자의 말은 이런 맥락에서 보다 의미 있게 해석될 수 있다.

한편, 새롭게 정립된 '천'의 뜻, 즉 천명(天命)을 아는 일에 대해서 공자는 늘 절대적이고 우선적인 가치를 부여했다. 『논어』의 곳곳에서 공자는, 군자나 배우는 사람의 우선적인 덕목으로 "도에 뜻을 두는 것[志於道]"을 강조하고 있고, "천명을 모르면 군자가 아니다[不知命, 無以爲君子也]"(「堯曰」) "아침에 도를 들으면 저녁에 죽어도 좋다[朝聞道, 夕死可矣]"(「里仁」)는 구절들을 통해 하늘의 뜻을 깨달아 알고자 하는 자신의 열정을 토로하고 있다. 공자는 늘 하늘 앞에서 자신의 삶을 바라보았고, 하늘의 뜻을 듣고 깨

16) 칼 야스퍼스, 앞의 책, 21면.
17) 칼 야스퍼스, 『역사의 기원과 목표』, 이화여대 출판부, 1986, 23면.

달아 알게 되는 것을 자기 평생의 배움의 목표로 삼았으며 그 깨달음이 자신의 삶에서 온전히 구현되는 경지를 삶의 목표로 두고 살았다. ‘천’은 공자의 구도적 삶에서 늘 공자 앞에 놓여 있는, 그리고 공자의 ‘인간’에 대한 사유의 전제로서 또한 최종적인 사유의 목적으로서 존재했던 것이다.

(3) 자유의 신앙—“求仁而得仁, 又何怨”

공자의 ‘천’에 대한 의식이 주체적이고 사유적인 신앙의 성격을 가지고 있음은 공자가 덕(德)과 성공, 정의와 승리 사이에 단순하고도 필연적인 상관관계를 설정하지 않았다는 것을 통해서도 드러난다. 공자는 『논어』의 여러 곳에서 하늘의 뜻을 깨달아 알고 그 뜻을 좇아 살아가는 삶에 반드시 세속적인 축복이 대가로 따르는 것은 아니라는 점을 거듭 이야기하고 있다. 인간으로서 해야 할 바를 다하는 삶에의 성실성과 그 결과로서의 성패 사이에는 직접적인 관련이 없다는 것이다. “군자는 도(道)를 위해 생각할 뿐 먹고사는 것을 위해 생각하지 않는다. 밭을 갈아도 때로는 굶주리는 경우가 있고, 공부를 해도 많은 녹을 받는 경우가 있다. (그러므로) 군자는 도에 대해서만 걱정할 뿐 가난에 대해서는 걱정하지 않는다[君子謀道, 不謀食. 耕也, 餒在其中矣. 學也, 祿在其中矣. 君子憂道, 不憂貧]”(「衛靈公」)라는 말 속에서 우리는 그러한 의식을 확인할 수 있다. 이것은 공자의 ‘천’에 대한 신앙이, 종교적인 의식이 거의 물물교환의 수준에서 이해되고 “받은 제물의 양과 질에 따라 귀신들의 축복이 좌우된다고 믿었던” 이전의 신앙과는 확연하게 달라진 자리에 있음을 보여준다.

인간으로서 마땅히 해야 할 도리를 행하는 것을 그것에 대한 세속적 보상과 연관시키지 않을 수 있었기 때문에, 공자는 자신의 행위에 대한 보상이 없거나 혹은 부당한 보상이 주어져도 "사람을 원망하거나 하늘을 원망하지 않는[不怨天, 不尤人]"(「憲問」) 마음의 중심을 지키고 내적 평온을 누릴 수 있었다. 공자의 이러한 생각은 "인을 구해서 인을 얻었는데, 또한 무슨 원망이 있겠는가[求仁而得仁, 又何怨]?"(「述而」)라는 구절에 가장 탁월하게 표현되어 있다. 이 구절은 제자 자공(子貢)이 백이(伯夷)와 숙제(叔齊)는 어떤 사람이었습니까라고 물었을 때 공자가 "어진 사람이었다"고 답하자, 자공이 다시 "그들이 나중에 (그들이 치러야했던 대가 때문에) 후회하지 않았겠습니까?"라고 물은 것에 대해 공자가 했던 답변이다. "인을 추구하여 인을 얻었으니 또한 무슨 원망이 있겠는가?" 이 말은 인간이 인간으로서 합당한 길을 걸어가는 것은 인간에게 부여된 당위를 수행하는 것이며 그것에 따른 보상이나 결과에 의해 그 행위의 정위(正僞)나 성패를 논할 수는 없는 것이라는 말이다. 여기에서 우리는 "집착 없는 행위"의 성실함과, 결과의 성패에 대한 불안으로부터의 자유함을 누리는 공자의 신앙의 탁월한 경지를 만나게 된다.

(4) 천인소통의 역동성 – '聞道', '知天命', '上達'

공자의 '천'은 또한 인간의 인식능력과 이성적 사유를 통해 소통 가능한 존재이며 신앙의 주체인 나와 역동적인 상호관계 속에 놓여 있는 신앙의 대상이다. 『논어』에서 공자는 '문도(聞道)'(「里仁」), '지천명(知天命)'(「學而」, 「爲政」, 「堯曰」), '상달(上達)'("下學而上達", 「憲問」) 등의 표현을 통해 "인간이 하늘의 뜻을 알 수 있음을 거듭 이야기하고 있으며 이와 동시에 "나를 아는 것은 하늘이다[知我者其天乎]"(「憲問」)라고 말하고 있다. 이는 공자가 인간과 '천'을 상호 교감하고 소통할 수 있는 관계로 바라보고 있음을 말해준다. 특히 '문도'나 '지천명'과 같은 구절들은 공자의 신앙이 어떠한 신앙이었는가, 공자가 그러한 신앙 안에서 '천'과 '인'의 관계를 어떻게 바라보았는가를 보다 구체적으로 이해하는데 중요한 실마리를 제공해준다.

'문도'와 '지천명'에는 우선 하늘의 뜻과 그것을 깨닫는 인간, 즉 말하는 자와 듣는 자의 상호관계가 전제되어 있다. 인간의 세속적인 삶의 이치와 가치를 초월하여, 인간의 운명과 공의와 보편 선을 담보하는 초월적인 절대자로서의 하늘의 뜻이 한편에 있고, 그것을 마음을 열고 받아들여 자신의 삶 속에서 구현하는 인간이 다른 한편에 있다. 듣는다는 것은 말이 있음을 전제로 하는 것이며 그 말이 말로서 의미와 생명을 가지는 것은 듣는 이의 듣는 행위를 통해서 비로소 가능해지는 것이다. 개체로서의 인간은 또한 이러한 초월자의 말을 듣고 그것을 좇아 나아감으로써 비로소 자기 존재에 부여된 본성과 가능성을 실현할 수 있게 된다. 하늘과 인간의 관계는 하늘 편에서의 일방적 당김으로 이루어지는 것이 아니라, 인간이 하늘의 방향으로 나아감으로써 비로소 열리게 되는 것이다.("君子上達", 「憲問」) 그것은 또한 인간의 주체적인 선택과 결단을 통해서만 온전해지는 것이기도 하다. 여기에서 초월적 보편 존재와 개체적 실존의 역동적 관계 속에서 형성되는 신앙의 영역이 생겨나게된다.

이러한 관점에서 볼 때 "사람이 도를 넓힐 수 있는 것이지, 도가 사람을 넓히는 것이 아니다[人能弘道, 非道弘人]"(「衛靈公」)라는 구절 역시 공자의 이러한 주체적인 신앙을 잘 드러내주고 있다고 볼 수 있다. 공자는 하늘의 절대적인 명령이요 섭리인 하늘의 도가 존재한다고 믿었지만, 그 객관적 진리는 "개체적 실존의 피와 땀이 배인 사색을 통과해서 그 자신의 주체적 진리가 됨"[18]으로써만 비로소 생명을 부여받게 되는 것이라고 믿었다. 인간은 하늘의 진리에 의존해서만 폐쇄된 자아의 울타리를 넘어서고 세속적이고 이기적인 욕망에 대한 집착에서 벗어나 인간으로서의 존엄성을 자기 삶에서 온전히 누리며 살 수 있게 된다. 이 점에서 인간의 인간다운 삶은 전적으로 하늘의 뜻, 즉 도(道)에 의존한다고 말할 수 있다. 그러나 하늘의 뜻은 또한 사람을 통해서만 씨앗이 뿌려지고 열매가 맺혀질 영토를 얻게 되며 그렇게 함으로써만 살아있는 진리가 되어 그 영역을 확장해 갈 수 있는 것이다. 사람이 도를 넓히는 것이지 도가 사람을 넓히는 것이 아니라는 위의 구절은 공자의 이러한 깨달음과 믿음을 드러내준다.

한 가지 지적하고 넘어가야 할 것은 이러한 맥락에서 말하는 '천인소통(天人疏通)'의 개념은 기존의 연구에서 유가사상의 천인관계를 설명하기 위해 통용되어 온 '천인합일(天人合一)'의 개념과는 조금 다른 함의를 가지는 것이라는 점이다. 천인소통의 개념은 어떤 면에서 천인합일에 대한 비판적인 의미를 내포하고 있다. 천인합일이라는 개념으로 『논어』에서의 천인관계를 설명하는 일은 두 가지 이유에서 부적절하다. 하나는 이 개념으로는 『논어』 안에서 드러나는 '천'과 '인', 즉 신앙의 대상과 신앙의 주체 사이의 역동적 관계를 제대로 읽어낼 수가 없기 때문이고, 다른 하나는 이 천인합일의 개념이 인간의 가능성과 한계를 동시에 보면서 인간의 삶 속에 하늘의 몫과 인간의 몫이 구별되어 있음을 거듭 강조했던 공자의 취지와는 맞지 않기 때문이다. 공자는 인간이 인간답게 사는 일에 대해 그것이 하고자하면 누구라도 할 수 있는 일이라고 생각했고, 또한 인간이 하늘의 뜻을 아는 일이 가능하다고 믿었지만, 이상적인 인간이 도달할 궁극적인 경지가 하늘과의 구별이 사라진 것으로 이야기하지는 않았다. 공

---

18) 樸鐘鴻, 『哲學槪說』, 博英社, 1996, 185~186면.

자가 말하는 이상적인 인간의 이념인 군자는 결코 하늘과 같아진 초인(超人)적 존재가 아니라는 것이다. 군자는 하늘이 인간에게 부여한 가능성과 본분을 자기 삶에서 최선으로 실현한 존재이며, 여전히 천명의 관할 하에 있는 한계적 존재이다. 공자에게 '천'은 입법자요, 그 법의 집행자지만, 군자의 경지에 도달한 인간이라도 결코 스스로 입법자가 될 수는 없는 것이다. 인간이 할 수 있는 최대한은 단지 그 법을 온전히 깨닫고 그 법에 순응하는 길을 선택하는 것뿐이다.

공자의 신앙이 어떠한 신앙이었는가와 관련하여 또 한 가지 의미심장하게 생각되는 것은 "나의 기도는 이미 오래되었다[丘之禱久矣]"(「述而」)는 구절이다. 이 구절은 공자의 병이 심해졌을 때 제자 자로(子路)가 공자에게 당시의 풍습대로 하늘의 신(天神)과 땅의 신(地祇)에게 기도할 것을 권하자 공자가 그것에 대한 응답으로 했던 말이다. 여기에서 공자의 기도가 이미 오래되었다는 것은 과연 무슨 의미인가? 그것은 공자가 말하는 기도라는 것이, 특정한 형태로 대상화된 존재에게 특정한 시간에 특정한 형식으로 올리는 기도가 아니라, 평생 자신을 '천' 앞에서 바라보고 '천'이 자신에게 부여한 덕을 바탕으로 '천'의 뜻을 듣기를 갈망하며 그 뜻이 자신의 삶 속에서 실현되기를 갈망해 온 구도적 삶 그 자체라는 것을 말해주는 것이다. 공자의 기도는 특정한 상황에서 특정한 세속적 축복을 요청하며 유형(有形)의 대상에게 드려지는 제사가 아니다. 공자의 기도는 자신을 사로잡은 구도적 관심을 한평생 붙잡고 나아간 그의 삶 자체이다. 공자에게는 그의 삶 전체가 구도의 과정이었고 때문에 그의 기도는 일생동안 드려져 온 기도일 수 있는 것이다.

3. 공자의 '인(人)'

1) 인격적 존재—보편인간의 이념과 윤리

공자의 '인'에 대한 관점의 많은 부분은 이미 2장에서 공자의 '천'에 대한 의식을 살펴보는 가운데서 함께 살펴본 셈이 되었다. 이렇게 된 것은 이 글의 머리말에서 밝힌 것처럼 공자의 '인'에 대한 관점이 근본적으로 '천'에 대한 관점과 분리되어 있지 않기 때문이다. 여기에서는 앞의 내용과 중복되지 않는 범위 내에서 공자의 '인'에 대한 견해들을 살펴보고자 한다.

『논어』를 통해 보면 공자는 무엇보다도 인간을 인격적 존재로서 바라보고자 했음을 알 수 있다. 공자가 인간을 인격적 존재로서 바라보고자 했다는 것은 공자의 인간에 대한 사유에서 퍽 중요한 위치를 차지하는 '군자(君子)', '천명(天命)', '인(仁)' 등의 개념들이 공자를 통해서 어떠한 의미의 변환을 겪으며 재정립되어 나갔는지를 살펴볼 때 보다 명료하게 드러난다. 주대(周代)에 군자라는 용어는 주로 임금의 아들이나 귀족을 뜻하는 말로서 본래 사회적 지위를 나타내는 데 사용되었던 것이었지만 공자는 이 말의 의미를 바꾸어 그것을 사회적 지위와 상관없이 개인의 품성이나 인격을 가리키는 개념으로 사용한다.[19] 『논어』 안에서 군자라는 용어는 대부분의 경우 출신이나 신분과는 아무 관련이 없는, 순전히 인격적인 함의를 담고 있는 개념이다.[20] 군자란 이제 공자를 통해 특정한 신분의

---

19) 張其昀, 앞의 책, 456면.

20) 『논어』에서 '군자'나 '소인'이 일관되게 인격적인 함의를 가지는 용어로만 사용되고 있는 것

사람을 지칭하는 말이 아니라 모든 인간에게 가능성으로 부여되어 있는, 자신의 의지를 통해 누구에게나 도달이 가능한 이상적 인격을 지칭하는 개념으로 바뀌게 된 것이다. 이런 관점에서 "군자가 인을 떠난다면 무엇으로 이름을 이룰 것인가[君子去仁, 惡乎成名]?"(「里仁」)라는 구절은 군자가 군자로서 이름을 날릴 수 있는 것은 오직 인격에 의존해서만 가능한 것이라는 의미로 해석할 수 있을 것이다. 군자와 대응적으로 사용되는 '소인'의 개념 역시 신분이나 지위를 가리키는 개념이 아니라 전적으로 인격적 · 품성적 의미를 가지는 개념으로 사용된다.

군자와 유사하게 '천명(天命)' 역시 공자 이전에는 특정한 사람, 즉 군왕이 될 사람에게만 해당되는 개념으로 사용되었지만, 공자에 오면 그 범위가 확대되어 모든 인간에게 해당되는 개념으로 바뀌게 된다.[21] 이상적인 인격을 총체적으로 지칭하는 '인(仁)' 개념도 공자에 의해 개념의 확대와 변용을 겪은 용어 중의 하나이다. '인(仁)'은 공자 이전에는 단순히 사람을 의미하는 '인(人)'과 통용되거나 '선함' 혹은 '자비'와 같은 특정한 덕목만을 가리키는 개념으로 사용되었다. 그러나 공자를 통해 인간의 인간다움을 총체적으로 가리키는 것으로 의미가 확장되고[22] 공자 사상의 핵심적인 개념으로 자리 잡게 된다.

그런데 여기서 중요한 것은 공자가 인간을 인격적 존재로서 바라본다

은 아니다. 예컨대 「陽貨」편의 "君子尙勇乎?, 子曰 君子義以爲上 君子有勇而無義, 爲亂. 小人有勇而無義, 爲盜"에서 보면 군자는 인격적 개념과 신분적 개념의 이중적 의미로 사용되고 있고 군자와 소인의 대비도 인격적인 차원에서만 이루어지고 있는 것이 아님을 알 수 있다. 그러나 이러한 예는 드물게 발견되며, 이러한 용법의 혼재는 공자의 '천' 개념에서와 마찬가지로 공자 시대의 과도적 성격을 드러내주는 것으로 이해할 수 있다.

21) 곽신환, 『주역의 이해—주역의 자연관과 인간관』, 서광사, 1990, 57면.

22) F.W. 모트, 김용헌 역, 『중국의 철학적 기초』, 서광사, 1994, 58면.

고 할 때 그것은 곧 공자가 모든 인간을 '천' 앞에서 평등한 존재로 바라본다는 것을 말하고 있다는 점이다. 공자에게 있어서 군자가 외적으로 결정되어진 어떤 규정과는 관계없이 전적으로 인간의 품성이나 인격 등 내면적 가치에 의해 결정되는 개념이라면 이것은 모든 인간에게 열려 있는 보편인간의 이념이 될 수 있다. 한편으로 인간은 모두 '천'이 부여한 인격을 통해 인간으로서의 최대의 가치인 '인(仁)'을 구현할 수 있는 존재이다. 그러나 다른 한편으로 인간은 또한 '천명'에 순종할 수밖에 없는 존재이며 궁극적으로 하늘이 내리는 결정을 번복할 수 없는 존재이다. 인간은 그 가능성과 한계 모두에서 평등하다. 인간을 인격적 존재로서 바라볼 때, 신분이나 지위 등의 세속적인 조건이나 규정들을 넘어서는 보편인간의 이념이 가능해지고 이 보편인간에게 통용되는 보편 가치와 보편윤리의 확립이 가능해지는 것이다.

2) 가능적 · 형성적 존재와 자유의지

공자의 '인'에 대한 관점에서 또 한 가지 주목되는 것은 공자가 인간을 필연적인 존재나 이미 결정되어 있는 존재가 아니라 가능적 존재요 미결정적인 자기 형성적 존재로 바라보고 있다는 점이다. 공자는 인간을 자연적 성향이나 타고난 품성 혹은 사회적 관계나 신분적 규정에 의해 미리부터 결정되어 진 존재가 아니라 깨달음과 구도의 실천적 노력을 통해 부단히 변화하고 성장하는 인격적 존재로 보았다. 공자는 인간이 하늘로부터 부여받은 품성과 사유능력 그리고 자유의지를 통해서 하늘이 인간에게 알려주는 '도(道)'를 들어 깨닫고 자기에게 부여된 인간으로서의 가능성을 구현해나감으로써 하늘이 인간에게 허락한 존엄성을 최대한으로 실현해갈 수 있는 존재로 본 것이다.

그런데 공자가 이러한 인간의 자기실현과정에서 인간의 자유의지를 각별히 강조하고 있는 점이 주목된다. 인간은 누구나 인간답게 살아야 하는 당위와 그렇게 살 수 있는 가능성을 실존의 조건으로 부여받았지만, 또한 동일하게 주어진 이러한 조건 앞에서 각각 자신의 의지와 결단에 따라 그렇게 할 수도 있고 그렇게 하지 않을 수도 있는 '자유' 안에 놓여 있는 것이다. 공자는 인간에게는 "필부라 할지라도 그가 하고자 하면 누구도 빼앗을 수 없는 자유의지가 허락되어 있지만[三軍可奪帥也, 匹夫不可奪志也]"(「子罕」) 스스로 하고자 하지 않는다면 누구라도 어떻게 할 수 없는 존재라는 점을 이야기한다. "인이 멀리 있는가, 내가 인하고자 하면 그 인은 곧 내게로 이르게 된다[仁遠乎哉, 我欲仁, 斯仁至矣]."(「述而」) 그러나 "어찌할까 어찌할까 하고 스스로 묻고 구하지 않는 자는 나도 어떻게 할 수가 없다[不曰如之何如之何者, 吾末如之何也已矣]"(「衛靈公」)는 공자의 토로는 이런 자유의지의 양면성을 이야기하고 있는 것이다.

공자의 인간에 대한 관점은 이런 면에서 볼 때 인간의 실존을 '자유'로 해석한 서구 실존철학과도 상통하는 바가 있다. 실존철학에서와 마찬가지로 공자가 바라보는 인간은 의지적 존재이며, 자기 앞에 놓인 상황 속에서 선택할 수 있고 또한 선택할 수밖에 없도록 조건지워져 있는 자유의지를 가진 존재이다. 그런 인간에게 '도'를 따르고, '인(仁)'을 실현하는 문제는 능력의 문제가 아니라 전적으로 선택의 문제요 의지의 문제인 것이다. 그러므로 공자가 바라보는 인간의 존엄성의 다른 한 축은 인간의 자유의지에 놓여 있다고 할 수 있다.

공자는 또한 인간이 가능적 존재로서 자기실현을 이루어나가려고 할 때 그 과정에서 부단히 극복되어야 하는 것이 있다고 보았다. 그것은 인간의 자연적 경향성이다. 『논어』의 많은 곳에서 공자가 군자와 소인의 대비를 통해 강조하고 있는 점이 이것이다. 공자가 말하는 소인이란 대체로 자연적 경향성에 종속적이며, 충동이나 욕망을 좇아 살아가는 삶의 모습을 지칭하며, 소인과 상반되는 개념인 군자를 통해서는 그러한 자연적 경향성을 극복하거나 초월하면서 진정한 자아를 발견하고 그것을 실현해 나가는 삶을 제시한다. "군자는 덕을 생각하나 소인은 땅을 생각하며, 군자는 법을 생각하나 소인은 혜택을 생각한다[君子懷德, 小人懷土. 君子懷刑, 小人懷惠]"(「里仁」), "군자는 대의에 밝고, 소인은 이익에 밝다[君子喩於義, 小人喩於利]"(「里仁」), "군자는 하늘의 이치를 알고 소인은 세상의 이치를 안다[君子上達, 小人下達]"(「憲問」)는 구절들이 다 이런 맥락에서 이해될 수 있다. 여기에서 군자와 소인은 자유의지를 가진 인격적 존재로서의 인간에게 공통적으로 부여되어 있는 "자기상실과 자기 획득"의 이중적 가능성을 표상하는 개념으로 이해할 수 있다.

3) 구도(求道)적 · 내성(內省)적 · 사회적 존재

(1) 초월자 앞에선 단독자—내적 중심의 확립

공자의 '인(人)'에 대한 관점에서 또 한 가지 중요한 것은 공자가 인간을 사회적 존재로서만 바라보고 있지 않다는 점이다. 공자의 인간에 대한 사유 속에는 초월자와의 관계 속에서 성립되는 구도(求道)적 차원과 자기 자신과의 관계 속에서 성립되는 내성(內省)적 차원 그리고 타인과의 관계 속에서 성립되는 사회적 차원이 모두 포괄되어 있다. 그리고 굳이 순서를 매기자면 사회적 차원은 구도적 차원과 내성적 차원의 뒷자리에 놓여 있다는 것이 필자의 생각이다. 공자는 무엇보다도 인간을 초월자 앞에 선 단독자[23]로서 정립하고자 했으며 그 초월자 앞에서 자신을 바라보고 있다. 공자의 삶이 늘 '천' 앞에서 바라보아진 삶이며, 그 삶의 궁극적인 가치와 평가를 '천'에게 의존하고 있었다는 점은 이미 공자의 '천'에 대한 관점을 소개한 2장에서 충분히 살펴보았다. 여기에서는 『논어』의 몇 구절만을 추가로 살펴보기로 한다.

흔히 공자에게 형이상학적인 것에 대한 관심이 없었다는 것을 입증하는 예로 거론되는 "공자는 괴력난신을 말하지 않았다(子不語怪力亂神)"(「述而」)는 구절은 그 의미를 초월자와의 관계 속에서 조명하면 완전히 다른 내용을 지칭하는 것이 된다. 이것은 오히려 공자가 초월자 안에서 자기의 내면적 중심을 확고하게 정립함으로써 세상과는 완전히 다른 관점에서 세상의 문제들을 바라볼 수 있게 되었다는 것을 이야기해주는 구절로도 읽힐 수 있는 것이다. 왜냐하면 공자가 괴력난신에 대해 말하지 않았다는 것은 괴력난신이 현실 속에서 존재하거나 혹은 그것이 현실 속에서 적지 않은 영향력을 행사하고 있다는 사실 자체를 부정하려 한 것이라기보다는, 공자가 다른 사람들과 같이 그러한 것들의 현실적인 존재를 인정하면서도 그러한 것들에 의해 자기중심이 흔들리게 되는, 즉 그런 것들에 종속되거나 굴복하는 관점 속에서 세상을 바라보지 않음을 이야기해주고 있는 것으로 생각되기 때문이다. 부연하자면, 공자는 보이는 현실의 무질서와 폭력, 괴이한 힘의 권능과 맹목적 신앙 등의 모습을 보았지만 그 현

23) 표재명, 『키에르케고어의 단독자 개념』, 서광사, 1992, 13면.

상적 모습들 안에서만 그것을 해석하지 않고 그것을 넘어서서 존재하는 보이지 않는 '천'의 섭리에 대한 믿음 속에서, 괴이하고 어그러진 것이 아니라 항상적인 것, 권력이나 힘이 아니라 옳은 인간으로서의 마땅한 도리, 혼란이 아니라 질서에 대한 믿음과 그것을 현세에 구현하기 위한 집념 속에서 세상을 바라보기를 '선택'했다는 것을 말해주는 것이다.

공자의 이 말은 공자가 앎에 대해 묻는 제자에게 "아는 것을 아는 것이라고 하고 모르는 것을 모르는 것이라고 하는 것이 참된 앎이다[知之爲知之, 不知爲不知, 是知也]"라고 대답한 「爲政」편의 구절이나 제자 계로(季路)가 귀신을 모시는 일과 죽음의 문제에 대하여 물었을 때 공자가 "사람도 제대로 섬기지 못하는데 어찌 귀신을 섬길 수 있겠느냐 (…중략…) 삶도 아직 모르는데 어찌 죽음을 알겠느냐[未能事人, 焉能事鬼 (…중략…) 未知生, 焉知死]"(「先進」)라고 대답한 구절, "공자는 이익과 천명과 인에 대해서는 이야기하는 일이 드물었다[子, 罕言利與命與仁]"(「子罕」)라고 말한 구절들과의 연관 속에서 읽어보면 그 의미가 보다 분명해진다. 이 구절들은 공통적으로 인간의 인식능력의 한계를 겸허하게 인정하는 의미를 담고 있다. 인간에게는 알 수 있는 것과 알 수 없는 것이 있고, 자신의 힘으로 할 수 있는 일과 할 수 없는 일이 있다는 것이다. 그것을 아는 것이 참 앎이라는 공자의 말은 인간의 가능성과 한계를 동시에 바라보고 그것을 겸허하게 인정하면서 관심의 중심을 해야 할 본분을 다하는 것에 두고자 했던 공자의 기본적인 삶의 태도가 드러나 있다.

요컨대 공자는 초월자 앞에 선 단독자로서 부단히 하늘의 뜻을 묻고, 그 하늘의 뜻 안에서 이루어지는 자기실현을 꿈꾸며 살았지만 그와 동시에 '천' 앞에서 바라보아지는 인간 인식의 유한성과 천명 안에서의 한계를 인정하면서 그 속에서 흔들리지 않는 자기중심을 확립할 수 있었다고 생각된다.

(2) 성찰적 자아와 사회적 실천 – 도를 배움과 사람을 사랑함

일차적으로 구도적 존재로서 초월자 앞에서 자기를 정립한 인간은 또한 자기 자신과의 관계 속에서 부단히 자신을 성찰하며 완성시켜 가는 내성(內省)적 존재이기도 하다. "군자는 자신에게서 문제의 소재를 찾고 소인은 남에게서 문제의 소재를 찾는다[君子求諸己, 小人求諸人]"(「衛靈公」), "스스로 돌아보아 허물이 없으면 무엇을 걱정하며 무엇을 두려워 하겠는가[內省不疚, 夫何憂何懼]"(「顔淵」) 등의 구절들은 모두 자기 성찰적 존재로서의 인간에 대해 이야기하고 있는 구절들이다. 공자의 '인'은 이러한 자기성찰에서 출발하여 부단한 "학이사(學而思)"의 과정을 통해 전통적 사유의 지혜 위에서 인간으로서 가야 할 길을 새롭게 발견하고 깨닫는 "온고이지신(溫故而知新)"으로 나아가게 되며, 더 나아가 천명을 깨달아 객관적 진리와 주관으로서의 마음이 합일된 자유의 경지[從心所欲不踰矩]에까지 도달하게 된다.

초월자와의 관계에서 구도적 자세로 자기를 정립하고, 그 앞에서 자기 자신을 성찰한 인격은 이제 공동체 안에서 사회적 존재로서의 사명의 수행에로 나아간다. 공자에게서 사회적 존재로서의 역할의 충실한 수행이 초월자와의 관계, 자기 자신과의 관계 속에서 자기를 정립한 자에게 마땅한 행위로서 제시되고 있다는 점은 "군자는 도를 배우면 사람을 사랑한다[君子, 學道則愛人]"(「陽貨」), "도에 뜻을 두고 인을 지킨다[志於道, 據於仁]"(「述而」) 등의 구절들을 통해서도 설명할 수 있다. 이 두 구절에서 공통적으로 주목되는 것은 '도(道)'와 '인(仁)' 혹은 '도를 배움(學道)'과 '애인(愛人)'이 연이어 제시되고 있다는 점이다.

『논어』에서 인간다운 인간의 도리로서 제시되는 '인(仁)'과 '도(道)'는 때로는 그 의미가 중첩되어 사용되기도 하지만 그 둘의 의미가 구분되어 사용되는 경우도 있는데, 그 경우 '도'는 주로 깨달아 알아야할 초월자의 뜻을, '인'은 사회적 존재로서 타인과의 관계에서 요구되는 '애인'의 덕목을 지칭한다. 그러므로 위 두 구절은 모두 초월자 앞에서 구도적 · 내성적 존재로서 자기를 새롭게 발견하고 정립한 인간이 그것을 통해 발견하게 된 사회적 사명을 자발적으로 떠안음으로써 사람들과의 관계 속으로 나아가게 되는 단계적인 과정을 이야기하는 것으로 해석할 수 있다.

이렇게 볼 때 『논어』 안에서 제시되고 있는 많은 인간관계의 구체적인 덕목들은 그것이 비록 구체적으로 조목조목 나열되어 있다 할지라도[24] 인격의 바깥에 놓여 있어 외부로부터 강요되는 것이 아니라 인격 안에서 자발적 의무로 확립되는 실천과제의 성격을 가지고 있음을 알 수 있다. 초월자와의 관계 속에서 자기를 정립한 개인은 타인과의 관계에서 가지게 되는 실천적인 의무들을 자신의 내적 의무로 수용하고 그 무제약적 명령에 자발적으로 순종하게 되는 것이다. 다시 말하면 공자가 모든 인간에게 부여된 절대적인 윤리적 의무로서 이야기한 '문도'와 '인'의 구현의 사명은 모든 인간에게 절대적으로 부과되는 의무이지만 그것은 또한 초월

24) 공자는 인간이 사회적 존재로서 알고 행해야 할 많은 덕목들을 제시하고 있다. 그것은 퍽 구체적이다. 각 관계 영역에 따른 윤리로서 군신(君臣)관계에서는 '충(忠)'과 '예(禮)'가 요구되고, 부자(父子)관계에서 '효(孝)'와 '친(親)'이 요구되며, 붕우(朋友)관계에서는 '신(信)'이 요구된다. 또한 부(富)의 다소나 직위의 고하에 의해 결정되는 상하관계 에 대해서는 '관용(寬)'과 '예'가 특별히 강조되어 제시되기도 한다.

자 앞에서 자기를 정립한 인격적 존재가 자신의 내면적 요청에 순응하여 이루어가는 것이기 때문에, 내면적 자기와의 갈등적 관계에서 수행되는 외적이고 억압적인 역할의 수행과는 본질적으로 구별된다.

그러므로 구도적 · 내성적 · 사회적 존재로서의 인간은 개념적으로는 구분되어 있으나 실제로는 서로 분리되어 있지 않다. 초월적 절대자 앞에서 자기를 정립한 인간은 자기 자신과의 관계 속에서 부단한 자기 성찰과 자기완성의 의무를 수행하고, 타인과의 관계 속에서 자신을 보살피고 배려하는 마음으로 타인을 사랑할 것을 요구받게 되는 것이다. 이 세 가지는 하나로 연결되어 있다. 그리고 여기에서 내적 자아와 사회적 자아의 진정한 내적 결합이 가능해지며 인간의 행위는 외적인 조건과 대가를 넘어서서 평안[安]과 기쁨[悅, 樂]의 내적 가치들을 누릴 수 있게 되는 것이다.

4. 맺음말 – 경전적 사유의 힘

공자는 '위인지학(爲人之學)'이 아니라 '위기지학(爲己之學)'으로서의 글 읽기를 권했다.[25] 이 글은 『논어』 읽기를 통해, 공자의 사유가 나의 정신에 건네는 대화의 실마리들을 붙잡아보고자 했던 '위기지학'의 작은 시도이다. 그동안 개인적으로 생각하고 고민해온 삶과 신앙과 학문의 주제들을 한데 펼쳐 놓고 삼자 사이의 대화를 시도하며 깨달음과 발견의 기쁨을 누리며 『논어』를 읽었다.

『논어』와 공자의 인간에 대한 관점은 여러 가지 점에서 비판적으로 읽

25) "子曰, 古之學者, 爲己. 今之學者, 爲人." 「憲問」

힐 수도 있을 것이다. 공자가 과도하게 보편인간의 이념에 집착함으로써 개별 인간의 문제를 보편이념 속에서 해소하고 결과적으로 개체성을 부정하게 된 점이나, 공자가 정신적 · 인격적 존재로서의 인간에만 초점을 맞추고 육체적 · 자연적 존재로서의 인간에 대해서는 부정적인 입장을 취하고 있는 점, 자연적 존재로서의 인간과 인격적 존재로서의 인간 사이의 갈등과 통합의 문제를 지나치게 당위적인 차원에서만 접근하고 있는 점 등이 모두 가능한 비판들이다.

그러나 그럼에도 불구하고 공자의 인간에 대한 사유는 여전히 현재적 문제의식 속에서 부단히 다시 퍼 올려질 '마르지 않는 샘'으로서의 생명력을 가지고 있다는 것이 필자의 생각이다. 공자 사유의 한복판에 있었던 것은 인간이고 공자가 한평생의 소명으로 삼았던 것은 인간을 인격적 주체로서 바로 세우는 일이었다. 그리고 그 인간의 문제는 공자에게서 사회적 존재로서의 차원에서 뿐만 아니라 초월자와의 관계와 자기 자신과의 관계까지 포괄적 · 총체적으로 고려되고 있다.

이렇게 볼 때 기껏해야 공리(公利)가 공의(公義)가 되고 인간이 목적과 인격이 아니라 도구와 기능으로 전락해 버린 시대, 인간이 자신에게 부과된 사회적 역할과 내면적 자아의 통합을 가능하게 해줄 상위가치와 궁극적 준거를 발견하지 못하는 시대에 공자의 인간에 대한 통찰과 사유의 깊이는 다시 거슬러 올라가 그곳에서 새로운 돌파구를 찾아낼 수 있는 소중한 근원적 사유의 샘이 될 수 있을 것이라 생각된다.

우리는 하나의 개체로서의 자기 정립과 더불어, 함께 살아가는 성원으로서의 책임을 동시에 짊어지고 살아간다. 이러한 삶의 과제는 저마다의 서로 다른 입장과 이해관계를 초월할 수 있게 해주는 보다 근원적인 가치

지향의 발견과 초월적인 것 안에서의 자기 정립을 요청한다. 『논어』에 나타난 공자의 천관과 인관을 통해, 인간이란 무엇이며 인간으로서 산다는 것은 어떠한 의미와 가치를 가지는 것인가의 문제를 초월적 · 개인적 · 사회적 차원이 어우러진 총체적 차원에서 다시 한 번 점검해 보는 계기를 가질 수 있을 것이다.

간디의 '진리'와 삶

1. 머리말 – '진리 실험'으로서의 삶

20세기의 평화사상을 이야기할 때, 간디는 빼어놓을 수 없는 중요한 인물이다. '진리'는 간디의 사상과 그의 삶 전체를 떠받치고 있는 가장 중요한 개념이다. 간디는 현대인의 다양한 삶의 영역 중의 하나로 밀려나 도덕과도 분리되고 세속의 삶에 대해서도 거의 영향을 끼치지 못하는 종교적 진리와, 종교의 '동굴' 안에서만 추구되는 종교인들의 구도적 삶을 세상의 한 복판으로 이끌어내어 종교적 진리가 개인 삶의 모든 영역에서뿐만 아니라 사회와 국가 더 나아가 세속의 삶 전체를 비추는 빛이 될 수 있음을 자신의 한 평생의 삶을 들여 실험하고 입증하려 했다.

이 글은 간디의 사상과 삶의 핵심적인 주제라 할 진리 개념의 함의를 좀 더 깊이 있게 이해해보려는 목적을 가지고 있다. 이를 위해 간디가 자신의 구도적 삶 속에서 이야기 한 진리의 구체적인 내용과 진리와 관련된 여러 각도에서의 언급들을 몇 가지 중심적인 주제로 분류하여 살펴보고자 한다.

간디는 자서전에 "나의 진리 실험이야기"라는 제목을 달았다. 간디가 자신의 자서전에 '진리 실험'이라는 제목을 붙인 것은 간디의 삶 전체가 궁극적으로 향해 있던 하나의 분명한 목표, 즉 '하나님과 얼굴을 마주 대고 보는 것'의 성취를 위해 그가 한 평생을 살아왔음을 대변해주는 말이다. 간디의 생애를 채우고 있는 모든 것, 그의 모든 활동과 살아 움직이며 존재하는 모든 의미는 바로 이 목표를 향해 달려가는 과정에서 실행한 수많은 진리 실험들이라고 간디는 고백한다.

> 내가 성취하려고 원하는 것, 지금껏 30년 동안 성취하려고 싸우고 애써온 것은 자아의 실현이다. 하나님의 얼굴과 얼굴을 마주 대고 봄이다. 모크샤에 도달함이다. 나는 이 목적을 달성하려고 살며 움직이며 존재하는 것이다. 내가 말로나 글로나 행하는 모든 것, 그리고 내가 정치적 분야에서 한 모든 모험은 다 이 하나의 목표를 지향한 것이다.[1)]

간디의 삶이 보여주는 '모크샤(구원 혹은 해방)'에 도달하고자하는 간절한 염원과 그 목표에 일관되게 집중했던 삶의 모습은 기원전 550여 년경의 구도자 공자(孔子)가 "아침에 도를 들으면, 저녁에 죽어도 좋다(朝聞道, 夕死可矣)"(「里仁」, 『論語』)고 말했던 구도(求道)의 열정을 떠올리게 한다. 간디는 물질과 폭력으로 어두워진 20세기에 다시 한 번 강렬한 구도적 열정의 빛

---

1) 함석헌 역, 『간디자서전—나의 진리실험 이야기』, 한길사, 2005, 51면.

으로 현대의 정신을 비추고자 했다. 간디가 자각한 자신의 "(삶의) 의무는 내가 신의 빛의 한줄기라는 믿음을 굳게 지키는 것"2)이었다.

간디의 평생에 걸친 '진리실험'은 몇 가지 중요한 문제제기와 도전을 내포하고 있다. 하나는 진리가 한 개인의 삶의 모든 영역에서, 또한 한 집단과 세속적 삶의 모든 영역에서 '진리'로서, 세상을 깨우치고 변화시키는 가장 강력한 힘으로서 기능할 수 있는가하는 것이다. 간디에게 진리란 근본적으로 종교적인 것이기 때문에 이 질문은 종교적인 진리가 세상 안에서도 동일하게 진리일 수 있는가하는 질문을 내포하고 있다. 간디의 진리실험이 제기하는 또 한 가지 질문과 도전은 인간이 자연으로서의 경험적 자아, 즉 자아의 욕망과 집착에 대해 통제권을 확보함으로써 온전한 자아실현에 도달할 수 있는가? 즉 인간의 삶이 진리의 온전한 구현체가 됨으로써 인간이 진리와 하나 될 수 있는가하는 것이다.

간디는 이 두 가지 질문 모두에 그렇다고 답한다. 그가 믿는 것은 인간 안에 내재되어 있는 진리의 힘, 즉 심정의 힘이요, 혼의 에너지이다. 간디에게서 인간의 본질은 심정과 혼에 있다. 간디는 "순결한 심정이 진리를 찾아보게 해 준다", "진리란 내면의 목소리가 우리에게 말하는 것이다"라고 말한다. 간디에게 진리는 이성이나 지성으로 파악되는 것이 아니라 심정으로 경험하는 것이다.

> 혼이 통과해왔던 과정은 심정의 노력입니다. 지성은 기도와 명상, 그리고 부단한 경계를 통해 심정에 봉사해왔으며, 후자의 셋은 본질적으로 심정의 일이고, 진리의 점진적인 계시에 기여해왔던 주도적인 요소들이었습니다. (…중

---

2) 라가반이예르 편, 허우성 역, 『진리와 비폭력』(상), 소명출판, 2004, 87면.

략…) 그것은 우리 내부의 진리를 뒤덮고 있는 단단하고 더러운 외피를 펼치고 벗겨내는 일 (…중략…) 그 과정은 자기 정화의 과정이었습니다.[3]

간디의 이러한 생각은 그의 진실에 대한 확고부동한 믿음과 연결되어 있다. 간디는 "오직 무신론자만이 비관론자가 될 수 있다"고 말한다. 믿음이 있는 자는 낙관주의자가 될 수밖에 없다는 것이다. 그러나 간디가 말하는 낙관주의는 만사가 다 잘될 것이라는 의미에서의 낙관주의가 아니라 심정과 혼의 힘으로 수행한 모든 진실한 추구들, 모든 '도덕적 분투'들은 현상에서의 실패와 상관없이 궁극적으로 하나도 헛되지 않을 것이며, 모두 '그 열매를 거둘 것'임을 믿는 낙관주의를 말한다.[4]

간디가 진리에 합치된 삶을 이야기하는 맥락은 칸트가 도덕적 정언명법을 사기 삶의 의무로 수용하는 인간의 초월적 자유를 이야기하는 맥락과 많은 부분에서 상통한다. 간디는 자신의 말이나 글에서 자유라는 용어를 거의 사용하고 있지 않지만 간디가 인간을 감각적 존재나 경험의 영향하에 있는 존재 혹은 욕망과 집착의 존재로 바라보면서 그러한 인간을 통제되고 극복되어야 할 존재로 간주할 때, 또한 인간의 도덕 감정과 도덕의지가 인간의 인간됨을 나타내주는 본질적인 요소라고 말할 때, 그러한 관점은 칸트가 말하는 초월적 자유와 다르지 않다. 이 밖에도 진리, 즉 절대적이고 보편타당한 법칙이 인간의 외부에 있는 것이 아니라 내면의 호소나 내면의 소리에서 찾아질 수 있다고 보는 관점이나 그러한 보편타당한 법칙이 개인 삶의 절대적 준칙이 되어야 하는 이유가 어떤 다른 외적

3) 위의 책, 254~255면.
4) 위의 책, 6면.

인 관계나 보상 때문이 아니라 자기 자신에 대한 책임, 즉 인간이 인간으로서 가지는 존재가치의 실현을 위한 것이라고 보는 관점, 그리고 그러한 법칙에 합치되는 삶을 사는 것이 가능하다고 보는 낙관주의 역시 간디와 칸트가 공유하고 있는 철학적 입장이다. 칸트가 말하는 진정한 의미에서의 자유, 초월적 자유가 자연적 경향과 욕구, 충동과 욕망으로부터의 독립성이나 정언명법이 명령하는 대로 의지를 움직일 수 있는 순수이성의 실천 능력을 일컫는 것이라고 할 때,[5] 이것은 간디가 목표로 하는 구도적 삶, 즉 진리에 대한 절대적 복종 안에서 개인적 자아가 사라지는 경지와도 일치한다.

그러나 둘 사이에는 중요한 차이가 있는데 그것은 칸트에게 철학적 탐구의 대상이었던 진리를 간디는 실제의 삶 속에서 입증하고자 했다는 것이다. 간디는 자기 삶의 모든 순간을 자기가 믿는 절대 진리의 실현을 위한 노력으로, 실패와 재기, 전진과 후퇴, 인내와 부단한 시도의 과정으로 삼고 진리 앞에 드려진 산제사로서의 삶을 살았다. 이것은 칸트가 법칙을 따라 살 수 있는 인간의 능력에 순수실천이성이라는 이름을 붙였던 것에 비해, 간디는 지성 혹은 이성과 구별되는 개념으로 '심정'을 강조한 것과도 무관하지 않을 것이다.

2. 진리와 봉사 — 깨달음과 귀의(歸依)

'진리'는 '비폭력'과 더불어 간디 철학의 핵심을 이루고 있는 개념이다.

5) 강영안, 『자연과 자유 사이』, 문예출판사, 2001, 165면.

간디는 자기 철학의 핵심 개념인 '진리'에 대해 일목요연한 설명을 제시하고 있지 않기 때문에, 간디의 진리관을 명료하게 정리하는 일을 쉽지 않다.[6] 하지만 간디가 자신의 글 여기저기에서 진리에 관해 언급한 내용들과 동양의 경전과 작품들을 발췌 · 인용하여 소개하고 있는 내용들을 통해서 간디의 진리개념에 대한 윤곽을 잡아 볼 수 있다.

1905년 『인디언 오피니언』지에 발표한 「진리에 대한 동양의 이념」[7]에서 간디는 『우빠니샤드』와 『마하바라따』, 『바가바드기따』등 힌두교의 경전을 인용하면서 "진리는 브라마의 알짬"이며, "브라마는 영원한 진리이고, 불가량(不可量)의 지성"이라고 말했다. 진리는 모든 말[8]과 만물의 근거이며, 자연법칙들과 모든 덕은 진리의 모습이다. "진리보다 더 높은 의무는 없고 진실로 진리는 정의의 토대 그 자체"인 것이다.

간디는 또한 진리만이 존재하는 것이고, 허위는 존재하지 않는 것이라는 믿음을 피력한다. 간디가 펼친 '사따 그라하(眞理把持)'[9]운동에서 진리를 뜻하는 '사따'는 산스끄리트어인 '사뜨'에서 파생된 것이고, 이 '사뜨'는 존재하다, 있다라는 의미를 가지고 있다. 간디는 '사따'의 어원이 '사뜨'인 것을 언급하면서 "오직 신만이 모든 시간에 걸쳐 언제나 동일한 존재"이며, "진리 이외에는 어떤 것도 실재할 수 없다"고 말한다. 간디의 믿음 속

---

6) 이 때문에 간디 연구자들은 간디의 이 '사따(진리)'에 대해 많은 복잡한 설명을 제시한다. 「간디의 생애와 사상」에서 차기벽은 이 '사따'를 인류를 지배하며 인간의 본성 속에 스며들어 있는 항구불변의 인생법칙, 진실, 진리, 선량, 정의, 궁극적 실재와 신 이런 모든 속성들의 참된 실제 의미, 온 우주에 충만한 신비로운 힘(85)의 함의를 가지는 것으로 설명한다.

7) 간디의 이 글은 대부분 경전과 시의 구절들을 인용하는 것으로 채워져 있는데 이것은 "진리의 최고 이상은 주로 서양적 관념이고. 후에 동양에서도 유사하게 공경을 받았지만 (…중략…) 동양에서는 주로 교활함과 외교적 책략만이 높은 호평을 받았다"고 이야기한 '커전 경'의 견해에 대해 이를 반박하기 위한 구체적인 증거들로 제시한 것이다.

8) 간디에게서 말은 중요한 행위의 하나이다.

9) '진리에 굳건하게 붙어 있음', '진리를 끝가지 견지함'을 의미한다.

에서는 진리만이 유일한 실재이며, 허위는 독자적인 실체를 가지고 있지 않을 것이다. 그 진리는 궁극적으로 "각각의 제한된 진리들(truths)의 배후에 있는 하나의 절대 진리(one absolute Truth)"이며, 또한 "전면적이고 만사를 포괄하는"것이다.10)

간디가 자신의 가장 중요한 종교적 신조요, 자기 철학의 핵심개념으로 삼고 있는 '사따'는 간디에 의해 새롭게 주장된 개념이 아니다. 그것은 힌두교와 힌두 사상의 전통 속에 깊이 뿌리박고 있는 개념이며, 또한 인도의 대중들에게도 너무나 친숙한 개념이다. 『간디의 철학과 사상』에서 요안 V. 본두란트는 이점을 다음과 같이 설명한다.

> 진리보다 더 위대한 종교도 더 중요한 의무도 없다. 이 말은 힌두교의 본질을 잘 표현하고 있다. 진리에 대한 강조는 인도 초기 철학자들의 저작 중에서 가장 중요한 부분을 이룬다. (…중략…) 힌두사상의 철학체계에서도 진리의 개념은 중요한 위치를 점하고 있으면 자주 언급되고 있다. (…중략…) 하느님 또는 진리의 실현 그 자체가 인도사상의 요체가 갈망하는 지고의 목표였다. (…중략…) 진리파지에 대한 간디의 주장은 인도의 철학자들과 시골사람들에게 모두 잘 알려져 있었다.11)

그러나 간디는 이 전통적이고 대중적인 진리 개념에 혁신적인 의미를 부여한다. 간디의 진리 개념이 가지는 혁신성은 무엇보다도 진리 추구의 방법에 있다. 인도인들의 전통적인 진리추구 방법은 개인적인 차원에서

---

10) 라가반이예르 편, 앞의 책, 201면.
11) 요안 V. 본두란트, 유성민 역, 『간디의 철학과 사상』, 현대사상사, 1990, 155면.

의 자기수양과 진리에 대한 헌신으로 제한되어 있었지만 간디에게서 진리 추구는 봉사와 불가분의 관계에 있는 것으로 재해석되었고 여기에서 진리추구는 비로소 사회적 실천성을 확보하게 된다.[12)]

간디에게 사회를 향한 봉사는 철저하게 종교적인 의미를 가지는 것이다. 간디는 "우리가 각자의 심성에 살아계시는 신을 실현"하는 일은 "무한한, 사심 없는 봉사"를 통해서 라고 말한다.[13)] 신은 이성과 지성으로 파악할 수 없고, 말과 규정으로 표현할 수 없는 "모든 생명의 총합"이기 때문에 신이 만든 세계와 피조물을 섬기는 '봉사'는 그 세계와의 구체적이고 바른 만남을 통해서 보다 온전하게 신을 이해하고 그 신을 나의 삶 속에서 실현할 수 있게 해주는 가장 중요한 방법이요, 통로인 것이다. 이 때문에 간디가 진리 추구에 관해 이야기 할 때, 봉사의 실천은 늘 강조된다. 간디에게 이 봉사는 신에게로의 '박띠(귀의)'이며, 신의 뜻에 대한 '순종'이고, 이 봉사를 통해서만 신앙은 앞으로 나아가고 점차 완성되어 간다.

> 철학자의 돌, 풍요의 소로 비유될 수 있는 진리를 우리는 어떻게 실현할 수 있을까? (…중략…) 각자가 자신의 빛에 따라 진리에 순종하는 것이 의무이다. (…중략…) 사심 없는 마음으로 진리를 추구하면 자신의 방향을 잃더라도 곧 찾을 수 있을 것이다. (…중략…) 진리 추구는 진정한 박띠(bhakti) 곧 귀의(歸依)이다. 그것은 '인간이 자신의 생명을 거는 매매계약'이며, 신으로 나가는 길이다.[14)]

12) 위의 책, 153~154면.
13) 라가반이예르 편, 앞의 책, 38면.
14) 위의 책, 211면.

이런 관점에 서서 간디는 기독교의 현실을 향해 "예수를 평화의 왕자라고 묘사하면서도 예수의 메시지를 믿는다고 주장하는 사람들이 실제 행동에서 그 믿음을 거의 보여주지 않는 것이 인간의 최대 비극"이라고 말한다. 봉사의 실천이 없는 믿음, 봉사의 삶을 통해 부단히 정진하는 믿음을 보여주지 못하는 것은 간디에게는 "살아 있는 신에 대한 열렬한 신앙의 결핍"을 드러내는 것이기 때문이다.[15)]

간디에게 외부로 향한 봉사는 또한 자신을 자기 내면에 대한 지식으로 이끌어주는 길이기도 하다. 간디는 신앙이란 "손으로 거머쥐는 무엇"이 아니라, "우리가 성장해가는 경지를 말하며, 그 성장은 내면에서 오는 것"임을 거듭 강조한다. 그런데 내적 성장으로서의 신앙의 완성은 바로 외부를 향해 펼쳐지는 봉사의 실천을 통해서 이루어진다는 것이다.

> 온 인류에 대한 직접적인 봉사가 인간 노력의 불가결의 임무로 된다. 그 이유는 신을 발견하는 유일한 길은 신을 그의 피조물 속에서 보고, 그것과 하나로 되는데 있기 때문이다. 이는 오직 온 인류에 대한 봉사에 의해서만 이루어질 수 있다.

간디에게서 명상과 기도, 세상 안에서의 봉사는 분리될 수 없는 것이다. 진리를 깨닫는 것과 진리에 귀의하는 것도 마찬가지로 하나이다. 간디는 자신의 한 평생을 이러한 진리에의 귀의를 완성해가기 위한 분투의 과정으로, "행위를 통해 하느님을 추구한 사람"으로 살았다.[16)]

---

15) 위의 책, 39면.
16) 요안 V. 본두란트, 앞의 책, 156면.

3. 진리와 신(神)

'신'은 간디가 진리를 부르는 또 다른 이름이다. 간디에게서 진리와 신, 신과 진리는 분리되지 않는다. 그러나 유심히 살펴보면 1920년대 쓰여진 글들 속에서는 "신은 진리다"라는 규정과 "진리는 신이다"라는 규정이 구별없이 혼용되고 있지만,[17] 1930년대에 들어서면 이 두 규정 사이의 미묘한 차이가 강조되고, "신은 진리다"라는 규정이 의식적으로 "진리가 신이다"라는 표현으로 바뀌어 지는 것을 발견하게 된다.

> 기실 신이 진리라고 하기 보다는 진리가 신이라고 하는 것이 더 옳다. 그러나 우리는 통치자나 장군 없이 살아갈 수 없으므로, 신이란 이름이 더 많이 통용되고 있고 앞으로도 그럴 것이다. 하지만 깊이 생각해보면 사뜨 또는 사땨가 신에 대한 유일하게 옳고 충분히 의미심장한 이름임을 깨닫게 될 것이다.
>
> —「나란다스 간디에게 보낸 편지」, 1930.7.22 아침 기도 이후[18]

> 여러분은 신에 대한 나의 정의를 기억합니까? 나는 신이 진리라고 하는 대신, 진리가 신이라고 말해왔습니다. 내가 늘 이런 식으로 생각했던 것은 아닙니다. 겨우 4년 전에 이것을 깨달았습니다. 하지만 그것을 모르고서도 나는 늘 그런 식으로 행동해 왔습니다. 나는 언제나 신을 진리로 알아왔습니다. 나는 한때 신의 존재를 의심한 적이 있었습니다. 하지만 그때에도 진리의 존재

---

17) 「용기 있는 자만을 위한 진리의 길」(1920.7)에서의 "진리는 신이다." 「진리란 무엇인가」(1921.11.20)에서의 "신은 진리다."(라가반이예르 편, 허우성 역, 『진리와 비폭력』(상), 소명출판, 2004, 200~201면에서 각각 재인용)

18) 위의 책, 210면.

는 의심하지 않았습니다. 이 진리는 물질의 성질이 아니라 순수의식(pure consciousness)이었습니다. 그것만이 우주 전체를 붙들어줍니다. 그것이 전체 우주를 통치하고 있으므로 신입니다.

—「소년 소녀들에게 보내는 편지」, 1932.3.21[19]

간디가 의도적으로 "신은 진리다"라고 했던 초기의 정의를 스스로 수정하면서 '진리는 신이다'라고 바꾸어 말하게 된 이유는 "신은 진리다"라는 규정이 신을 절대적인 위치에 놓고 진리를 그 신의 한 속성으로 이해하게 하기 쉬운 반면, "진리가 신이다"라는 규정에서는 그러한 오해 없이 진리의 절대적 위치가 보다 확고하게 확립될 수 있기 때문이다. "신은 진리다"라는 규정으로는 신에 대한 서로 다른 이해에서 비롯되는 여러 가지 규정들 간의 혼란과 오해를 막을 수 없지만, 진리가 신이라고 할 경우에는 진리 아닌 것을 신의 자리에 두는 일을 용납될 수 없다. "신은 진리다"라는 규정은 인간이 "인간의 힘으로 파악할 수 없는 존재"인 신을 이성적 문화적 제한 속에서 서로 다르게 형태화하여 이해하는 데서 비롯되는 오해와 오류에 쉽게 빠져들게 한다. 간디는 "수백만의 사람들이 신의 이름을 받아들여 신의 이름으로 이름 모를 잔혹한 행위를 자행"[20]하는 현실을 지적한다. 간디는 '신이 진리'라는 규정이 또한 신을 세속적인 통치자, 군림자와 쉽게 일치시켜 생각하게 함으로써, 구도적 삶이 구도 그 자체에 목적을 두는 순결성을 잃고, 구도의 참 목적과 본실이 변질되는 문제를 야기할 수 있음도 지적한다.[21]

---

19) 위의 책, 223면.
20) 위의 책, 214면.

간디가 진리 외에 신을 설명할 수 있는 다른 어떤 규정, 심지어는 "진리로 가는 최단거리의 지름길"이라고 생각되는 사랑조차도 그것이 신에 대한 규정으로 사용될 때는 정확한 말이 되기 어렵다고 이야기하는 이유도 동일하다. 진리(신)는 사랑을 통해서만 그리로 나아갈 수 있는 것이지만, "신이 사랑이시다"라는 말은 무수한 자의적 해석과 오해를 낳을 수 있기 때문이다. 이런 의미에서 보면 '진리가 신'이라는 새로운 규정에는 진리만큼 유일한 실재로서의 신을 온전히 드러낼 수 있는 이름은 없다는 간디의 믿음이 반영되어 있는 것으로 생각할 수 있다.

> 진리를 신으로 간주함으로써 우리 자신을 수많은 함정에서 구해내네. 우리는 더 이상 기적을 보고 싶어 하지도 않고 그것에 대해 경청하고 싶어 하지도 않는다네. 우리가 그 진리에 점점 더 접근하면, 신이신 진리에 대한 보다 분명한 비전을 가질 수 있을 것이고, 그 일이 언젠가 진리에 대한 완전한 비전을 가질 것이라는 우리의 희망과 신앙을 강화할 것이라네.
>
> —「뿌루쇼땀 간디에게 보낸 편지」, 1932.4.18[22)]

4. 절대적 진리와 인식의 상대성

앞에서 살펴본 것처럼 간디는 자기 신앙의 대상인 진리가 "모든 상대적 진리들의 배후에 있는 단 하나의 절대적 진리"라는 믿음을 굳게 견지하고

---

21) 위의 책, 227면.
22) 위의 책, 227면.

있었고, 자기 신앙의 절대적 대상인 하나님에 대한 열렬하고 확고부동한 신앙을 늘 간직하고 있었다. 그럼에도 불구하고 간디는 보다 넓은 진리 추구의 길을 인정함으로써 구도적 삶의 연대 가능성을 활짝 열어놓으려 했다. 그것은 진리가 그 자체로는 절대적인 것이지만 인간의 인식능력에 대해서는 상대적일 수밖에 없다는 깨달음과 관련이 있다. 간디는 "신이 진리다"라는 규정을 "진리가 신이다"라고 바꿈으로써, 명료하게 파악할 수 없고 어느 하나로 규정하거나 특정한 형태 안에 고착화시킬 수 없는 신에게로 나아가는 길을, 진지하고 성실한 모든 구도자, 즉 "진리를 경외하는" 모든 자들에게 열어놓고, 이를 통해 보다 더 넓은 진리의 연대를 형성하고자 한다. 신은 불변하는 유일한 실재이며 절대적 존재이지만, 신의 이름은 무수하다. 간디는 어릴 때부터 배운 힌두교 경전 속에 있는 천 개의 신의 이름과 후에 이슬람교 속에서 동일하게 발견한 무수한 신의 이름들을 거론하면서 이를 근거로 하여 신의 절대성과 신에 대한 인간 인식의 상대성을 동시에 이야기한다. 신은 그 무수하게 불리는 서로 다른 이름 속에서 동일하게 존재하는 유일한 실재인 것이며, 동일한 실재를 두고 부르는 다른 이름들끼리 그 다름을 주장하고 다름에 집착하는 것은 무의미한 일이다. 중요한 것은 진리를 향한 "정직한 노력"과 "사심 없는 추구"이다.

> 정직한 노력이 있는 곳에서는, 상이한 진리로 보이는 것들이 한 나무에 달린 수많은 다른 나뭇잎들과 같다는 점이 지각될 것이다. 신 자신이 사람들에게 여러 다른 모습으로 나타나는 것 아닌가? 하지만 우리는 그가 한분이심을 안다.
>
> —「나란다스 간디에게 보낸 편지」, 1930.7.22 아침 기도 이후[23]

23) 위의 책, 211면.

절대적 진리만이 모든 현상적 진리들의 배후에 존재하는 유일한 실재이며, 인간이 구도적 삶을 통해 궁극적으로 추구하는 것도 그 '순수 절대 진리'지만, 그 절대적 진리와 인간의 만남은 요원하고 불완전하다. 때문에 그 절대적 진리와의 온전한 만남을 이룰 때까지 인간은 그 과정에서 발견하게 되는 상대적 진리를 붙잡고 구도의 길을 계속 갈 수 밖에 없다.

> 절대적인 진리만이 신이네. 그것은 인간의 도달 범위 저 너머에 있네. 기껏해야 우리는 그것은 네띠 네띠(이것도 아니고 저것도 아니고)라고 말할 수밖에 없다네. 우리가 보고 있는 진리는 상대적이고, 다면적이고 여럿이고, 일정 시간 동안만 전면적 진리가 되네.
>
> —「바만라오 조시에게 보낸 편지」, 1945.11.7[24)]

진리의 절대성과 상대성에 대한 이러한 깨달음은 간디로 하여금 무신론자에게서 발견되는 구도적 진지함마저도 신앙의 연대 안에 포용할 수 있게 한다. 간디가 "신은 진리다"를 "진리는 신이다"로 바꾸어야한다고 생각하게 된 중요한 계기 중의 하나가 진지한 무신론자들과의 만남이다. 간디는 진리를 찾는 일에 열정적인 무신론자들이 신의 존재를 부정하는 데는 거리낌이 없지만 진리의 필연성이나 진리의 힘을 부정하지는 않는다는 점을 의미 있게 생각한다. 자신을 기꺼이 무신론자라고 불렀던 찰스 브래들로에 대해 간디는 그가 "신을 경외하는 사람"이라고 불리는 것은 거부할 수 있지만 "진리를 경외하는 사람"이라고 불리는 것은 거부할 수 없을 것이라고 말한다. 간디는 '신이 진리'라고 말하는 대신 '진리가 신'이

24) 위의 책, 228면.

라고 말함으로써 형식적인 종교를 부정하는 구도적 청년들과 신을 비판하고 부정하는 구도적 무신론자들의 비판을 무장해제 하고, 그들과의 사이에 존재하는 무의미한 장벽들을 제거하려 한 것이다.[25)]

간디가 자신은 힌두교의 전통에 굳게 뿌리 내리고 있으면서도 다른 종교의 가르침을 수용하는데 개방적인 자세를 취하고, '진리'라는 공통분모 속에서 서로 다른 종교 간의 차이를 문제 삼지 않으려 했던 것은 또한 위와 같은 사회운동에서의 현실적인 필요성 외에도 종교와 도덕을 하나로 보는 간디의 철학 자체와 관련되는 것이기도 하다. 간디는 종교와 도덕을 분리하려는 입장과 도덕을 하나의 종교로 간주하려는 입장 양자를 모두 비판하며 '진실한 종교'와 '이상적인 도덕'은 결합되어있으며 또한 반드시 결합되어야 한다는 주장을 펼친다.

> 도덕의 씨앗이 종교의 물을 먹지 않는다면 싹틀 수 없고, 결국 물이 없어 시들어 죽고 만다. 진실한 도덕 또는 이상적인 도덕은 진실한 종교를 포함해야 한다. 도덕은 종교 없이 준수될 수 없다. (…중략…) 토대가 제거되면 상부건물이 무너지듯이 도덕이 파괴되면 그 위에 건축된 종교가 무너져 내릴 것이다.[26)]

간디는 "한 사람은 신의 존재를 믿는다고 하지만 그분의 계명을 모두 부수는 사람이고, 다른 한 사람은 신을 이름으로는 인정하지 않지만 자신의 행동으로는 섬기고 그분의 법칙들에 순종하며, 신성한 법칙들에는 입법자가 있음을 인정하는 사람이다. 두 사람 중 누구를 우리가 종교와 도

25) 위의 책, 214면.
26) 위의 책, 80면.

덕의 사람이라고 불러야 할까?"라는 질문을 던지고 이에 대해 "두 번째 사람만이 종교적이며 도덕적인 사람"이라고 대답한다. 종교의 외양이 아니라 진리(신)에 대한 진정한 경외와 그 경외의 자세로서의 순종이 종교의 핵이기 때문이다.

5. 맺음말

정치적 삶의 한복판에 있으면서도 한순간도 종교적 진리의 뿌리를 놓치지 않았으며 한평생 참의 실현이라는 과제를 붙잡고 철저한 '귀의'의 삶을 살면서 인도 사람들과 인도 전체 더 나아가 인도를 바라보는 세계로 하여금 참을 실현하는 혼의 힘을 깨닫게 하고 그 혼의 힘으로 자신과 세상을 변화시키고자 분투했던 간디에 대해 인도는 마하뜨마(거룩한 혼)라는 칭호를 달아주었다. 간디에 대해서는 이 밖에도 '참의 선동가'(역자 허우성), "개인의 양심을 사회화하고자 했던" "실천적 이상주의자"(라가반 이예르) 등의 평가와 호칭들이 부여된다.

『간디 자서전』을 번역했고, 간디와 마찬가지로 깊은 종교적 뿌리 안에서 사회적 활동에 참여했던 함석헌은 1960년대와 70년대에 『사상계』와 『씨알의 소리』의 지면을 통해 「간디의 길」, 「간디의 참모습」, 「마하뜨마 간디」[27] 등 수차례 간디에 관한 소개의 글을 쓰면서, 우리가 좇아야 할 '평화의 길'로 간디의 사상과 삶을 제시했다. 함석헌은 간디의 삶의 위대

27) 함석헌, 「간디의 길」, 『사상계』 1961.2; 함석헌, 「간디의 참모습」, 『사상계』, 1965.4; 함석헌, 「마하뜨마 간디」, 『씨알의 소리』, 1976.10(『함석헌 전집』 7, 한길사, 1993에 재수록).

한 점이 어떤 특별한 사건이나 특정한 순간만이 아니라 삶의 모든 순간에 '참'을 지향하고, 모든 순간들을 자기 개발을 실현하기 위한 '비상시'로 살았던 철저한 구도적 자세에 있다고 말한다. 간디의 '놀라움'은 하루하루의 삶을 영웅적으로 살았다는데 있으며, 그것이 바로 참의미의 위대함이라는 것이다.

> 놀랍다, 놀라운데, 놀라운 것을 해서 놀라운 것이 아니다. 놀라운 것이 없는 것을 놀랍게 했다는 말이다. 전쟁을 영웅적으로 싸운 것이 위대하다면 평일의 인생을 영웅적으로 싸운 것은 더 위대, 그야말로 참의미의 위대가 아닌가?
>
> —「마하뜨마 간디」[28]

간디가 인도의 분열을 해결하고 통합을 위해 노력하는 과정에서 암살자의 총탄에 맞아 숨을 거두면서 마지막으로 내뱉은 말은 "아이, 라마(오, 하나님)"였다. 이것은 평생을 "하나님과 얼굴을 맞댐"을 목표로 살았던 간디의 삶이 얼마나 깊은 혼의 지향에 까지 닿아 있었던 것인가를 보여준다. 함석헌의 말처럼 '하나님'은 간디에게 결코 말이나, 신조가 아니라 "숨이요, 얼이요, 그의 자아, 곧 그 자신"이었던 것이다.

28) 함석헌, 「해설의 글」, 『문명 · 정치 · 종교』(상)(라가반이예르 편, 허우성 역), 소명출판, 2004, 48면.

참고문헌

A. Schaff, 김영숙 역, 『개인과 휴머니즘』, 중원문화, 1984.

F.W. 모트, 김용헌 역, 『중국의 철학적 기초』, 서광사, 1994.

G. 노바크 편, 김영숙 역 『실존과 혁명』, 한울, 1992.

H.G. 크릴, 이성규 역, 『공자-인간과 신화』, 지식산업사, 1983.

J.M. 로호만, 손규태 역, 『그리스도냐, 프로메테우스냐?』, 대한기독교서회, 1978.

Jing Wang, *High Culture Fever-Politics, Aesthetics and Ideology in Deng's China*, Berkeley · Los Angeles London : University of California Press, 1996, p3.

Jing Wang, *High Culture Fever*, London : University of California Press, 1996.

M.H. 에이브럼즈 외, 김재환 역, 『노튼 영문학 개관』 II, 까치, 1993.

Martin Jay, *Marxism and Totality*, University of California Press, 1984.

R. 웰렉 · A. 오스틴, 李京洙 역, 『文學의 理論』, 文藝出版社, 1989.

Rollo May, *Power and Innocence-A Search for the Sources of Violence*, W · W · Norton & Company, 1972.

Shiping Hua, *Scientism and Humanism-Two cultures in post-Mao China*(1978~1989), State University of New York Press, 1995.

Wang Hui, "Humanism as the Theme of Chinese Modernity", http://pum12.pum.umontreal.ca/revues/surfaces/vol5/hui.html.

강영안, 「인문교육의 과거, 현재, 미래」, 『대학교육』, 한국대학교육협의회, 2000.1~2.

강영안, 『자연과 자유 사이』, 문예출판사, 2001.

강영안, 『타인의 얼굴-레비나스의 철학』, 서울 : 문학과지성사, 2005.

강인덕 편, 『개혁과 개방-중국주요논문선집』, 극동문제연구소, 1988.

曲衛國, 「危機? 進步?」, 『讀書』 8기, 1993.
골드만, 송기형 · 정과리 역, 『비극적 세계관의 변증법-숨은 신』, 여강출판사, 1984.
過橋, 「虛假的史詩劇-兄弟的陰影只能是虛幻的剪影」, 「當代最新作品點平」, 『中文自學指導』 第4期, 2006.
곽신환, 『주역의 이해-주역의 자연관과 인간관』, 서광사, 1990.
曠新年, 「對'人文精神'的一點考查與批評」, 『文藝爭鳴』 6기, 1995.
靳大成 · 陶東風, 「對'人文精神'尋思的尋思」, 『文藝爭鳴』 1기, 1996, 16면.
김규영, 『시간론』, 서울 : 서강대학교출판부, 1993.
김기택, 「낙관적인 어조의 힘」, 『창작과비평』 132호, 창비, 2006년 여름.
김남두, 「인문학의 성격과 한국 인문학의 과제」(인문학의 위기 특집), 『현대비평과 이론』, 한신문화사, 1994년 가을 · 겨울.
김영민, 「새들은 길을 잃지 않는다-인문학의 죽음과 새로운 인간의 탄생」, 『오늘의 문예비평』, 세종출판사, 1999년 여름.
_____, 「신실학, 혹은 '메타제도적 비판'으로서의 인문학」, 『오늘의 문예비평』, 2001년 봄.
김우창, 「대학개혁 : 자유와 자유의 책임」, 『정치와 삶의 세계』, 삼인, 2000.
______, 『심미적 이성의 탐구』, 서울 : 솔, 1998.
______, 『정치와 삶의 세계』, 서울 : 삼인, 2000.
김형효, 『베르그송의 철학』, 서울 : 민음사, 1995.
노신, 홍석표 역, 『무덤』, 선학사, 2001.
魯迅, 『魯迅全集』, 人民文學出版社, 1991.
니체, 『짜라투스트라는 이렇게 말했다』(『니체전집』 13), 책세상, 2002.
譚輝, 「現時代的生存隱喩 - 談余華『兄弟』的文化意義」, 『魅力中國』, 2007.6.
도정일, 「인문학의 미래-몇 가지 모색」, 『인문학연구』 제3호, 경희대 인문학연구소, 1999.
董麗敏, 「當代文學產生中的『兄弟』」, 『文學評論』 第2期, 2007.
라가반이예르 편, 허우성 역, 『문명 · 정치 · 종교』(상), 소명출판, 2004.
____________________, 『진리와 비폭력』(상 · 하), 소명출판, 2004.
魯迅, 『野草』(『魯迅全集』 2), 北京 : 人民文學出版社, 1981.
____, 『野草』, 浙江文藝出版社, 1996.
____, 『兩地書』(『魯迅全集』 11), 北京 : 人民文學出版社, 1991.
롤랑부르뇌프 · 레알웰레, 金華榮 역, 『現代小說論』, 문학사상사, 1990.

龍其林,「苦難夢魔中的人性光澤－余華長篇小說『兄弟』解讀」,『理論與創作』第1期, 2006.
루쉰, 김시준 역,『루쉰소설전집』, 중앙일보사, 1989.
____, 유세종 역,『들풀』, 솔, 1996.
____, 홍석표 역,『무덤』, 선학사, 2001.
루쉰 · 쉬광핑, 임지영 역,『루쉰의 편지』(리우푸친 편), 이룸, 2004.9.
루트비히 포이어바흐, 김쾌상 역,『기독교의 본질』, 까치, 1992.
李歐梵, 尹慧珉 譯,『鐵屋中的吶喊』, 河北教育出版社, 2002.
마르셀 프루스트, 김창석 역,『잃어버린 시간을 찾아서』, 서울 : 국일미디어, 2005.
마틴 하이데거, 박찬국 역,『니체와 니힐리즘』, 철학과 현실사, 2000.
문성학,「인문학의 위기인가 인간의 위기인가?」,『철학비평』제2호, 1999.3.
민혜숙,『한국문학 속에 내재된 서사의 불안』, 예림기획, 2003.9.
박만준,「인문학의 위기에 대한 철학적 대안」,『학생생활연구』제14집, 동의대학교 학생상담센터, 1999.
박이문,「문화다원주의 타당성과 그 한계」,『철학과현실』, 2002년 봄.
樸鐘鴻,『哲學槪說』, 博英社, 1996.
박찬길,「정보화 시대의 인문학－과학주의의도전과 새로운 인문학의 가능성」,『영상문화와 기호학』(한국기호학회 편), 문학과 지성사, 2000.6.
潘盛,「李光頭是一個民間英雄, 余華－『兄弟』座談會紀要」,『文藝爭鳴』, 2007.2.
발터 예스 · 한스 큉음, 김주연 역,『문학과 종교』, 분도출판사, 1997.
벤자민 슈워츠, 나성 역,『중국 고대사상의 세계』, 살림, 1996.
謝冕,「值得紀念的一個事件」,『文藝爭鳴』6기, 1995.
서병훈,「인간에 대한 예의?－사회과학의 과제」(인문학의 위기 특집),『현대비평과 이론』, 한신문화사, 1994년 가을 · 겨울.
서영조,「공동체주의의 자유주의 비판」,『사회비평』16호, 1996.
서영채,「위기의 담론; 인문주의와 근대성」(위기의 인문주의 특집),『세계의 문학』, 1994.
서진영,『현대중국정치론－변화와 개혁의 중국정치』, 서울 : 나남출판, 1997.
成民燁 편,『思想解放運動』, 실천문학사, 1988.
成百曉 譯註,『論語集註』, 傳統文化硏究會, 1998.
손동현,「대학의 기초교육, 재정립되어야」,『철학과 현실』, 2002년 여름.
孫玉石,『現實的與哲學的－魯迅野草重釋』, 上海 : 上海書店出版社, 2001.
송영진 역,『베르그송의 생명과 정신의 형이상학』, 서울 : 서광사, 2001.
신광현,「인문학의 위기를 극복할 실천적 인문학의 모색」,『비평06』, 2001년 겨울.

심혜영, 「루쉰(魯迅)과 『야초(野草)』의 세계—근대지식인의 실존과 허무와의 항전」, 『中國文學』 42집, 한국중국어문학회, 2004.
______, 「위화[余華]의 글쓰기와 문학의 진실」, 『중국어문논총』, 2005.
______, 「위화[余華] 소설에서의 시간, 죽음, 기억에 관하여—『가랑비 속의 외침[在細雨中呼喚]』을 중심으로」, 『성결대학교 인문과학논총』, 2005.
안경환, 「인문학의 위기와 문학적 대응—과학기술의 발전이 인문학의 지적보편성을 위협하고 있다」, 『문학사상』, 문학사상사, 2000.12.
安秉煜, 『휴우머니즘—그 理論과 歷史』, 三育出版社, 1997.
알렉스 캘리니코스, 정남영 역, 『현대철학의 두 가지 전통과 마르크스주의(Marxism and Philosophy)』, 갈무리, 1996.
알베르 까뮈, 김화영 역, 『시지프 신화』, 책세상, 2000.
嚴家炎, 「東西方現代化的不同模式和魯迅思想的超越」, 『中國現代文學』 23호, 2002.12.
에리히 프롬 편, 『휴머니즘』, 사계절, 1982.
에리히 프롬, 『자유로부터의 도피』, 홍신문화사, 2004.
엠마누엘 레비나스, 강영안 역, 『시간과 타자』, 서울 : 문예출판사, 2001.
________________, 서동욱 역, 『존재에서 존재자로』, 서울 : 민음사, 2001.
余開偉, 「王蒙是否轉向」, 『文藝爭鳴』 3기, 1995.
여화(余華), 백원담 역, 『살아간다는 것』, 서울 : 푸른숲, 1997.
余華, 『在細雨中呼喚』, 上海 : 上海文藝出版社, 2004.
____, 『活著』, 上海 : 上海文藝出版社, 2004.
____, 『許三官賣血記』, 上海 : 上海文藝出版社, 2004.
____, 『沒有一條路是重複的』, 上海 : 上海文藝出版社, 2004.
____, 『音樂影響了我的寫作』, 上海 : 上海文藝出版社, 2004.
____, 『在細雨中呼喚』, 上海文藝出版社, 2004.
____, 『兄弟』(上), 上海文藝出版社, 2005.8.
____, 『兄弟』(下), 上海文藝出版社, 2006.3.
余華 · 張英, 「余華 : 『兄弟』 這十年」, 『作家』, 2005.11.
오영환, 『화이트헤드와 인간의 시간경험』, 서울 : 통나무, 1997.
阮素丹, 「血腥, 金錢, 緊張—試評余華『兄弟』中的暴力敘事」, 『黑龍江教育學院學報』 Vol.26 No.4, 2007.4.
王苦水, 『人是馬克思主義的出發點—人性, 人道主義問題論集』, 人民出版社, 1981年版.
王金城, 「『兄弟』 : 曆史敘事與話語狂歡」, 『閩江學院學報』 第27卷 第1期, 2006.2.

王蒙,「人文精神偶感」,『人文精神尋思錄』, 文匯出版社, 1996.
王邦雄 · 曾昭旭 · 楊祖漢, 황갑연 역,『논어철학』, 서광사, 2002.1.
王富仁,『吶喊 彷徨 綜論－中國反封建思想革命的一面鏡子』, 北京師範大學出版社
王朔 외,「選擇的自由與文化態勢」,『上海文學』 4기, 1994.
王世誠,『向死而生－余華』, 上海 : 上海人民出版社, 2005.
王安憶評,「許三觀賣血記」(http : // www.joyo.com / book 卓越網 書評)
王曉明 외,「曠野上的廢墟－文學和人文精神的危機」,『上海文學』 6기, 1993.
王曉明 編,『人文精神尋思錄』, 文匯出版社, 1996.2.
왕후이[汪暉],「절망에의 반항」,『루쉰』(전형준 편), 문학과지성사. 1997.
왕후이[汪暉] · 친후이[秦暉] · 왕안이[王安憶] · 첸리췬[錢理群] · 왕차오화[王超韋] 외, 장영석 · 안치영 역,「'대시대'가 임박한 중국－문화연구 선언」,『고뇌하는 중국－현대 중국 지식인의 담론과 중국현실』, 도서출판 길, 2006.
汪暉,「중국의 사회주의와 근대성 문제」,『창작과비평』 1994년 겨울.
요안 V. 본두란트, 유성민 역,『간디의 철학과 사상』, 현대사상사, 1990.
요한 갈퉁, 강종일 외역,『평화적 수단에 의한 평화』, 들녘, 2000.
위화, 최용만 역,『가랑비 속의 외침』, 서울 : 푸른숲, 2003.
____, 최용만 역,『허삼관매혈기』, 서울 : 푸른숲, 1999.
____, 박자영 역,『세상사는 연기와 같다』, 서울 : 푸른숲, 2000.
____, 최용만 역,『형제』 1 · 2 · 3, 휴머니스트, 2007.
윤평중,「현대사회와 인문과학의 새로운 모색」,『인문과학의 이념과 방법론』, 성균관대 출판부, 1995.
윤혜준,「미국 인문학의 실상－'서양 정전'의 문제를 중심으로」,『포르노에도 텍스트가 있는가』, 나남출판, 1999.11.
이동환 역해,『중용 · 대학』, 나남출판, 2000.1.
李商燮,『文學批評用語事典』, 民音社, 1987.
이상엽,「인문학 위기 극복을 위한 하나의 제안－문화인문학」,『철학과 현실』, 철학문화연구소, 2001년 가을.
이성원,「인문학의 특성, 인문학의 위기」(인문학의 위기 특집),『현대비평과 이론』, 한신문화사, 1994년 가을 · 겨울.
이승환,「'1990년대 중국 학술계의 동향'에 대한 논평」,『현실과 철학』, 1997년 여름.
이진경,『근대적 시공간의 탄생』, 서울 : 푸른숲, 1997.
이진우,「인문'학'이 죽어야 인문'정신'이 산다－기술시대의 지식과 지식인의 미래에 관 하여」, 『한국 인문학의 서양 콤플렉스』, 민음사, 1999.
_____, 「포스트 모던 사회와 인문학의 과제－이데올로기 비판에서 문화비판으로」, 『한국 인문학의 서양 콤플렉스』, 민음사, 1999.
이태수, 「대학의 이념과 교양교육」(인문학의 위기 특집), 『현대비평과 이론』, 한신문화사, 1994년 가을 · 겨울.
一土編, 『21世紀 : 魯迅與我們』, 北京 : 人民文學出版社, 2001.3.
임홍빈, 「과학기술 시대의 인문적 상상력」(인문학의 위기 특집), 『현대비평과 이론』, 한신문화사, 1994년 가을 · 겨울.
張基槿, 『論語』, 明文堂, 1971.
張其昀, 華岡校友會 역, 『공자학설의 현대적 의의』, 형설출판사, 1981.
張永義, 『音樂影響了余華』, 中國青年報, 2005.5.30.
張學昕 · 劉江凱, 「壓抑的, 或自由的－評余華的長篇小說『兄弟』, 『文學評論』, 2006.6.
張洪德, 「余華－重複敘述的音樂表現」, 『文學視界』(http : // www.white－collar.net).
장회익, 「과학기술시대와 인문적 가치의 위상」(위기의 인문주의 특집), 『세계의 문학』, 1994.
張頤武, 「人文精神 : 最後的神話」, 『人文精神尋思錄』, 文匯出版社, 1996.
錢理群, 『走進當代的魯迅』, 北京 : 北京大學出版社, 1999.
전병재, 「산업사회 인문학의 새로운 역할」, 『인문과학』 제71집, 연세대학교 인문과학연구소, 1994.6.
錢春藝, 「成長小說與余華的『兄弟』」, 『文藝爭鳴』, 2007.1.
全炯俊, 「新文學時期의 리얼리즘 이론에 대한 연구」, 서울대 박사논문, 1992.
_____, 「魯迅의 리얼리즘에 관한 연구」, 『중국현대문학』 제6호, 1992.
정명환, 「세계화와 인문학자」, 『문학과 사회』, 2002년 가을.
정문길, 『疎外論 研究』, 문학과지성사, 1986.
趙華, 「欲望張力下生命的撕裂 －評余華『兄弟』」, 『棗莊學院學報』 第24卷 第1期, 2007.2.
좌담 「人文精神 : 是否可能與如何可能」, 『人文精神尋思錄』, 文匯出版社, 1996.
좌담, 「我們需要怎樣的人文精神」, 『人文精神尋思錄』(王曉明 編), 上海 : 文匯出版社, 1996.2.
朱大喜, 「消費社會的縮影－試析余華『兄弟』(下)的欲望敘事」, 『沈陽大學學報』 第19卷 第4期, 2007.8.
周立民, 「跨過時間的"窄門"－談余華的長篇小說 『兄弟』」, 『上海文學』, 2006.6.
朱育和, 張勇 외 主編, 『當代中國意識形態情態錄』, 清華大學出版社, 1997.

竹內好 譯註, 한무희 역, 『魯迅文集』(3, 4권), 일월서각, 1987.
중국현대문학학회, 『노신의 문학과 사상』, 백산서당, 1996.
陳思和 외, 「當代知識分子的價値規範」, 『上海文學』 7기, 1993.
陳思和, 「關於"人文精神"討論的兩封信」, 『人文精神尋思錄』(王曉明 編), 上海 : 文匯出版社, 1996.2.
陳思和, 「新世紀以來長篇小說創作的兩種現實主義趨向」, 『渤海大學學報』 第3期, 2007.
진영종, 「인문학이 나아갈 방향」, 『교육개발』, 한국교육개발원, 2002.11～12호.
陳平原 · 錢理群 외, 「人文學者的命運及選擇」, 『上海文學』 7기, 1993.
俞敏華, 「迷亂的在場與希望的缺失－解讀余華「『兄弟』」的精神價値取向」, 『理論與創作』 第4期, 2007.
차기벽, 『간디의 생애와 사상』, 한길사, 1989.
차알스 I. 글릭스 버어그, 최종수 역, 『문학과 종교 : 20세기 문학의 實在的 갈등의 연구』, 聖光文化社, 1981.
찰스테일러, 박찬국 역, 『헤겔철학과 현대의 위기』, 서광사, 1988.
칼 마르크스, 김태경 역, 『경제학－철학 수고』, 이론과실천, 1987.
칼 야스퍼스, 신옥희 역, 『철학적 신앙』, 이화여대 출판부, 1995.
__________, 『역사의 기원과 목표』, 이화여대 출판부, 1986.
키에르케고르, 박환덕 역, 『죽음에 이르는 병』, 범우사, 2000.2.
__________, 임규정 역, 『불안의 개념』, 한길사, 2002.9.
__________, 林春甲 역, 『이것이냐 저것이냐』 제2부 / 하, 종로서적, 1981.
파스칼, 김형길 역, 『팡세』, 서울대 출판부, 1999.
폴 틸릭, 玄永學 역, 『존재의 용기(Paul Tillich : The Courage to be)』, 종로서관, 1960.
프리드리히 니체, 이덕희 역, 『니체－최후의 고백』, 작가정신, 1999.
함석헌 역, 『간디자서전－나의 진리실험 이야기』, 한길사, 2005.
함석헌 해설, 이현주 역, 『바가바드기타』, 당대, 2001.
許紀霖, 「啓蒙的命運－二十年來的中國思想界」, http://www.cuhk.edu.hk/ics/21c/issue/article/981122.htm, 1998.12.
許紀霖 · 陳思和 · 蔡翔 · 郜元寶, 「道統, 學統與政統」, 『人文精神尋思錄』(王曉明 編), 上海 : 文匯出版社, 1996.2.
헤겔, 임석진 역, 「서설」, 『정신현상학』 Ⅰ, 지식산업사, 1988.
홍성욱, 「실용성 콤플렉스에서 벗어나야 인문학이 산다」, 『신동아』, 2000.4.
洪治綱, 「在裂變中裂變－論余華的長篇小說「『兄弟』」, 『當代作家評論』 第4期, 2006.

洪治綱 · 余華, 「回到現實, 回到存在 − 關於長篇小說『兄弟』的對話」, 『南方文壇』, 2006.3.
丸山昇, 韓武熙 역, 『魯迅評傳』, 일월서각, 1982.